2018年

经济与贸易评论

第 15 辑

Review
of Economy & Trade

主　编　柳思维
副主编　何文举　唐红涛

西南财经大学出版社
Southwestern University of Finance & Economics Press

图书在版编目(CIP)数据

经济与贸易评论.第15辑/柳思维主编.—成都:西南财经大学出版社,2018.10

ISBN 978-7-5504-3761-6

Ⅰ.①经… Ⅱ.①柳… Ⅲ.①中国经济—经济发展—文集②中国经济—贸易经济—经济发展—文集 Ⅳ.①F124-53②F72-53

中国版本图书馆CIP数据核字(2018)第228585号

2018年
经济与贸易评论·第15辑
JINGJI YU MAOYI PINGLUN

主　编　柳思维
副主编　何文举　唐红涛

责任编辑:张岚
封面设计:杨红鹰　张姗姗
责任印制:朱曼丽

出版发行	西南财经大学出版社(四川省成都市光华村街55号)
网　　址	http://www.bookcj.com
电子邮件	bookcj@foxmail.com
邮政编码	610074
电　　话	028-87353785　87352368
照　　排	四川胜翔数码印务设计有限公司
印　　刷	郫县犀浦印刷厂
成品尺寸	180mm×255mm
印　　张	12.5
字　　数	238千字
版　　次	2018年10月第1版
印　　次	2018年10月第1次印刷
书　　号	ISBN 978-7-5504-3761-6
定　　价	88.00元

目录

新常态下我国城市商圈
演化趋势及影响因素分析

柳思维　唐　清　周洪洋

摘　要： 新常态背景下，城市商圈的发展呈现出单一功能城市商圈向多功能城市商圈演化、空间布局由集中式布局向分散式布局演化、商圈层级由简单化向复杂化和多层级化发展、商圈主导业态发生变化、社区商圈发展势头强劲、城市综合体逐渐涌现等八大特征和趋势。新型城镇化的推进、"互联网+"的出现、消费者需求变动与升级、区位因素与交通功能的更替、城市商业发展规划与政策实施均对城市商圈的发展演化产生了重要影响。

关键词： 新常态　城市商圈　商业模式　"互联网+"　城市交通

一、引言与综述

城市商圈的演化趋势及影响因素一直是国内流通学者关注的热点问题。近几年来，部分学者以城市综合体、智慧商圈、社区商圈、旅游休闲商圈为侧重点研

作者简介： 柳思维（1946—），男，汉族，湖南岳阳人，湖南商学院经济与贸易学院院长，教授，博士生导师，研究方向：流通经济。唐清（1992—），女，汉族，湖南岳阳人，湖南商学院硕士研究生，研究方向：流通经济。周洪洋（1990—），男，汉族，湖南耒阳人，湖南商学院硕士研究生，研究方向：流通经济。

基金项目： 国家社科基金重点项目"优化城市流通产业空间结构研究"（13AJY015），湖南省社科基金重大项目"我省推进'互联网+'流通产业创新发展研究"（16ZDA05）。

究了城市商圈发展的趋势。黄杉等基于城市综合体的形成由来与概念特征，选取国内外 71 个典型城市综合体，深入分析了城市综合体的规模分布、时序演变、功能业态等方面表现特征，研究发现，国际城市与国内一二线城市的综合体数量较多，建筑体量较大，并逐渐呈现出向国内二三线城市扩散的趋势[1]。物联网等技术也开始应用在智慧社区中，接入专业服务商家可为社区居民提供一站式生活服务；以各种物联网设备即时感知社区管理对象数据，结合社区内各类信息资源与政府相关业务信息系统，可实现直接面向社区居民、政府基层组织可视化智慧商圈[2]。邱小平提出社区商圈对品牌商品消费和休闲娱乐的便利要求越来越高，未来将形成社区商圈高层次消费的需求趋势。而目前在一般社区商圈中没有品牌商家进入，认为其是品牌零售商的一片"蓝海"，应当结合超市、专卖店、购物中心业态特点实施社区商圈的"蓝海战略"[3]。近年来，随着旅游业的发展，在许多文化古迹风景区附近形成了旅游休闲商圈，旅游休闲商圈聚集了一定的人流量，对文化古迹的可持续发展和商业空间结构有一定积极影响[4]。因此，不同类型的商圈在未来也呈现出不同的发展趋势。

同时，也有众多学者基于不同的模型或角度研究了影响城市商圈发展的因素。城市商圈的布局与发展一般受到外部环境、内部成长和时间三个维度的影响，即随着时间的推移，外部环境（人口因素、产业结构、交通地理状况、城市商贸网点布局、消费者的购物方式等）与内部成长（零售商店的业态、商品结构、商店规模、营销手段和信誉等）因素会综合影响商圈重心的转移[5-6]。从产业联动角度出发，商圈建设与相关服务业的发展有一定的互促关系[7]。从空间经济学角度出发，Tânia 等基于中心地理论、空间相互作用理论和最小差异化原则认为商圈的位置和其与市中心的距离、人口密度和其他商圈的位置有十分重要的关系[8]。张竞和王志伟则认为城市商圈作为"流"的汇聚中心，主要受城市商圈规模、配套基础设施建设、城市的发展水平、政府规划及扶持、城市商圈的品牌及业态结构建设的影响[9]。

随着我国发展进入新常态，经济从高速增长转为中高速增长，经济结构不断优化升级，发展模式由粗放型、数量型转向集约型、质量型，从要素驱动、投资驱动转向创新驱动[10-11]。在这样的背景下，城市商业经济的发展既面临新的挑战与难题，也面临着绝佳的历史机遇。一方面，经济增速的放缓意味着商业企业需更加注重产品组合和服务质量，以质量谋发展，而新常态下经济结构的优化调整将使得经济生产服务化，消费升级将创造公共性服务、消费性服务和生产性服务的巨大发展空间，给商业发展带来新的机遇；另一方面，以创新为动力的经济发展升级转型，对商业企业的商业模式创新能力、信息技术整合能力、市场应变能力都提出了更高的要求。新常态下，商业企业的行为、结构与绩效均会发生新的变化，因而对城市商圈的演化趋势产生影响。本文正是基于这样的背景研究新常态下城市商圈演化趋势，分析其影响因素，并在最后提出一定的结论建议。

二、新常态下城市商圈演化特征与趋势

在经济新常态下，随着我国城市化的快速推进、城市交通的高速发展、人们消费观念的不断更新以及电子商务和移动电子商务的渗透，我国城市商圈空间结构已经发生了巨大的变化，城市商圈演化趋势呈现出以下八个新特点：

1. 由单一功能城市商圈演化为多功能城市商圈

目前城市商圈不再只具有传统单一购物功能，而是集购物、餐饮、娱乐、休闲、文化甚至金融、咨询、服务为一体的多功能城市商圈。在城市商圈发展的初期，商圈的作用较为单一，多是各种商业网点集聚的中心，主要满足消费者的购物需求。而现代城市商圈是区域第三产业网点的总和，是商业企业以及金融、餐饮、储运、信息咨询等服务业的关联企业在空间上的集聚，从而形成在一定区域内商业网点高密度和专业化经营程度高的商业集聚圈层。由于受到消费者需求多样化、租金上涨、城市经济规模扩大、轨道交通发展多重因素的影响后，单一作用的城市商圈内生性质开始发生变化，现代城市商圈的作用也随之多样化，逐渐演化成多功能的特色商圈。多功能商圈的形成为各种商品和劳务的交换提供了集中、便利的场所，进一步促进了商品流通，推动了经济增长，多功能的现代城市商圈的使得商业集群和联动效应更为明显。

2. 城市商圈空间布局由集中式布局演变为分散式布局

经济新常态下城市商圈也从最初为普遍的同心圆和太阳型集中空间布局逐渐分散，形成点簇式、节点式、组团式的商业空间布局。城市商圈的分散式布局有利于消费者购物的便利体验，可使得商圈内部避开激烈竞争，有利于城市商圈的可持续发展。如 2010 年前，长沙较成熟的市级中心和副中心商圈只有 7 个，分别是五一广场商圈、溁湾镇商圈、伍家岭商圈、火车站商圈、东塘商圈，新型商圈两个，即红星商圈和高桥商圈，各大商圈以五一广场商圈为中心，呈同心圆分布。其后随着长沙城区的扩大和城市交通格局不断完善，特别是 2014 年 4 月及 2016 年 6 月，长沙市地铁 2 号线和 1 号线分别开始运营后，由于轨道交通的发展以及城市经济实力增强，长沙市的城市商圈逐渐分散开来，形成点簇式、节点式、组团式的商业空间布局，尤其在轨道交通节点附近，如今已形成大大小小 20 多个商圈，如图 1 所示。

图 1　长沙市主要商圈发展的空间地图

3. 城市商圈的层级由简单化向复杂化、多层级化发展

一个城市商圈的层级原本简单地划分为第一级商业中心商圈、次级副商业中心商圈、郊区边缘商业中心商圈。随着城镇化发展和城市交通网络变化，城市商圈的层级的划分越来越呈复杂化、多层级化发展。现在许多大城市商圈形成了地上、地下、网上多个维度和更多层级。

目前可划分为：都市级商圈、副市级商圈、区域商圈、次区域商圈、地下商圈、社区商圈、郊区商圈和乡镇商圈，它们服务的对象、地类型、需求类型、服务人口均有不同，所以商业规模、基础设施和业态呈现出差别。根据上述分类，当前国内城市商圈等级体系的基本特征和相关指标可概括如表 1 所示。

表 1　　　　　　　　　　　　现代城市商圈等级体系指标

商圈	服务对象	地类型	需求类型	服务人口	商业规模（平方米）	基础设施与业态
都市级	国内外及本市消费者	超广域型	综合型	30万~50万	30万	大型百货店、都市型购物中心、专卖店、休闲娱乐
副市级	本市消费者	广域型	综合型	20万~30万	20万	都市型购物中心、专卖店、休闲娱乐

表1（续）

商圈	服务对象	地类型	需求类型	服务人口	商业规模（平方米）	基础设施与业态
区域级	本地区及外来消费者	广域型	综合型	20万	10万	购物中心、百货店、文化娱乐、餐饮等
次区域级	本区域消费者	属地型	综合型	20万	10万	百货店、大型超市、文化娱乐、餐饮等
地下级	地铁乘客	属地型	必备型	10万	5万	百货店、中小型超市、便利店、餐饮等
社区级	本社区居民	属地型	必备型	5万	2.5万	大中型超市、便利店、医药店、菜市场、餐饮、服务等
郊区级	国内外及本市消费者	超广域型	补充型	20万	根据功能而定	餐饮、旅游纪念品、古玩一条街、文化娱乐等特色店铺
乡镇级	本乡镇居民	属地型	必备型	5万	2.5万	中小型超市、便利店、医药店、餐饮等

注：资料来源于《城市商圈论》[12]一书，经整理而成。

4. 城市商圈主导业态发生变化

以百货大楼或购物中心为主导业态的城市商圈，正逐渐发展成以多业态协同发展的城市商圈。为了适应消费者多样化、多层次的消费需求和消费者消费行为的变化，城市商圈主导业态逐渐发生变化。我国城市零售业态的发展趋势是多元化、均衡化、组合化、梯次化、融合化，从单一走向多样；业态也由最初的大型百货商场、发展为商业综合体、大超市、仓储式商店、专业店、大卖场、专卖店、折扣店、建材家居、批发店、便利店、特色店、购物中心等多种业态并存发展的全面格局。新型零售业态的不断出现使城市商圈更加繁荣，在原有的17种零售业态的基础上又新增加了集折扣店和实体超市为一体的超大型超市，经营的商品全部同价的单价零售商，经营各种百货商品、服饰及家装家庭非耐用品的清仓零售商、品牌处理店，家居中心，类别专业店，药店，全线折扣店，高级研究专卖店，线上线下体验店等等。为了增加顾客的参与感与体验感，城市商圈空间上还融入了KTV、酒吧等娱乐休闲商业业态，形成了多业态支撑的城市商圈。

5. 城市商业综合体不断涌现

一二线城市涌现出越来越多的城市综合体，往三四线城市扩张的趋势也较为明显。城市综合体是以建筑群为基础，融合商业零售、商务办公、酒店餐饮、公寓住宅、综合娱乐五大核心功能于一体的"城中之城"。城市综合体是功能聚合、土地集约的城市经济聚集体，每个城市根据经济发展水平和城市的需求不同，城市综合体在功能的选择上有所不同，功能组合有所侧重。如表2所示，城市商业综合体模式主要分为商务办公型、商业零售型、酒店餐饮型、公寓住宅型、综合型，其中商务办公型分为金融商务型、会展商务型、总部商务型；商业零售型分为购物广场型、文化商街型、特色商场型。以深圳万象城为例，其总建筑 55 万平方米，购物中心 18.8 万平方米，业态组合主要为 5A 写字楼、百货公司、国际品牌旗舰店、时尚精品店、美食广场、奥运标准室内溜冰场、大型动感游乐天地、多厅电影院等元素，是国内规划得较为合理的城市综合体。多功能、复合型的城市综合体赋予了城市商圈新的生命力，目前类似深圳万象城这种总建筑面积 50 万平方米以上的城市商业综合体除了在沿海地区一二线城市不断涌现外，也在中西部省会城市和一些三四线城市崛起，如 2016 年开业的长沙市梅西湖步步高新天地城市商业综合体总建筑面积就达到了 72 万平方米。

表 2 城市商业综合体模式

模式		特征	案例
商务办公型	金融商务型	位居国内外一线城市 CBD，以金融商务办公为主，汇聚国内外银行、保险、投资、证券等公司机构	纽约洛克菲勒中心、巴黎拉德芳斯、伦敦金丝雀码头、东京新宿副中心、香港国际金融中心、北京东方广场
	会展商务型	位居国内外一线城市，以会展博览服务为核心，汇聚国内外大型贸易公司机构，成为采购商的贸易平台	上海中国博览会会展综合体、广州保利世贸中心、杭州世贸中心
	总部商务型	位居国内外一线城市 CBD 或郊区总部基地，吸引并汇聚国内外 500 强及各行业大中型企业总部机构	纽约洛克菲勒中心、巴黎拉德芳斯、东京六本木、北京华贸中心、上海浦东新鸿基、深圳信兴广场
商业零售型	购物广场型	以商业购物为核心，集购物中心、商务办公、酒店公寓、休闲娱乐、餐饮美食为一体	多伦多伊顿中心、北京万达广场、上海恒隆广场、深圳华润中心、深圳中信广场
	文化商街型	围绕传统文化商业街区，以商业零售为主要业态，形成文化型、开放式商业综合体	利物浦天堂大街、悉尼情人港、北京前门大街、成都宽窄巷子
	特色商场型	以商业零售为核心所形成的具有广泛影响力和吸引力的特色商场型购物综合体	伦敦西田购物中心、蒙特利尔玛丽城、日本福冈博多运河城、天津新意街
酒店餐饮型		位居城市核心商圈或特色资源旅游区，以国际知名星级酒店、公寓为中心，综合商务、购物、会所、娱乐、餐饮等业态	上海商城、澳门威尼斯人度假村、杭州西溪天堂、泰安蓬达国际度假酒店综合体

表2（续）

模式	特征	案例
公寓住宅型	以住宅、公寓为核心，配套商业零售、商务办公、文化娱乐、生态公园等多种业态	多伦多湖滨区、成都龙湖时代天街、武汉东湖万达广场、昆山世茂蝶湖湾
综合型	城市中心区；功能组合多且全面；主干道沿线；建筑面积20万平方米以上；专业的物业管理和经营模式	香港太古广场、深圳万象城、北京华贸中心、长沙梅西湖步步高新天地

注：资料来源于中国产业规划网、《城市综合体的发展模式》，经整理而成。

6. 社区商圈发展势头强劲

在我国城镇化的规模扩张中，不同类型的城市新居民区即社区不断涌现，成为人口在空间聚集的主要载体和人口城镇化的标志。于是在各种社区附近开始形成社区商圈，社区商圈的商业形态以社区便利店、便利超市、农贸市场、生鲜超市、水果店、药店、餐饮、文化活动中心、社会服务中心、邮局、银行营业网点、美容美发、沐浴、修配等各种便民服务设施等为主。如长沙的芙蓉兴盛超市、锦和超市等均布局于各个社区商圈。这些由不同形态的便民商业实体网点组成的社区商圈正在全国各地城市飞速发展，主要配置居民日常生活必需品的商业行业和生活服务业，影响面主要为社区居民。目前，由于移动电子商务、云计算、物联网等新兴信息技术的发展，不少社区商圈结合智慧城市发展契机正升级成为智慧社区商圈。例如上海五角场智慧社区商圈，以云计算、大数据等新兴信息化手段为支撑，建立以五角场广场为核心区的商圈多系统交互平台，包括商圈信息索引（商业品牌、商业活动、企业信息、公交信息）、信息发布（商业信息、生活服务信息、预警信息、公益信息、政府信息等）、生活服务（公共事业费缴纳、公交卡充值、电话费充值等）。

7. 一线城市与二三线城市商圈发展差距拉大

一线城市由于城市经济实力强，轨道交通发达，可承载的商业体量大，因此，与二三线城市对商业环境的要求拉开差距。一线城市土地资源稀缺，大量服务型中小企业集聚，对办公写字楼的需求量大，而且租金水平普遍比较高，所以出现了以商务办公功能为主的商业综合体以提高城市土地利用率。而二三线城市商业综合体以商业零售和住宅为主。一线城市轨道交通发达，综合枢纽人流量大，还出现了地铁商圈、综合枢纽商圈的有机渗透。例如，上海地铁2号线串联起世纪大都会商圈等7个大型商圈，在上海虹桥形成了地铁、高铁、机场三位一体的综合枢纽商圈。大部分二线城市轨道交通正在建设当中，地铁商圈也在不断扩张，三线城市则没有建设轨道交通。图 2 与图 3 分别为一线与二线城市外资零售企业数量和地铁里程数，其中大连与重庆为轨道交通，从图中我们可以看出，一二线城市的轨道交通发展已经拉开差距，一线城市交通优势明显，人流量大，吸引了大量外资零售企业入驻，丰富提高了商圈的企业类型与服务质量，加速了一线城市与二三线城市商圈发展差距的拉大。

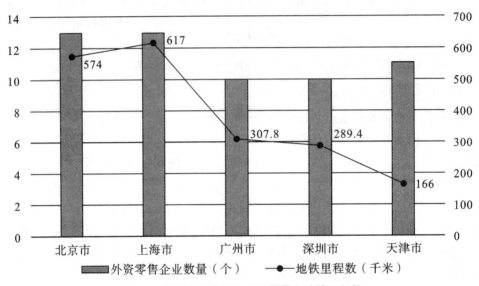

图 2　一线城市外资零售企业数量和地铁里程数

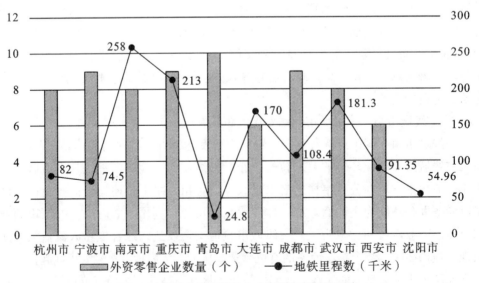

图 3　二线城市外资零售企业数量和地铁里程数

8. 同一城市内商圈同质化竞争加剧

发达国家城市人均商业面积达到 1.2 平方米已算较高水平，而目前国内一些城市人均商业面积已达 2 平方米，由于有些城市的商圈营业面积扩张速度与城市人口规模增长速度不匹配，轨道交通的发展缩小了消费者与商圈之间的时间距离，加之实体商业受到电子商务的冲击，同质化商业综合体引起竞争加剧，众多城市出现了商业地产过剩、商铺招租难、营业利润率低等现象。以重庆市为例，2018 年第二季度，重庆甲级写字楼新增体量 4.14 万平方米，由此全市甲级写字楼总存量增至 240 万平方米，空置率却高达 41.4%。因此，未来对城市商圈进行规划时，应注意结合城市或区域发展实际，科学合理地规划城市商圈。

三、城市商圈演化趋势影响因素

通过以上的分析得知，我国城市商圈在经济新常态下将呈现单一功能城市商圈向多功能城市商圈演化、空间布局由集中式布局向分散式布局演化等 8 大特征与趋势，究其原因，本文认为主要受新型城镇化的推进、"互联网+"的出现、消费者需求变动与升级、区位因素与交通功能的更替、城市商业发展规划与政策实施等因素的影响。

1. 新型城镇化推进的影响

我国经济增速在 2011 年后开始放缓，进入新常态发展阶段，但与此同时城镇化率却不断提高。城镇化的成功推进（2011 年城镇化率首次突破 50%）刺激了商业经济的发展[13]，增加了社会对商品服务的需求量，在表 2 中可看出，随着城镇化率的提高的同时商业经济的体量也在不断增大。具体来说，城镇化的推进使更多的农村人口进入城市，一方面首先会使适龄就业人员提高收入，因为城市工资率普遍高于农村，较高的收入无疑能提高消费水平，扩大对商品服务的需求；其次新进入城市的人口本身带有一定消费需求，加之受到原城镇居民消费所带来的联动效应影响，消费需求（攀比消费心理）进一步被刺激。这些对商圈规模的进一步扩大、业态进一步齐全、功能的进一步完善均有促进作用。不过，城镇化程度的差异化也是导致城市间商圈发展差距明显的重要原因，高度城镇化的城市由于市场体量大，对商品服务的需求旺盛，商业布局合理，从而商业更为发达，商圈发展更为迅速，如北京、上海、广州、深圳等城市的商圈体系日趋合理，集聚效应更加明显。与此同时，城镇化的不断推进也导致中小城市的商圈同质化问题日益严重，这些城市仅由于城镇人口的增加而盲目开发雷同的商业广场，非理性投资商业地产，而未能深层次把握消费者需求和进行合理商业布局，导致商业模式单一，商圈之间恶性竞争，极大浪费了商业资源，造成城市商业发展的低效率。

表3　　　　　　　　　经济新常态下我国城镇化率与商业经济发展

年份	城镇化率 （%）	流通业产值 （亿元）	社会消费品零售额 （亿元）
2001	37.66	16 465.90	43 055.40
2002	39.09	18 389.80	48 135.90
2003	40.53	20 213.10	52 516.30
2004	41.76	22 208.80	59 501.00
2005	42.99	25 423.00	67 176.60
2006	43.90	28 828.10	76 410.00
2007	44.94	33 506.30	89 210.00
2008	45.68	41 086.90	114 830.10
2009	48.34	49 160.90	132 678.40
2010	49.95	52 474.60	156 998.43
2011	51.27	62 393.40	183 918.60
2012	52.57	74 130.00	210 306.98
2013	53.73	83 122.60	237 809.90
2014	54.77	92 548.70	271 896.10
2015	56.10	102 164.40	300 931.00

注：数据来源于国家统计局。

2.“互联网+”的影响

“互联网+各个传统行业”是指利用信息通信技术以及互联网平台，让互联网与传统行业进行深度融合，创造新的发展生态。就商贸流通产业来说，经济新常态下“互联网+”的应用使得产业环节和渠道分工进一步细化，衍生出许多新的服务项目与商业模式，因而在城市商圈中，基于互联网与移动互联网的使用，电子支付体系的完善，物流服务的快速对接，网上购物与网下体验（O2O）等结合电子商务的模式成为新趋势，如网上下单、网下消费等成为新的消费潮流，促使商圈中的超市、仓储式商店、专业店、大卖场、购物中心等各种业态的商贸企业纷纷建立线上商店，同时对线下店铺的营业环境进行优化，增加体验、娱乐、餐饮、互动等功能，通过网上网下资源的再配置进行业态升级与改造，实现数字化的新商业模式，扩大竞争力，提升利润空间（机理如图2所示）。具体来说，在互联网的影响下，餐饮、娱乐服务等由于消费特殊性，消费者可在网上实现预定，但又必须通过线下实体店完成消费。网上信息的发布与互动降低了消费者的搜寻成本与企业的广告成本，进而促进餐饮零售、娱乐服务等企业进行商业模式创新，使得商圈中业态更加多样化、均衡化；而"互联网+金融""互联网+咨询"企业在商圈中的发展，使商圈的功能越来越丰富。此外，互联网技术的应用使得社区消费者小众、个性化需求能及时被商家掌握，即时、短距离的商业消费符合当下的"懒人经济"习惯，加上社区物流体系能够实现快速上门服务，社区用户基于网络的互动和分享，社区商圈发展进入新阶段，城市商圈体系进一步完善。

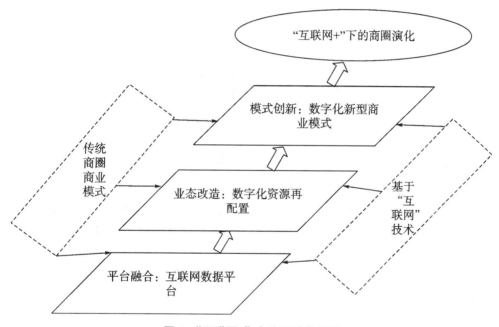

图4 "互联网+"与商圈演化升级

3. 消费需求与消费行为变化的影响

改革开放后我国生产力得到前所未有的发展，经济总量一举跃居世界第二，人均国内生产总值（GDP）从1978年的人均381元到2015年达到5.2万元，居民购买力日益增强，市场已从最初供给极度匮乏的狭义卖方市场变为供给宽松的广义买方市场，消费需求对市场的主导作用越来越明显。经济新常态下，城镇居民的消费需求又有了大的转变。一是消费重点由商品消费向服务消费转变。如图3所示，居民消费将更多地投向服务和精神文化产品，文化娱乐、生活服务等支出大幅增加，个人效用得到优化。二是消费特点由排浪式向个性化转变。在信息经济推动下，产品和服务定制使消费者更进一步参与产品设计环节，促使个性化、多样化消费成为消费主流。三是消费行为由单纯购物向一站式消费转变。越来越多的消费者已不能满足于仅仅在商场购物，而是呈现出休闲、运动、娱乐、就餐、体验、培训等多方面的消费诉求。四是消费层次由基本消费向中高端消费转变。在居民收入水平增长的推动下，高端品牌消费、进口商品消费、跨境消费快速发展[14]。

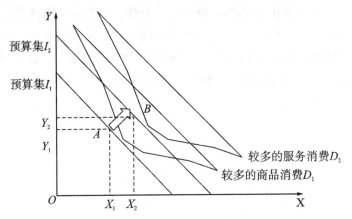

图5　预算集与无差异曲线下的消费者最优点选择

由于居民消费重点由商品消费向服务消费转变、消费层次由基本消费向中高端消费转变、购物向一站式消费转变，就必然促使商业企业的业态多样化、种类齐全化，使得商圈进一步功能完善化、分布广延化。而消费者个性化需求受到市场空前重视，消费特点由排浪式向个性化转变使得小众需求具有大市场，私人定制成为常态，商圈中出现许多满足某些消费者群体小众需求的特色商铺；而针对社区居民的非标化、分散化、长尾化、低频化的消费需求，城市社区商圈从开锁、送水、下水、换气、维修、电工、回收、快递等业务为主逐渐发展到洗衣、大厨、家政、洗车、按摩、商超、生鲜等新市场，城市商圈进一步向多层级、复杂化方向发展。

4. 区位因素与交通功能的影响

区位因素是商业企业在选址过程中的首要考虑因素，也是商圈形成的重要因素。传统中心商圈往往形成于城市中心地带和沿江沿河地带，这是由于这些地带在地理位置上具有优越性，辐射范围广，扩散力大，集聚力强，对消费者吸引力大。交通对于商圈的发展同样关键，因为交通快捷方便的地带能降低消费者和商家的运输成本和交易成本，促进交易频数的增加和交易效率的提高，促进商业集聚和商圈发展。我国经过改革开放近四十年高速的城市建设与经济发展，城市中心地带人口的承载量进入新常态后已开始超过负荷，交通日益拥堵，商铺地租急剧上涨，商业效率开始降低，商圈发展受到限制，区位因素的重要性逐步弱化，交通因素的作用日益增强。城市其他区域内由于地铁、车站、城际铁路的出现与丰富，催生和加速了交通顺畅便捷的地带环地铁商圈、车站枢纽商圈等分散式的商圈的生成与发展，尽管地理位置相对偏僻，却凭借交通因素带来的人流、较低的租金形成了规模与影响力皆具备的特色商圈。以深圳市为例（如图4所示），2003年深圳的商圈主要分布于传统区位优势明显的盐田区、罗湖区和福田区，而随着高铁、地铁、机场的全城通航，深圳已经在全市各个区域的交通节点形成风格迥异的商圈，辐射力不断扩大渗透。在经济新常态下，区位因素对城市商圈演化的作用在减弱，交通因素在城市商圈演化中的地位不断提升。

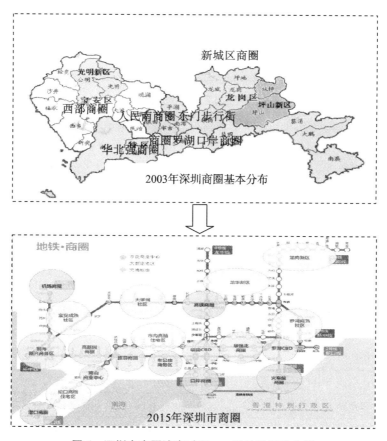

图6 深圳市商圈演变过程——以地铁影响为例

注：数据根据《深圳市商业市场深度调研报告》等整理而成。

5. 城市商业发展规划与政策实施的影响

现代城市发展需要进行科学合理规划，城市商业布局与规划是城市功能进一步完善的标志。从城市经济学来看，商圈可分为创造型商圈与演化型商圈，演化型商圈是经过长期的商业集聚后自我形成的商圈，如传统的商业街；创造型商圈是在规划指导下的商业空间集聚，如购物中心的新建。在城市商业经济发展的过程中，如果任市场自我发展演化，则会出现某些区域内部商业过剩或者稀缺不足、市场秩序混乱等问题，政府适时进行调控和规划对城市商圈的健康发展十分必要。

政府的商业网点规划会影响商圈的形成与发展层级。政府会根据城市发展的需要，配套某些区域的经济发展，规划设置一定的商业用地，完善周边的交通基础设施与商业环境，鼓励国际国内的商业企业入驻，促使不同层级商圈的形成，提高城市的商业影响力。以湖南省会长沙市为例，2011 年后通过政府部门的规划与指导，15 个不同层级商圈得以形成（见表4）；此外为了整合提高商业资源利用率，增强商业集聚效应，政府会鼓励城市中心地带城市综合体的建设发展，如深圳的万象城、福州的泰禾广场。

表 4   2011—2015 年长沙市新增商圈

区域	名称	定位	位置
芙蓉区	东岸商贸中心	新型商务商贸区	东岸乡
天心区	省府新区商业中心	高档商务中心	省府新区
	侯家塘商业中心	综合型产业楼宇经济商业中心	侯家塘
岳麓区	梅溪湖商业中心	长沙市商业副中心	梅溪湖
	滨江新城商业中心	高档综合商务区	滨江新城
	金星商业中心	购物休闲商业中心	金星大道
岳麓区（高新区）	雷锋镇商业中心	特色生态商业中心	雷锋镇
	东方红路麓谷商业中心	河西城市副中心	东方红路中段两厢
	信息产业园商业中心	现代化信息产业园商业组团	信息产业园
开福区	月湖商业中心	高档游憩商务区	洪山—金鹰城
	松桂园商业中心	新型商务商贸中心	松桂园
雨花区	武广商业中心	长沙市商业副中心	武广新城
望城区	滨水新区商业中心	生态游憩商贸中心	滨水新区
长沙县	暮云商业中心	便利性商业中心	暮云镇
	椰梨商业中心	生态游憩商贸中心	椰梨镇

注：数据来源于《长沙市城市商业网点布局规划（2005—2020）》[15]2011 年修订版。

政府的商业网点规划会影响商圈内部的零售业态与功能。针对城市发展的定位、不同区域的商业基础、居民的消费方式，政府部门会指导商圈中企业进行合理布局，丰富经营业态，增加商圈服务功能，避免同一类型商业企业的扎堆和弥补市场空白点，以形成与城市发展相适应、布局合理、层次分明、功能健全、业态先进、配套完善的现代城市商圈体系。

四、结论与启示

通过前文的阐述，可以发现，在我国经济发展进入新常态背景下，城市商圈的发展逐渐呈现出由单一功能城市商圈演化为多功能城市商圈、空间布局由集中式布局演变为分散式布局、商圈层级由简单化向复杂化和多层级化发展、城市商圈主导业态发生变化、社区商圈发展势头强劲、城市综合体逐渐涌现、一线城市与二三线城市商圈发展拉开差距、商圈同质化竞争加剧等特征和趋势。实践发展和研究结果表明：新型城镇化推进、"互联网+"的出现、消费者需求变动、区位因素与交通功能、城市商业发展规划与政策实施均对城市商圈的发展演化产生重要影响。今后城市商圈发展需要注意以下几点：

第一，商圈发展要与城市定位相匹配。城市发展需根据自身条件合理定位，商业发展则需与城市定位相匹配，以形成商圈层级和分布合理、商业功能适度的商圈体系，切勿盲目追求"高大上"，避免商业泡沫。

第二，商圈发展要与消费升级趋势相适应。一方面，人口因素决定商圈的规模与层次，城市商圈的发展要与城市人口规模和空间聚居状况及人口流动状况相适应。另一方面，新常态下消费者需求变动升级要求商圈中的商业企业迅速做出反应，完善商业设施，调整经营业态，创新商业模式，以更好适应消费者的偏好，促进商圈发展。

第三，商圈发展要与互联网技术相融合。互联网、云计算、大数据、物联网等新一代信息技术发展迅猛，电子商务的兴起使信息流、资金流、物流等要素得到快速整合，线上线下融合的全渠道商业发展已是趋势，城市商圈发展必须实现与互联网技术的深度融合。

第四，商圈发展要与交通发展相结合。新常态下城市立体化的交通网络的建设逐步完善，交通运输成本降低，区位因素对商业布局影响减弱。未来商圈的建设发展应充分结合城际大型交通枢纽节点及轨道交通主要站点进行合理布局和发展，打造新商业聚集区，增强辐射力和影响力。

第五，商圈发展要与规划相协调。商业发展如果任由市场主导，则会某些区域商业过剩而其他区域稀缺不足以及秩序混乱，政府适度的商业政策规划可推动商圈合理布局、商业功能完善。2017 年 1 月 19 日商务部等 5 部门印发了《商贸物流发展"十三五"规划》，分别将一批城市列为全国性商贸物流节点城市或区域性商贸物流节点城市，各城市商圈发展应与全国《商贸物流发展"十三五"规划》相适应。

总而言之，在经济新常态下，城市商圈发展也将进入新常态发展，优化商圈空间分布，创新业态模式，合理利用商业资源，促进商业效率，完善商圈机能，形成生态良好的城市商圈发展体系将是大趋势。

参考文献

[1] 黄杉，武前波，崔万珍. 国内外城市综合体的发展特征与类型模式 [J]. 经济地理，2013（33）：18-39.

[2] 黄俊健，黄少伟，白伟华. 面向智慧社区诚信商圈平台的建设与研究 [J]. 科学创新导报，2015（24）：68-69.

[3] 邱小平. 品牌零售商业企业实施社区商圈"蓝海战略"的探讨 [J]. 商业研究，2015（19）：25-26.

[4] He Zhu, Jiaming Liu, Huaxian Liu, et al. Recreational business district boundary identifying and spatial structure influence in historic area development：a case study of Qianmen area, China [J]. Habitat International，2017，63（5）：11 – 20.

[5] 王娟，柳思维. 城市商圈布局的三维动态模型构建与述评 [J]. 湖南商学院学报，2007（6）：10-15.

[6] 段东霞. 大中型城市商圈重心移动的影响因素及其动力——以广州市天河路商圈为例 [J]. 商业经济研究，2010（25）：20-22.

[7] 伊娜. 现代城市商圈建设发展思路分析 [J]. 商业经济研究，2012（31）：25-26.

[8] Tânia Reigadinha, Pedro Godinho, Joana Dias. Portuguese food retailers–Exploring three classic theories of retail location [J]. Journal of Retailing and Consumer Services，2017，24（1）：102-116.

[9] 张竞，王志伟. 城市商圈发展的空间经济学分析 [J]. 学术交流，2015（4）：139-144.

[10] 张占斌. 中国经济新常态的趋势性特征及政策取向 [J]. 国家行政学院学报，2015（1）：15-20.

[11] 金碚. 中国经济发展新常态研究 [J]. 中国工业经济，2015（1）：5-18.

[12] 柳思维，唐红涛. 城市商圈论 [M]. 北京：中国人民大学出版社，2012.

[13] 柳思维，周洪洋. 人口城镇化，土地城镇化对流通业产出效率影响的空间计量分析 [J]，经济地理，2016，36（12）：51-69.

Analysis on the Evolution Trend and Influencing Factors of City Trade Areas in China Under the New Normal

Liu Siwei   Tang Qing   Zhou Hongyang

Abstract：Under the background of the new normal, the trends and features of city trade areas show that city trade areas is changing from single function into multi‑functional, from centralized layout to decentralized layout, from simple district level to complex district level; the dominant commercial activities of city trade areas will change and there is a strong momentum in the development of community city trade areas and urban complexes. This paper argues that the evolution of city trade areas will be influenced by the factors of the new urbanization advancement, the emergence of the "Internet", consumer demand changes and upgrades, the change of location factors and traffic function, urban commercial development planning and policy implementation.

Key words：New normal; city trade areas; business model; Internet; urban traffic

中国出口贸易的空间效应研究
——基于面板数据的实证分析

田益祥　　张　华

摘　要：本文基于新经济地理学空间视角，充分阐述建立空间面板数据模型的必要性，引入经济空间权重矩阵研究 1998—2015 年中国与全球 28 个主要出口国之间的空间效应，分析与中国出口相关的影响因素，检验中国与贸易伙伴国的空间依赖性及是否有溢出或集聚效应。结果表明：中国对贸易伙伴国的进口量、贸易伙伴国的政治风险高低、参与经济一体化的程度、贸易开放度及人均 GDP 是影响中国出口贸易的重要因素，这些发现对政府和企业在贸易或区域经济的政策制定上提供了有益思考。

关键词：出口贸易　区域经济　空间效应

引言

中国改革开放四十年来，随着全球化的发展，中国已纳入全球经济体系。出口扩张不仅是经济增长的基本动力，中国在启动经济改革后，在全球出口中也扮演着重要作用。根据海关总署的数据，从 2008 年 11 月起，出口总额呈现连续下降

作者简介：田益祥（1963—），男，土家族，重庆石柱人，电子科技大学经济与管理学院教授，博士生导师，研究方向：宏观经济学、数量经济学。张华（1994—），女，汉族，四川宜宾人，电子科技大学经济与管理学院硕士研究生，研究方向：区域经济学、空间计量经济学。

趋势，2009 年全年出口总额下降 16%，出口从推动经济增长的动力变为制约经济增长的阻力。为了稳定出口，有必要研究影响出口变动的因素，以便最大限度地减少外部冲击的负面影响。

随着中国对外贸易的快速发展，参与国际竞争的程度也日益加深，遭受国际政治、经济、社会文化变化所带来的影响也不可避免。国家风险已成为许多中国企业走向国际市场时所关注的重大问题。例如，中国 2005 年首次对外发表的《国家风险分析报告》表明了中国高度关注出口地区的政治风险。中国出口信用保险公司 2012 年发布的关于国家风险的分析报告中揭露了非洲国家涉及的风险高于其他区域（Chou K H 等，2015[1]）。

此外，信用评级机构进行的国家主权信用评级实质就是对中央政府作为债务人履行偿债责任的信用意愿与信用能力的一种判断。一国发生主权信用评级下调，会通过主权信用风险传染和投资者投资转移行为波及其他区域乃至全球经济体，从而引发大规模的区域性乃至全球性的主权债务危机，迫使人们对国际主权信用评级下调与一国经济和金融体系安全的关系进行深入思考（蒋志平，2013[2]）。此外，研究发现民主化程度更高的国家会减少贸易壁垒，导致贸易关系更加开放从而增加对外贸易量。而专制国家的贸易量明显增加低于民主国家（Aidt T S 等，2010[3]）。

Paul Krugman（1991）[4] 开创了以"新经济地理学"为基础的"中心—外围"模型，以边际收益递增、不完全竞争与路径依赖为基础，拓展分析经济活动的空间集聚与全球化等经济现象，从那时起，许多后来的研究都基于 Krugman 的研究结构为基础，并开发出了一些模型将空间效应结合在一起，以证明空间效应对国际经济的影响。空间效应通常是通过运输成本（Krugman and venables 等，1995[5]；Eaton J 等，2002[6]）或通过摩擦的距离效应（Lee J 等，2010[7]）来呈现的。Rossi-hansberg E（2006）[8] 提出运输成本和集聚效应是任何贸易空间模型中都必须考虑的影响空间效应的重要因素。

关于双边贸易的许多研究都采用了引力模型，此模型可用于检验贸易量与地理距离之间的关系（Behrens K 等，2012[9]）。上述研究的实证结果表明了贸易价值与地理距离具有负相关的关系。一些学者也通过应用重力模型对中国贸易进行了研究（Kwack S Y 等，2007[10]），并且 Bussière M（2009）[11] 研究发现贸易价值与地理距离的负相关关系是能被观测到的。

在考察中国和全球对外贸易经济环境的发展情况中不难发现，中国贸易伙伴国的政治风险、参与经济一体化和出口贸易区域的地理空间（溢出效应或聚集效应）都会影响中国的出口。然而，之前的研究并未把这些因素结合起来检验中国出口的影响。所以，本文纳入主权信用评级和区域经济一体化等因素对中国出口的影响建立实证模型，采用空间计量方法来检验与中国出口相关的影响因素，检验中国与贸易伙伴的空间依赖及是否有溢出效应或集聚效应，希望能填补前人研究留下的一些空白。本文其余部分将按以下步骤进行：第二部分为空间探索性数据分析，第三部分为指标的选取及模型的设定，第四部分是实证结果及分析，第五部分是本文的结论及建议。

一、空间探索性数据分析

空间依赖性表明空间关联的存在。Tobler（1970）[12]提出了著名的地理学第一定律：所有的事物都是相互联系的，离得越近的事物，彼此之间的联系就越强。空间的属性数据或多或少都存在一定的关联性，因此，我们不能假设空间中各个观测单元是无关联的。对比传统的计量经济学，空间计量经济学抛弃了地理空间均质性的假设，充分考虑了地区间的空间交互效应。

（一）空间权重矩阵的构造

空间权重矩阵作为空间效应的载体，作为实际观测数据到空间计量模型的映射，使得空间溢出效应的量化成为可能，所以国内外涌现了多种权重矩阵构造方法。根据张可云（2017）[13]等人的研究发现，虽然地理距离直观、可信，但不足以描述空间单元间复杂的经济和社会关系。经济发展水平、社会环境及居民的文化素质等都会使空间单元之间交互影响，因此讨论经济因素十分必要。为此，研究者们根据区域间的资本流动、人口迁移、商品贸易等社会经济指标，设计出了更符合空间经济关系的经济权重矩阵。本文建立的经济空间权重矩阵如下：

$$W_{ij} = \begin{cases} \dfrac{1}{|\bar{Y}_i - \bar{Y}_j|}, & if\ i \neq j \\ 0, & if\ i = j \end{cases} \tag{1}$$

其中，$\bar{Y}_i = \dfrac{1}{T}\sum_{t=1}^{T} T_{it}$，表示区域 i 在 t 时期内出口额的平均值，$i \neq j$。两地区经济发展水平越相似，两者之间的空间依赖效应越大，权值就越大。经济空间权重矩阵 W 是一个随时间而变化的动态矩阵，能反映出地区经济之间的相互关系的变化，衡量由于贸易关系、政策实施及人文交往等产生的空间效应。W 将两个相邻地区的差异通过经济权重进行了区别，避免了仅用地理空间权重矩阵时所遇到的问题。

（二）空间相关性检验

为了验证中国出口贸易是否具有空间分布的非随机性和空间自相关性，本文对所选数据进行了探索性空间分析（王庆喜，2014[14]）。Moran's I 指数来源于统计学中的 Pearson 相关系数。将互相关系数推广到自相关系数，时间序列的自相关系数推广到空间序列的自相关系数，最后采用加权函数代替滞后函数，将一维空间自相关系数推广到二维空间自相关系数，即可得到 Moran's I 指数，即标准化的空间自协方差。其计算公式为：

$$I = \frac{n \sum_{i=1}^{n} \sum_{j=1}^{n} W_{ij}(x_i - \bar{x})(x_j - \bar{x})}{\sum_{i=1}^{n} \sum_{j=1}^{n} W_{ij} \sum_{i=1}^{n} (x_i - \bar{x})^2} \tag{2}$$

式中，n 是研究区内地区总数，W_{ij} 是空间权重矩阵；x_i 和 x_j 分别是区域 i 和区域 j 的观测值；$\bar{x}$ 是平均值。本文运用 matlab 计算了选取的 6 个年度的 Morans' I 统计值，见表 1：

表 1　　　　　　　　　引入经济空间权重矩阵的 Morans' I 统计指数

年份	Morans' I	Z（I）
1998	0.371 3***	4.329 0
2001	0.369 5***	4.309 6
2004	0.381 0***	4.431 2
2007	0.400 0***	4.632 7
2011	0.443 3***	5.091 3
2015	0.462 4***	5.294 2

说明：*、**、*** 分别表示 10%、5% 和 1% 的显著性水平。

Moran's I 指数的取值一般在 [-1, 1] 之间，大于 0 表示正相关，值越接近 1 时表明具有相似的属性集聚在一起（即高值与高值相邻、低值与低值相邻），取值为 1 表明完全正相关；小于 0 表示负相关，值越接近-1 时表明具有相异的属性集聚在一起（即高值与低值相邻、低值与高值相邻），取值为-1 表示完全负相关；从表中可以看出中国同贸易伙伴国的出口贸易金额具有较强的空间正相关性。而 Morans' I 统计值的逐步增大也表明了随着时间的推移，空间正向相关性正逐步加强。

同时，本文根据所选取的 6 个年度数据做出了 Moran 散点图（见图 1），以直观地反映中国同不同国家间出口贸易的空间相关性。

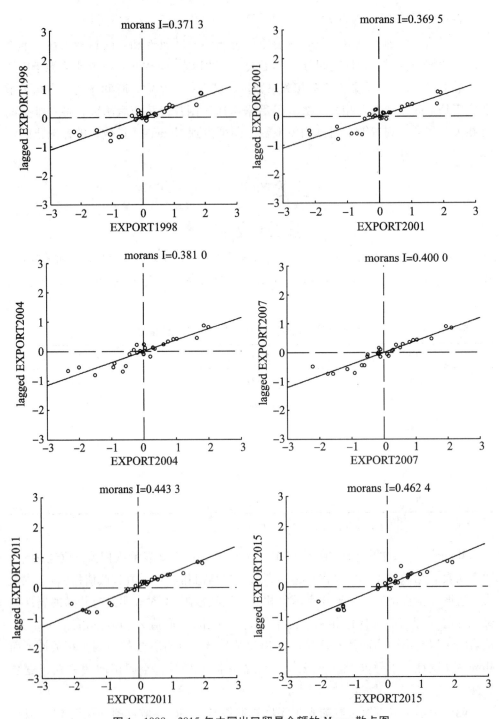

图 1　1998—2015 年中国出口贸易金额的 Moran 散点图

本文利用 Moran 散点图对所选年份进行了分析检验。根据检验结果，样本区域被分为四类聚集模式：第 1、3 象限代表观测值的正空间相关性，即第 1 象限代表观测值高的区域单元被高值区域包围（HH 集聚），第 3 象限代表观测值低的区域单元被低值区域包围（LL 集聚）；第 2、4 象限代表观测值的负空间相关性，即第 2 象限代表了观测值低的区域单元被高值区域所包围（LH 集聚），第 4 象限代表了观测值高的区域单元被低值区域所包围（HL 集聚）。从 Moran 散点图上可以发现大多数国家都处于第一或第三象限，说明中国同很多出口国之间存在着正的空间交互作用。

二、指标的选取及模型的设定

（一）指标的选取

引力模型已经成为研究国际要素流动的基础模型，它源于物理学中的万有引力定律，由 Hasson 和 Tinbergen（1962）[15]引入到国际贸易领域，之后研究者们又对该模型进行了不断的拓展。研究者们主要是通过引入新的解释变量来对原始模型进行修正引入的解释变量分为两类：一是影响贸易额的内生变量，如人口、人均 GDP 等；二是诸如贸易优惠协定，一体化组织等虚拟变量。

Head（2014）[16]指出进口和 GDP 都是影响商品贸易的重要因素。出口与贸易伙伴的人均 GDP 的关系在早期的文献中也有研究（Balassa 等，1978[17]；Schott 等，2010[18]）。Eichengreen（2004）[19]的实证结果显示进口国的人均 GDP 与出口国的出口量具有正向关系。此外，Thorbecke[20]把自由贸易协定（即经济一体化：EI）作为解释变量。Moser C（2006）[21]利用引力模型解释了研究政治因素对出口的重要性。

（二）样本选取与数据来源

各个经济体的宏观经济指标主要来源于 Wind 数据库、Trading Economics、世界银行及国家统计局网站。本文选取的是 28 个经济体 1998—2015 年的年度数据，样本包括不同区域经济组织成员，包括金砖国家（BRIC）、北美自由贸易区（NAFTI）、亚太经合组织（APEC）、欧盟成员国（EU）。

表2   样本（28个经济体）描述

经济体	代码	下调(负面)评级次数	经济体	代码	下调(负面)评级次数
爱尔兰	IRL	6	葡萄牙	PRT	8
巴西	BRA	7	日本	JPN	5
比利时	BEL	4	泰国	THA	4
德国	DEU	1	西班牙	ESP	5
俄罗斯	RUS	3	希腊	GRC	6
法国	FRA	3	意大利	ITA	9
菲律宾	PHL	6	印度	IND	5
芬兰	FIN	4	印度尼西亚	IDN	3
韩国	KOR	0	英国	GBR	3
荷兰	NLD	3	越南	VNM	3
马来西亚	MYS	2	中国香港	HKG	2
美国	USA	1	立陶宛	LTU	3
墨西哥	MEX	2	乌克兰	UKR	9
南非	ZAF	5	斯洛伐克	SVK	3

本文根据贸易引力模型基础，采用了7个解释变量，分别是中国对28个贸易伙伴的进口总额、贸易伙伴的GDP及相对于中国的人均GDP、贸易依存度、经济一体化、政治信用风险（包括主权信用评级和评级下调与否）。

1. 被解释变量

考虑数据的可获得性，本文选取了1998—2015年中国对28个贸易伙伴的出口金额。数据来源于中国商务部网站，用export表示。

2. 解释变量

（1）已有的文献里有不少是研究进出口贸易关系的。本文考察中国对28个贸易伙伴国的进口金额对出口的影响，数据来源于中国统计局，用import表示。

（2）对各国信用评级的调整，通常会引发国际资本在不同区域大规模异常流动。本文将各个国家的评级等级作为政治风险的替代变量。在此对标准普尔每次发布的评级符号和评级展望进行线性转化，用1到20分别表示由低到高的信用等级。数据来源于wind数据库，用rating表示，转换结果见表3。

表3　　　　　　　　　　　主权信用评级对数变换结果

S&P	AAA	AA+	AA	AA-	A+	A	A-	BBB+	BBB	BBB-
线性变换	20	19	18	17	16	15	14	13	12	11
对数变换	1.301	1.279	1.255	1.230	1.204	1.176	1.146	1.114	1.079	1.041
S&P	BB+	BB	BB-	B+	B	B-	CCC+	CCC	CCC-	CC
线性变换	10	9	8	7	6	5	4	3	2	1
对数变换	1	0.954	0.903	0.845	0.778	0.699	0.602	0.477	0.301	0

（3）Events 为虚拟变量，发生评级下调、负面展望和关注降级都设为1，其他为0。

（4）一国对外贸易的影响因素理论包括收入理论，反映一国收入变化的变量包括贸易伙伴国（地区）的 GDP、基础设施等。本文采用作为贸易引力模型的基础变量 GDP，能解释贸易进口方的进口需求能力，数据来源于世界银行。

（5）采用出口各国对中国的相对收入指标，用出口国的人均 GDP 比上当年中国的人均 GDP，即相对人均 GDP，来衡量不同国家货币相对于中国的购买能力的变化对我国出口的影响，用 gdppc 表示。

（6）对外贸易依存度，是用一国贸易总额占国内生产总值比重来衡量的。这个变量反映一国对国际市场的依赖程度，是衡量一国对外开放程度的重要指标，这个值越高反映了该国家的政治和经济环境越开放，该指标也可以衡量一国对我国出口的进口依存度，用 openness 表示。

（7）对于变量 El，它被呈现为"1"到"4"，以"1"表示两国均未参与经济协议。"2"意味着两国都加入了经济组织或类似世界贸易的协议中组织（WTO）或其他区域贸易协定（RTA）优惠贸易安排（PTA）。"3"表示各国（或地区）已开始或参与谈判程序一个自由贸易协定。"4"代表双方签署了 FTA。这个变量可以作为衡量中国与出口伙伴之间的双边关系程度即经济一体化国家指标。数据来源是在 WTO 网站上列出的所有成员和其 RTA 或 PTA。

表4　　　　　　　　　　　变量描述性统计

变量	均值	中位数	最大值	最小值	标准误
export	3 028 000	872 058.5	40 921 390	2 369	5 994 514
import	1 977 908	620 441	19 456 352	39	3 500 672
rating	15.06	15.50	20.00	1.00	4.30
events	0.23	0.00	1.00	0.00	0.42

表4(续)

变量	均值	中位数	最大值	最小值	标准误
gdp	1 364 352. 00	395 755. 10	18 036 648. 00	10 972. 88	2 655 748. 00
gdppc	8. 44	4. 52	41. 25	0. 11	9. 32
openness	5. 22	1. 69	139. 48	0. 09	15. 49
ei	2. 09	2. 00	4. 00	1. 00	0. 73

(三) 空间计量经济模型的设定

空间计量模型通常可以分为很多种类,这取决于解释变量和被解释变量的关系,有三个基本模型被广泛应用于估计空间面板数据,即空间自滞后模型(SLM),空间误差模型(SEM)和空间杜宾模型(SDM)。Elhorst(2012)[22] 把具有所有类型交互效应的完整模型作为一般的嵌套的空间(GNS)模型,形式如下:

$$Y = \delta WY + X\beta + WX\theta + \mu + \upsilon + \varphi$$
$$\varphi = \lambda W\phi + \varepsilon \tag{3}$$

其中,δ 为空间自回归系数,与空间滞后变量相对应;W 为空间权重矩阵;WY 是被解释变量间的内生交互效应;WX 是解释变量之间的外生交互效应;$W\varphi$ 是不同单位的干扰项之间的交互效应;β 和 θ 是 K×1 阶固定且未知的需要估计的参数向量;ε 是干扰项的向量,服从独立同分布,其均值为 0 且方差为 σ^2;μ 和 ν 在模型中分别代表时间和空间效应。

在进行空间计量经济模型分析前,要通过相关检验来确定最适合样本数据的空间模型。本文遵循 Elhorst(2 012)[23] 所概述的规范测试。为了确定样本是否适合采用空间计量模型,第一步需采用非空间交互效应模型来检验空间滞后项与空间误差项是否存在,检验结果可通过 LM - Error、LM - Lag 和稳健的 LM - Lag、LM - Error 来实现,检验原假设为不存在空间滞后项和空间误差项,如果检验结果在 5%和 1%的显著性水平上显著,则拒绝原假设。第二步则通过似然比 LR(like-lihood ratio)检验来确定固定效应和随机效应的选择。LR 检验原假设为空间固定效应和时间固定效应联合非显著,如果其检验结果通过显著性检验,则拒绝原假设。当检验显示非空间交互效应模型不适合于数据估计时,第三步则进一步采用空间杜宾模型,同时用 LR 和 Wald 检验测试空间杜宾模型是否能简化为空间滞后或空间误差模型。其检验原假设为 $H_0: \theta = 0$ 和 $H_0: \theta + \delta\beta = 0$,第一个原假设检验空间杜宾模型能否简化成空间滞后模型,第二个检验能否简化为空间误差模型。如果拒绝了两个原假设,则应采用空间杜宾模型。第四步,采用空间 hausman 来区分空间随机模型和空间固定模型。

三、实证结果及分析

本文以过去学者对贸易引力模型的研究为基础，对其进行了合理扩展与修正，建立适合中国出口贸易的模型来研究中国出口的决定性因素。首先，构建非空间交互效应的面板数据模型如下：

$$\ln export_{it} = \beta_1 \ln import_{it} + \beta_2 \ln rating_{it} + \beta_3 events_{it} + \beta_4 \ln gdp_{it}$$
$$+ \beta_5 gdppc_{it} + \beta_6 openness_{it} + \beta_7 ei_{it} + \mu_i + \nu_t + \varepsilon_{it} \qquad (4)$$

上式中，μ_i 表示 i 国的空间固定效应，ν_t 代表 t 年的时间固定效应。为了研究检验是否拒绝空间固定效应和时间固定效应的原假设，本文对数据进行了似然比（LR）检验，如表 5 所示。

表 5　　　　　　　　　　　　似然比（LR）检验

决定因素	似然比检验	检验统计量
效应	LR-test joint significance spatial fixed effects	912. 145 *** (28)
	LR-test joint significance time-period fixed effects	157. 222 *** (18)

说明：括号中数据为 t 值；*、**、*** 分别表示 10%、5% 和 1% 的显著性水平。

为确定中国对 28 个贸易伙伴的出口金额是否适合采用空间计量方法，首先采用非空间交互效应的面板数据模型进行估计，使用了 4 种不同的估计方法，分别是联合 OLS（无空间或时间固定效应）、空间固定效应（无时间固定效应）、时间固定效应（没有空间固定效应）、空间固定效应和时间固定效应。

对空间固定效应的联合非显著性的原假设，检验的结果（估计值为 912. 145，自由度为 28［dof］，p<1%），说明必须拒绝原假设。同样，也拒绝了对时间固定效应的联合非显著性的原假设检验（估计值为 157. 222，自由度为 18，p<1%）。由此可以推断，具有空间固定效应和时间固定效应的模型，即双向固定效应模型最适合当前数据的估计。

表 6 展现了运用传统的 LM 检验及稳健的 LM 检验来确定是否存在空间滞后和空间误差的检验结果，以此来确定空间模型是否比非空间模型更合适。由于通过 LR 检验已经确定了双向固定效应模型最适合当前数据，故本文针对该模型进行分析。当采用传统的 LM 检验和稳健的 LM 检验时，在 1% 的显著水平上均拒绝了没

有空间滞后和空间误差项的零假设，因此，本文进一步利用空间杜宾模型进行分析。

表 6   非空间交互效应的面板数据模型检验结果

决定因素	联合 ols	空间固定效应	时间固定效应	空间和时间固定效应
$\ln import_{i,t}$	0.376 *** (17.786)	0.394 *** (20.062)	0.393 *** (21.759)	0.262 *** (11.722)
$\ln rating_{i,t}$	0.045 (0.516)	−0.013 (−0.233)	−0.166 ** (−2.207)	0.010 (0.182)
$events_{i,t}$	0.082 (1.295)	−0.024 (0.898)	−0.055 (−0.935)	−0.012 (−0.490)
$\ln gdp_{i,t}$	0.556 *** (17.817)	1.388 *** (28.521)	0.410 *** (14.455)	1.005 *** (12.952)
$gdppc_{i,t}$	0.000 (0.038)	−0.025 *** (−11.665)	0.026 *** (7.101)	−0.000 (−0.093)
$openness_{i,t}$	0.035 *** (18.941)	0.006 *** (3.868)	0.033 *** (20.864)	0.006 ** (4.687)
$ei_{i,t}$	0.413 *** (8.797)	0.004 (0.165)	0.144 *** (2.828)	−0.177 *** (−5.816)
$intercept$	0.251 (0.844)			
σ^2	0.338	0.054	0.237	0.237
R^2	0.902	0.956	0.897	0.897
LogL	−437.403	23.677	−348.398	108.377
LM 空间滞后	292.680 ***	94.558 ***	143.990 ***	143.990 ***
LM 空间误差	53.438 ***	55.035 ***	7.573 ***	7.573 ***
稳健 LM 空间滞后	244.206 ***	45.982 ***	172.671 ***	172.671 **
稳健 LM 空间误差	4.964 ***	6.460 ***	36.255 ***	36.254 ***

说明：括号中数据为 t 值；* 、** 、*** 分别表示 10%、5% 和 1% 的显著性水平。

表 7 具有空间交互效应的空间杜宾模型检验结果是构建空间杜宾模型进行数据估计的结果展示。本文通过空间 Hausman 检验来确定样本数据固定和随机效应的选择，检验结果估计值为 Hasmantest = 12.561，p = 0.636，由此可以推断，模型在 10% 的显著性水平下接受了空间交互效应为随机效应的零假设。此外，本文分别通过了 Wald 和 LR 检验来测试空间杜宾模型是否能简化成空间滞后模型或空间误差模型，从表 7 底部的检验结果可以看到，所有检验结果显示均显著拒绝了原假设，对此我们可以认为，当前数据最适合于采用具有空间随机效应的空间杜宾模型来

进行估计。模型如下：

$$\ln export_{it} = \beta_1 \ln import_{it} + \beta_2 \ln rating_{it} + \beta_3 events_{it} + \beta_4 \ln gdp_{it} + \beta_5 gdppc_{it}$$

$$+ \beta_6 openness_{it} + \beta_7 ei_{it} + \rho W_{ij} \times \ln export_{jt} + \gamma_1 \sum W_{ij} \times \ln import_{jt}$$

$$+ \gamma_2 \sum W_{ij} \times \ln rating_{jt} + \gamma_3 \sum W_{ij} \times events_{jt} + \gamma_4 \sum W_{ij} \times \ln gdp_{jt}$$

$$+ \gamma_5 \sum W_{ij} \times gdppc_{jt} + \gamma_6 \sum W_{ij} \times openness_{jt} + \gamma_7 \sum W_{ij} \times ei_{jt} \mu_i + \nu_t + \varepsilon_{it}$$

$$(5)$$

为了探索模型中解释变量的真实影响，本文对不同模型下对应的估计系数进行了估计，结果发现不同模型的估计系数差距较大。其实这种比较是无效的，原因在于空间交互效应和空间交互效应的估计值含义不同。所以，本文在基于随机效应的空间杜宾模型基础上使用直接和间接效应的估计来进一步分析各解释变量对中国出口的直接影响和空间溢出效应。

表 7　　　　　　　　　　具有空间交互效应的空间杜宾模型检验结果

决定因素	空间和时间固定效应	空间随机效应
$\ln import_{i,t}$	0.281*** (12.378)	0.305*** (20.52)
$\ln rating_{i,t}$	0.022 (0.400)	0.107* (1.807)
$events_{i,t}$	−0.014 (−0.567)	0.033 (0.848)
$\ln gdp_{i,t}$	0.887*** (10.988)	0.185*** (7.707)
$gdppc_{i,t}$	0.004 (0.896)	0.025*** (8.879)
$openness_{i,t}$	0.009*** (5.775)	0.020*** (15.591)
$ei_{i,t}$	0.177*** (5.509)	0.043 (1.181)
$W * \ln import_{i,t}$	−0.304*** (−3.592)	0.219*** (5.288)
$W * \ln rating_{i,t}$	0.520*** (2.865)	0.655*** (4.509)
$W * events_{i,t}$	0.018 (0.247)	0.008 (0.103)
$W * \ln gdp_{i,t}$	0.112 (0.497)	−0.050 (−0.849)

表7（续）

决定因素	空间和时间固定效应	空间随机效应
W□gdppc$_{i,t}$	0.024 * (1.814)	0.004 (0.642)
W * openness$_{i,t}$	−0.000 (−0.005)	0.021 *** (5.616)
W * ei$_{i,t}$	0.160 ** (−2.053)	0.186 *** (3.379)
W * dep. var.	0.291 *** (4.646)	0.537 *** (13.354)
σ^2	0.034	0.115
R^2	0.990	0.966
修正	0.660	0.958
Wald 检验空间滞后	37.057 ***	40.946 ***
LR 检验空间滞后	40.351 ***	41.658 ***
wald 检验空间误差	43.578 ***	49.843 ***
LR 检验空间误差	47.276 ***	48.458 ***

说明：括号中数据为 t 值；*、**、*** 分别表示 10%、5% 和 1% 的显著性水平。

表 8 列出了直接效应、间接效应及总效应的估计结果。直接效应不仅包括自身解释变量变化对本区域被解释变量的影响，也能够捕捉到空间循环反馈效应。而间接效应则检验空间溢出效应是否存在。总效应既包括直接效应也包括间接效应。

表 8　　　　根据空间杜宾模型报告的系数估计结果来计算直接和间接效应

决定因素	直接效应	间接效应	总效应
lnimport$_{i,t}$	0.355 *** (23.472)	0.785 *** (7.800)	1.139 *** (10.759)
lnrating$_{i,t}$	0.200 *** (2.865)	1.454 ** (4.142)	1.654 *** (4.161)
events$_{i,t}$	0.035 (0.864)	0.057 (0.353)	0.093 (0.469)
lngdp$_{i,t}$	0.191 *** (7.629)	0.097 (0.954)	0.289 ** (2.649)
gdppc$_{i,t}$	0.028 (10.206)	0.038 ** (2.567)	0.066 *** (4.300)
openness$_{i,t}$	0.064 *** (8.642)	0.064 *** (8.642)	0.088 *** (10.861)

表8(续)

决定因素	直接效应	间接效应	总效应
$ei_{i,t}$	0.336 *** (3.037)	-0.020 (0.569)	0.316 ** (2.689)

说明：括号中数据为 t 值；*、**、*** 分别表示 10%、5% 和 1% 的显著性水平。

进口指标具有显著的正向直接效应、间接效应及总效应，这意味着与中国进口联系紧密的国家（或地区）也是中国主要的出口目的国（或地区），中国同贸易伙伴进口贸易往来增多能促进中国的出口。另一方面，中国对一国的进口增加同样也会促进同其他贸易伙伴的出口，即中国同主要贸易伙伴的进口贸易对中国的出口具有溢出效应。

评级指标具有显著的正向直接效应、间接效应和总效应，这意味着主权信用评级越高越能促进中国对其的出口，且具有空间溢出效应。主权信用评级是评级机构对一国政府履行偿债责任的信用意愿与能力的评判，主权信用评级较高的国家，履行债务能力较强，即违约风险较小，因此中国企业更加偏向于对信用评级高的国家出口。此外，由于全球金融业快速发展，国际资本在各国之间会出现大规模流动，资本流动在扩散过程中对其他国家的冲击同样会影响我国对其他国家的出口，所以会出现空间溢出效应，虽然 events 的系数不显著，但是中国在选择贸易往来对象时，也会偏向于政治信用风险较小的国家。

国内生产总值系数呈显著的正向直接效应和总效应及不显著的正向间接效应。GDP 是衡量一个国家或地区整体经济水平的重要指标，GDP 的增加一定程度上反映该国或地区经济的发展状态呈现好的趋势，经济的增长又会增加国民财富，促使国民消费需求增加，从而也就对中国的外贸出口产生了积极影响。同样，指标 gdppc 对中国的出口贸易呈现显著的负向间接效应和总效应。这说明贸易伙伴国相对于中国的人均收入对中国的出口有着促进作用，且有着空间溢出效应。这也意味着人均收入较高国家的国民有可能对奢侈品有更多的需求。

对外贸易依存度对中国具有显著的正向直接效应、间接效应和总效应，说明中国对外贸易依存度越高，象征着中国的对外开放程度也就越高，中国与贸易伙伴国的联系也越紧密。同时这也表明了相对较低的贸易壁垒会增加两国间的贸易，中国出口的全球化将有助于分散贸易摩擦风险，并将进一步使中国纳入世界经济系统。变量 ei 被发现对中国的出口具有显著的正向直接效应和总效应。当经济一体化程度提高时，阻碍贸易的障碍被减少或消除，这明显会促进中国的出口。

四、结论及建议

本文利用 1998—2015 年中国与全球 28 个主要出口国（或地区）之间的出口贸易数据，进行了空间面板检验，以贸易引力模型为基础分析了与中国出口相关的影响因素，得出了以下主要结论：

随着中国经济的发展，国内市场对中国出口贸易有着显著的影响。实证结果表明，进口与出口呈正向关系，与中国联系紧密的进口国家（或地区）同样也是中国主要的出口目的国（或地区）。扩大进口能促进国内产业结构优化升级，优化资源配置，而扩大出口有助于缓解失业、国企改革、结构调整等方面的矛盾，两者之间密不可分。因此，应当继续推行保持进出口大体平衡的外贸基本政策。

主权信用评级也与出口呈正向关系，并且有显著的溢出效应，说明中国更愿意与主权信用评级越高的国家实行贸易往来。在金融开放条件下，国际资本的跨国和跨市场流动十分便利。国际资本的正常流动能促进一国经济的健康发展，但大幅度的流入流出对东道国经济则会产生负面冲击，造成相关国家的实体经济和金融市场出现大幅度波动。主权信用评级是影响国际资本流动的主要因素，当一国的主权信用评级被下调，通过主权信用风险传染和投资者投资转移行为，会波及其他区域乃至全球经济体，从而引发国际资本在被评级国家和其他国家之间的大规模流动，造成被评级国家和其他相关国家的实体经济和金融市场出现大幅度波动。主权信用评级下调对我国实体经济的冲击主要通过对外贸易这一渠道实现，所以要更好地防范我国实体经济受到主权信用评级的影响最根本的举措就是进一步优化我国的对外贸易结构，实现市场多元化，平衡各国家与我国贸易的比重，实现我国对外贸易的均衡化发展，从而降低分散出口风险。

此外，贸易伙伴国的 GDP、相对中国的人均 GDP 及对外贸易依存度均对中国出口具有正效应。这说明外需能促进中国的出口。虽然出口对中国经济增长的贡献不可忽视，但中国贸易依存度过高、顺差过大会激增与西方国家的贸易摩擦，西方国家将采取各种措施阻碍中国进一步出口，进而形成恶性循环。且外界一旦爆发金融或债务危机，中国经济增长速度将会受到不小的影响。中国现在处于由出口导向型向内需拉动型经济的转变时期，实体经济健康发展对于一国抵御外部冲击起着关键作用，中国必须把经济发展模式转向依靠内需为主，才能彻底改变出口主导的局面。因此，中国应尽快转变经济增长方式，注重开发新兴市场，从依靠外需转到以内需为主，当外部需求不足时，也能将产品内销开发国内市场从而提高抵御外部风险的能力。另一方面，虽然中国的出口额很大，但大多是低附加值低利润率的产品，要改变这一现状，需尽快加强自主创新和产业结构升级。

中国与贸易伙伴国的经济一体化程度对中国的出口也存在显著的正相关关系，当区域经济一体化水平提高时，会减少或消除贸易壁垒，降低交易成本和流通费用，从而促进出口。但自由贸易协定其实是一把双刃剑，它提供了贸易和投资不断扩大的前景，但各协定间的差异也有可能使贸易环境恶化。近年来中国的出口增长迅速，导致出现了越来越多的贸易摩擦和争议（如反倾销）。而中国出口的全球化能有效地降低贸易摩擦风险，并将进一步使中国被纳入世界经济系统。

参考文献

［1］Chou K H, Chen C H, Mai CC. Factors influencing China's exports with a spatial econometric model ［J］. International Trade Journal, 2015.

［2］蒋志平. 欧美主权信用评级下调冲击我国经济的路径：扩散与演变 ［J］. 金融经济, 2013 (22).

［3］Aidt T S, Gassebner M. Do autocratic states trade less? ［J］. World Bank Economic Review, 2010.

［4］Paul Krugman. Increasing Returns and Economic Geography ［J］. Journal of Political Economy, 1991.

［5］Krugman P R, Venables A J. Globalisation and the inequality of nations. Q J Econ ［J］. Quarterly Journal of Economics, 1995.

［6］Eaton J, Kortum S. Technology, Geography, and Trade ［J］. Econometrica, 2002.

［7］Lee J, Park I. Free Trade Areas in East Asia: Discriminatory or Non-discriminatory? ［J］. World Economy, 2010.

［8］Rossihansberg E. A spatial theory of trade ［J］. American Economic Review, 2006.

［9］Behrens K, Ertur C, Koch W. "dual" gravity: using spatial econometrics to control for multilateral resistance ［J］. Journal of Applied Econometrics, 2012.

［10］Kwack S Y, Ahn C Y, Lee Y S, et al. Consistent estimates of world trade elasticities and an application to the effects of Chinese Yuan（RMB）appreciation ［J］. Journal of Asian Economics, 2007.

［11］Bussière M, Schnatz B. Evaluating China's integration in world trade with a gravity model based benchmark ［J］. Open Economies Review, 2009.

［12］Tobler W R. JSTOR: Economic Geography ［J］. Economic Geography, 1970.

［13］张可云, 王裕瑾, 王婧. 空间权重矩阵的设定方法研究 ［J］. 区域经济评论, 2017 (1).

［14］王庆喜, 蒋烨, 陈卓咏. 区域经济研究实用方法：基于 ArcGIS, GeoDa 和 R 的运用 ［M］. 北

京: 经济科学出版社, 2014.

[15] J. A. Hasson, Jan Tinbergen. Shaping the world economy: suggestions for an international economic policy [J]. Economica, 1962.

[16] Head K, Mayer T. Gravity equations: workhorse, toolkit, and cookbook discussion papers, 2013.

[17] Bela Balassa. Exports and economic growth: further evidence [J]. Journal of Development Economics, 1978.

[18] Schott, P. Manufacturing exports and imports by SIC or NAICS category and partner Country, 1972 to 2005 [J]. Yale Scholl of Management& NBER, 2010.

[19] Eichengreen B, Rhee Y, Tong H. The Impact of China on the exports of other asian countries [J]. National Bureau of Economic Research, 2004.

[20] Thorbecke W. Understanding the evolution of Japan's exports [J]. Discussion Papers, 2015.

[21] Moser C, Nestmann T, Wedow M. Political risk and export promotion: evidence from Germany [J]. World Economy, 2006.

[22] Elhorst J P. Matlab software for spatial panels [J]. International Regional Science Review, 2012.

[23] Elhorst J P. Specification and estimation of spatial panel data models [J]. International Regional Science Review, 2003, 26 (3): 244−268.

The spatial effect on China's Export Trade
—Based on the Empirical Analysis of Panel Data

Tian Yixiang   Zhang Hua

Abstract：Based on the spatial perspective of new geography economics, this paper fully expounds the necessity of establishing spatial panel data model, and the spatial effects between China and 28 major exporting countries in the world from 1998 to 2015 are studied by introducing the economic spatial weights matrix, Analyzes the influencing factors related to China's exports, then tests the spatial dependence between China with trading partners and whether there is spillover or agglomeration effects. The results show that China's import volume to its trading partners, their political risks, degree of participation in economic integration, trade openness and per capita GDP are important factors affecting China's export trade. These findings provide useful thinkings for governments and enterprises on policy formulation of trade or regional economy.

Key words：export trade；regional economy；spatial effect

制度变迁与股票市场波动性的实证研究

刘凤根　周驭舰

摘　要： 依据中国证券市场两次重大制度变迁——监管制度的出台和股权分置改革，将上证综合指数划分为 S1、S2 和 S3 三个子样本区间，运用 GARCH、EGARCH、DCC-GARCH 对不同子样本区间股票市场波动性进行比较分析以考察制度变迁对股票市场波动性的影响。实证研究发现：①中国股市在发展过程中，制度的变迁使得股市的收益均值越来越大并且风险逐渐减小，且差异较明显；②在 S2、S3 阶段均表现出 S1 阶段所不存在的波动聚集性、持续性和非对称性，并且 S3 阶段的各个波动性特征都最大，说明中国股市趋向于成熟；③与美国和我国香港股市的联动性分析发现，中国内地股市在发展的 S1 阶段与成熟市场不存在显著的关联性，S2、S3 阶段的相关性越来越大，并且在 S3 阶段与美国股市的联动性开始超过与香港股市的相关性。

关键词： 制度变迁　股票市场　波动性　联动性

作者简介： 刘凤根（1981—），男，汉族，湖南邵阳人，经济学博士，湖南商学院财政金融学院副教授，硕士生导师，研究方向：资产价格波动与宏观经济波动及其政策分析。周驭舰（1991—），湖南长沙人，西安交通大学经济与金融学院博士生，研究方向：金融市场与投资。

基金项目： 国家社科基金项目（10BGL056），湖南省哲学社会科学基金项目（09YBA086），湖南省高等学校科学研究项目（09C587），湖南省高校科技创新团队与湖南省高校哲学社会科学重点研究基地资助项目。

一、引言

证券市场制度是参与证券市场活动的所有主体必须遵循的一套行为准则，是支配和约束各参与主体经济行为的规范总和。证券市场发展实际上是证券市场制度创新和制度变迁的过程。作为新兴证券市场，自 1990 年 11 月 26 日和 12 月 1 日上海证券交易所（以下简称上交所）和深圳证券交易（以下简称深交所）所相继成立以来，中国证券市场经过了一系列强制性制度变迁，逐步形成了包括发行制度、交易制度、市场准入制度、监管制度等在内的一套比较完善的制度体系。完善的市场制度是成熟证券市场的基本要求和重要体现。按照有效市场假说，证券市场价格波动性特征是投资者成熟度和市场有效性的直接反映。直觉上看，证券市场制度越完善，市场有效性程度越高，投资者越成熟，市场波动性也就越低。随着证券市场制度的逐步完善，中国证券市场波动性是否会降低呢？

本文以 1991 年 12 月 19 日至 2015 年 12 月 31 日中国证券市场日收益率序列为研究样本，依据中国证券市场两次标志性制度变迁——1998 年开始监管制度的出台和 2005 年开始实行的股权分置改革，将样本数据分成三个子样本区间，对不同样本区间证券市场波动性状况进行比较分析，考察证券市场制度变迁对波动性的影响，其研究结论不仅为进一步进行制度变迁提供借鉴，对投资者的投资决策和风险管理也具有重要的指导作用。

本文剩余部分内容安排如下：第二部分为理论分析与研究假说，第三部分简要介绍了本文所采取的波动性检验方法、样本区间的划分并对样本数据进行了描述性统计分析，第四部分分别运用 GARCH 模型、EGARCH 模型和 DCC-GARCH 模型对三个不同阶段的波动性进行了对比分析，最后一部分为结论与启示。

二、文献综述、理论分析与研究假说

由于西方成熟证券市场制度相对完善，证券市场价格波动并不存在显著的制度效应，学术界关于证券市场制度与证券市场的波动性特征之间关系的研究主要集中在新兴证券市场，Bekaert et al.（1998）[1] 通过对相关制度变迁对东南亚新兴经济体证券市场波动性影响的实证研究发现，除泰国以外，所有其他经济体证券市场的波动幅度有所减弱。唐利民和韩慧君（1999）[2] 对股市创立至 1997 年股票市场运行状况的研究发现政策制度因素是造成股价异常波动的首要因素，占股票价格波动的 65% 以上。邹昊平和唐利民（2000）[3]研究发现我国股票市场的每一次暴涨暴跌都有政策制度因素在背后发挥作用。高晋康和刘卫军（2001）[4]发现证券法律制度政策提高了股票市场的透明度，减少了股市风险。Ngassam（2002）[5]发现涨停板制度降低了新兴证券市场股指收益率的波动性。张慧莲（2009）利用 TGARCH 模型对股权分置改革前后的 A 股波动性进行研究发现，股权分置改革增大了股票市场的波动性。谢世清和邵宇平（2011）[6]基于 GARCH 模型研究发现，股权分置改革加速了股票市场的短期波动，并在长期降低了股市波动性。王明涛和路磊（2012）[7]认为政策制度因素是影响中国股市的主要因素，并且在牛市行情中更容易引起股市向下波动。朱钧钧和谢识予（2011）[8]从投资者行为、交易制度等角度研究发现，中国股市波动存在双重不对称性，利好与利空消息分别在牛市和熊市中对波动性有显著影响，并且利空消息的影响始终大于利好消息。

综上所述，由于发达经济体证券市场制度相对完善，关于制度变迁与证券市场波动性的关系几乎空白。而作为新兴证券市场，国内学术界也仅仅对单一制度变化对证券市场市场波动性的影响或者某一特定时期股市波动性的变动进行了一定的研究，并没有系统地探究制度变迁对对中国股票市场波动性的影响。

Fama（1970）[9]提出的有效市场假说根据证券市场价格对信息的反映强弱将证券市场（信息）效率划分为弱势有效、半强势有效和强势有效三个层次。弱势有效表示证券市场价格包含了历史价格信息集，即所有过去公开的信息都包含在证券市场价格中；半强势有效表示所有公开的信息集，即证券市场价格既包含了过去公开的信息，也包含了当前公开的信息；而强势有效认为证券市场价格反映了所有信息，包括公开信息和内幕信息。从弱势有效、半强势有效到强势有效的信息效率递增过程意味着证券市场价格对信息的反映强度越大。大量实证检验表明，美国证券市场达到了半强势有效，而中国证券市场是否达到弱势有效尚存争议，说明证券市场发达程度与市场有效性成正相关关系。

哈耶克（Hayek，1945）[10]认为，资源的任何配置都是特定决策的结果，人们作出的任何决策都是基于特定信息的。根据 Hogarth（1985）[11]的"判断的理论模型"，投资者决策本质上是信息决策。如图 1 所示，投资者的投资决策实际上是投资者信息获取、信息解读、信息加工过程中信念更新和新知识的形成过程[12]。证券市场价格对信息的反映效率实际上是投资者信息能力的体现。而影响投资者信息能力的因素主要包括以下三个方面：一是投资者自身的素质和认知能力，主要体现在投资者的知识水平和文化素质，其中主要是对财务知识、经济学知识、投资学知识的掌握程度及计算机网络技术能力，直接影响投资者的信息获取能力，信息解读和信息加工能力；二是信息环境，主要体现为证券市场信息披露的质量、数量和适时性，主要靠信息披露制度的完善及监管得到保证；三是信息成本。如果不考虑信息成本，证券市场制度（包括信息披露制度）越完善，证券市场发展成熟度越高，投资者越成熟，信息能力就越高，证券市场价格对信息的反映效率就越高，市场波动性就越低。据此，本文提出如下研究假设：

假设1：证券市场制度越完善，市场有效性越强，波动性就越低。具体表现为市场波动集聚性越来越大，波动持续性越小。

假设2：证券市场制度越完善，投资者越理性，市场波动非对称性越大。

假设3：证券市场制度越完善，市场发展成熟度越高，投资者信息能力越强，市场联动性越强。

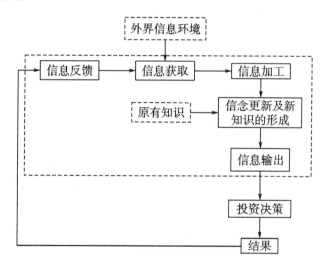

图1 投资者决策行为的信息模式

三、检验方法、样本数据及描述性统计

（一）检验方法

为了研究制度变迁下股票市场的波动性特征，本文首先运用GARCH模型和EGARCH模型对每个子样本区间中国内地股票市场的波动集聚性、持续性、非对称性进行比较分析；其次，运用DCC-GARCH模型对不同样本区间中国内地股票市场与美国、中国香港股市的联动性进行比较。选择的模型如下：

（1）GARCH（q，p）模型。Bollerslev（1986）[13]提出的GARCH（p，q）模

型可以有效地刻画金融时间序列的波动集聚性，其具体形式为：

$$R_t = c + b_1 R_{t-1} + b_2 R_{t-2} + \cdots + b_k R_{t-k} + u_t \tag{1}$$

$$\sigma_t^2 = \omega + \sum_{i=1}^{p} \alpha_i u_{t-i}^2 + \sum_{j=1}^{q} \beta_i \sigma_{t-j}^2 \tag{2}$$

其中，（1）式是条件均值方程，假定 $u_t \sim N(0, \sigma_t^2)$ ；（2）式是条件方差方程，u_{t-i}^2 为 ARCH 项，σ_{t-j}^2 为 GARCH 项，q、p 分别表示 GARCH 项和 ARCH 项的滞后阶数。

（2）EGARCH（q, p）模型。由于股价下跌时的波动性大于股票上涨时的波动性，股票价格对利空消息与利好消息的反应具有不对称性。Nelson（1991）[14] 提出的指数 GARCH（EGARCH）模型可以有效地刻画这种不对称性。EGARCH（q, p）模型的条件方差方程为：

$$\ln(\sigma_t^2) = \omega + \sum_{i=1}^{p} \alpha_i \left| \frac{u_{t-i}}{\sigma_{t-i}} - E\left(\frac{u_{t-i}}{\sigma_{t-i}} \right) \right| + \sum_{j=1}^{q} \beta_j \ln(\sigma_{t-j}^2) + \sum_{k=1}^{r} \gamma_k \frac{u_{t-k}}{\sigma_{t-k}} \tag{3}$$

其中，γ_k 是一个非对称项，k 为不对称性的阶数。当 $\gamma_k \neq 0$ 时，即认为存在不对称效应；当 $\gamma_k < 0$ 时，股票价格下跌会产生更大的波动性；反之，股票价格上涨造成的波动性更大。

（3）DCC-GARCH 模型。Engle（2002）[15] 提出的 DCC-GARCH 模型是一个多元 GARCH 模型，通常用来衡量两个或两个以上股市波动的联动性，能够很好地捕捉到股市之间的动态相关性，获得有关市场间联动效应的信息。

DCC-GARCH 模型被设定为：

$$\hat{R}_t = \hat{Q}'_t \hat{Q}_t \tag{4}$$

$$\hat{Q}_t = (1 - \alpha - \beta) \overline{Q} + \alpha Y'_{t-1} Y_{t-1} + \beta Q'_{t-1} \tag{5}$$

其中，$\hat{Q}_t$ 是一个正定的自回归对称矩阵；$\overline{Q}$ 是 Y 的 $(K \times K)$ 无条件协方差矩阵；α 和 β 分别是 ARCH 项和 GARCH 项系数，并且必须满足 α, $\beta > 0$ 且 $\alpha + \beta < 1$ 以分别保证模型的正定性和稳定性。

（二）样本区间划分与数据说明

为了研究制度变迁对股票市场波动性的影响，本文选取 1991 年 12 月 19 日至 2015 年 12 月 31 日上证综合指数日收盘价为研究样本。基于制度变迁下股票市场的基本控制主体和主要政策取向，本文选择中国股票市场发展中两次重大制度变迁——监管制度的出台和股权分置改革为分界点，将中国股票市场划分为三个发展阶段：

第一时期：由地方政府主导的初步发展阶段。1990 年和 1991 年上交所和深交所成立之后，股票市场发展主要以区域性试点为主，由中国人民银行及其分行和上海市政府、深圳市政府管理，缺乏统一的规范和集中监管，基本处于自我演进发展状态。这一阶段未能成功形成有效的市场发展和管理机制，证券市场制度发展远远滞后于市场规模扩张。

第二时期：由中央政府主导的立法规范阶段。1997 年亚洲金融危机爆发，政府开始意识到证券市场风险的潜在威胁和风险管理的重要性，从 1998 年起，中国证监会启用正式的法律法规手段规范股票市场发展，标志着股票市场进入立法规范阶段，证券市场中央集中监管机制得到逐渐完善。

第三时期：向市场参与者主导的市场化转型阶段。2005 年 4 月股权分置改革试点正式启动，到 2006 年底股改基本完成，这是一次极其重要的制度创新，解决了股票市场上非流通股的历史遗留问题，标志着中国股票市场向全面实现法治化和市场化发展。现阶段中国股票市场正处于由政府的直接控制转向依靠市场参与者的自我约束、市场自发调整为主体，并辅以国家治理约束的时期。

由于股票市场发展的渐进性特征，以上所划分的三个时期之间存在着长或短的过渡期与交叉期。前一时期在政策制定和实施中积累的经验和暴露出来的问题，构成了下一时期改革和发展的基础与出发点。因此，本文对股票市场划分的三个阶段可以被视为处于发展的过渡期与转型期，相对应地将研究样本划分为三个子样本区间：

表 1 股票市场发展阶段性与样本子区间

阶段	时间区间	符号表示
初步发展阶段	1990 年开市至 1997 年	S1
立法规范阶段	1998 年至 2005 年 4 月	S2
市场化转型阶段	2005 年 4 月至 2015 年年底	S3

另外，在关于中国内地股票市场与美国和中国香港股票市场的联动性分析中，选取了 1990 年至 2015 年相对应时期的美国标准普尔 500 指数和香港恒生指数交易日收盘价数据，因为上述三股市的停牌日与节假日不尽相同，对数据进行重新处理，剔除了交易日不重叠的数据。实证过程中，使用收益率的一阶对数差分来衡量股价的波动性，即 $R_t = \ln(SP_t) - \ln(SP_{t-1})$，$SP_t$ 为第 t 期的股价收盘指数，SP_{t-1} 为第 $t-1$ 期的股价收盘指数，R_t 为由公式得到的股指收益率。所有数据来源于同花顺 iFinD 数据库。

（三）样本的描述性统计分析

三个子样本区间上证综指日收盘价收益率序列描述性统计结果如表 2 所示。收益率的标准差在一定程度上衡量了风险（波动性）的绝对大小。从表2可以看出，1998年的前后时期收益率标准差从0.036 409降至0.014 149，说明法律法规的规范和统一监管制度的建立极大地降低了股票市场风险，2005年的股改对股票市场波动性的影响较小（从0.014 149降至0.012 710）。从收益率平均值的角度来看，股票市场平均收益一直呈上涨趋势，并且各个子样本区间的差异较大，说明中国内地股票市场的总市值在不断增长。而且三个子样本区间中股市收益均值和标准差的变化呈现出明显的趋势，说明本文关于制度变迁过程中股票市场波动性变化的考察具有合理性。

表2   上证综指收益率的描述性统计

符号	S1	S2	S3
样本量	1 758	1 761	2 593
平均值	0.000 103	0.000 293	0.000 440
标准差	0.036 409	0.014 149	0.012 710
偏度	5.166 613	0.467 239	-0.516 12
峰度	95.332 13	8.611 879	6.687 046
AIC	-27.030 3（-3.433 8）	-23.298 8（-3.433 8）	-11.461 7（-3.432 7）

三个样本期的峰度均大于3，偏度不等于0，明显有异于正态分布。并且三个样本期的偏度逐渐减小，在S3时期偏度小于0，开始出现左偏特征，即股权分置改革之后的中国股票市场收益率序列才出现如 Mandelbrot（1963）[16]、Fama（1965）[17]等所发现的尖峰厚尾、左偏统计特征。另外，对三个样本期的收益率序列进行 ADF 平稳性检验显示，ADF 值均小于1%显著水平的临界值，满足平稳序列，可以进行下一步的建模分析。

四、实证结果分析

（一）波动集聚性

金融时间序列波动集聚性表现为较大的波动后面跟随着较大的波动，较小的波动后面跟随着较小的波动。这种"成群"现象通常表现为残差项中的异方差性，通常用异方差拉格朗日检验法对首先对异方差的集聚是否存在进行检验，结果如表3所示。

表 3   残差的异方差拉格朗日检验结果

样本	F 统计量（伴随概率）	Obs * R-squared （伴随概率）
S1	0. 218 269 （0. 640 4）	0. 218 489 （0. 640 2）
S2	23. 709 05 （0. 000 0）	23. 420 01 （0. 000 0）
S3	91. 121 41 （0. 000 0）	88. 091 37 （0. 000 0）

从表 3 可以看出，S1 时期序列残差的 F 统计量及 Obs * R-squared 小于临界值，故不能拒绝原假设，认为 S1 序列不存在 ARCH 效应（异方差性），而 S2 和 S3 时期的 F 统计量及 Obs * R-squared 均大于临界值，拒绝原假设，存在 ARCH 效应（异方差性）。因此，股票市场的 S1 时期的波动不具有集聚性，从 S2 和 S3 时期开始出现波动集聚性，这一结果可以通过观察收益率序列的波动图形进一步作出研判。

图 2 是三个子样本区间股价收益率序列趋势图，从中可以看出，在 S1 时期波动出现了较多的异常点，而这些异常点的后面并没有对应程度大小的波动出现，

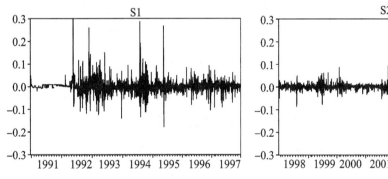
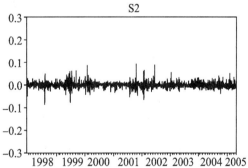
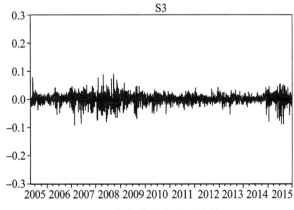

图 2 股票指数收益率序列趋势图

验证了在 S1 时期不存在集聚效应。而在 S2 时期和 S3 时期表现出明显的"成群"现象，从波动的密集程度来看，S3 时期的集聚性明显大于 S2 时期。

（二）波动持续性

金融资产收益率序列波动性具有显著的长期影响，即波动的持续性，一般可以通过 GARCH 模型来衡量持续性的大小。因为 S1 序列不存在 ARCH 效应，无法建立 GARCH 模型，可以认为这一时期不存在波动持续性。对于 S2 和 S3 序列，建立 GARCH（1，1）模型观察 GARCH 项的大小来判定持续性的存在及大小，结果如表 4 所示。

表 4　　　　　　　　　　　GARCH 模型参数估计结果

GARCH（1,1）	ω	α	β	AIC
S2	9.49E−06 *** (6.193 047)	0.149 556 *** (11.402 58)	0.811 066 *** (50.445 59)	−5.855 947
S3	2.08E−06 *** (4.672 220)	0.058 518 *** (11.702 19)	0.935 730 *** (185.248 7)	−5.488 595

注：*** 、** 、* 分别代表检验结果在 1%、5% 和 10% 的水平下显著；括号里数值为 t 检验值，下同。

从表 4 可以看出，所有参数估计值均在 1% 显著性水平下显著，其中 α 值均大于零，说明模型整体是显著的，并且 α 值从 S2 时期的 0.149 556 降至 S3 时期的 0.058 518，说明前一期的新信息对当前市场的波动性的影响变小，这意味着当前信息的公布对未来市场的冲击变小了，股票市场当天的股价能够更好地反映当天的信息，后两阶段的股票市场对外部冲击有明显反应，从这个角度来看，股改之后股市波动性减弱且市场有效性提高了。GARCH 项系数 β 值越大、越接近于 1，波动的持续性越强。GARCH 项系数 β 值反映了历史信息对当前股市波动性的影响，β 值从 S2 时期的 0.811 066 上升至 S3 时期的 0.935 730，并且 S3 时期的 β 值更接近于 1，说明股改之后股票市场受到的信息冲击对未来股市的影响更强。

（三）波动非对称性

波动的非对称性表现为利空消息和利好消息对金融资产收益率带来不同程度的冲击，可以通过估计 EGARCH 模型中的非对称项 γ 来判定非对称性的大小。由于 S1 时期不存在波动非对称性，这里仅对 S2 和 S3 区间建立 EAGRCH 模型分析波动非对称性，结果如表 5 所示。

表 5			EGARCH 模型参数估计结果		
EGARCH(1，1)	ω	α	β	γ	AIC
SZS2	−0.523 329 *** (−8.149 471)	0.014 668 *** (11.135 91)	0.961 095 *** (154.213 9)	−0.005 863 *** (−7.660 259)	−5.881 148
SZS3	−0.184 893 *** (−9.348 383)	0.017 769 *** (13.158 48)	0.980 053 *** (493.400 6)	−0.068 689 ** (−1.232 385)	−5.489 559

从表 5 可以看出，所有参数估计值至少在 5% 显著性水平下显著，α 均大于零，说明 EAGRCH 模型显著且稳定。其中，$\gamma < 0$，说明这两个区间的上证综指收益率序列波动均存在非对称性，即利空消息带来的冲击大于利好消息。另外，S3 序列的 EGARCH 模型中的 γ 项的绝对值大于 S2 序列（0.068 689 > 0.005 863），股改之后股票市场表现出十分明显的波动非对称性效应，说明在股改之后，中国股票市场投资者更加厌恶风险，是更理性的表现。

（四）波动的联动性

下面利用 DCC-GARCH 模型对中国内地股市的三个不同时期与美国、中国香港股市的相关性进行考察，模型参数估计结果如表 6 所示。

表 6		DCC-GARCH 模型参数估计结果	
	α	β	Mean
S1_SP	0.173 4(1.338 14)	0.667 1(−0.075 24)	−2.746(−0.019 93)
S2_SP	0.027 92(3.606 60) ***	0.905 60(20.031 21) ***	0.010 2(2.788 13) ***
S3_SP	0.029 49(1.714 55) **	0.969 57(5.193 53) ***	0.128 4(3.982 13) ***
S1_HS	−0.011 685(−0.116 98)	0.697 4(1.216 40)	0.000 431(0.265 00)
S2_HS	0.074 0(1.781 88) **	0.935 9(5.066 69) ***	0.043 68(5.068 96) ***
S3_HS	0.008 54(3.397 75) ***	0.991 29(326.289 58) ***	0.104 9(2.400 65) **

注：S1_SP,S2_SP,S3_SP 分别表示三个子样本区间中中国股市与美国股市之间的 DCC-GARCH 模型；S1_HS,S2_HS,S3_HS 分别表示三个子样本区间中中国股市与香港股市之间的 DCC-GARCH 模型。

从表 6 模型参数估计结果来看，S1_SP 与 S1_HS 的各个参数估计值均不显著，可以认为，中国内地股市在 S1 时期与美国、中国香港股市不存在显著相关性，或相关性极小。其他的参数估计值至少在 5% 的显著水平下显著，说明滞后一期的标准残差对动态相关系数有显著影响，即存在显著的相关性。此外，S2_SP,S3_SP,S2_HS 与 S3_HS 的 β 值显著并且接近于 1，反映了这种相关性具有较强的持续性特征。

在各个子样本区间中，中国内地股市 S2 时期与美国、中国香港股市之间的动态相关系数的平均值（0.010 2、0.043 68）分别小于 S3 时期与美国、中国香港股市之间的动态相关系数的平均值（0.128 4、0.104 9）。表明在 2005 年后，中国内地股市与世界发达证券市场的相关性提高了，国际化水平较之前得到了显著提升。另外，中国内地股市与中国香港股市的相关性在 S2 阶段期间大于与美国股市的相关性（0.043 68 > 0.010 2），而在 S3 阶段，中国内地股市与中国香港股市的相关性则略小于与美国股市的相关性（0.104 9 < 0.128 4），表明在股改之后，更多投资者开始把注意力从中国香港股市转向美国股市，美国股市对我国股市的影响越来越大。

五、研究结论与启示

基于制度变迁下股票市场的基本控制主体和主要政策取向，本文选择中国股票市场发展中两次重大制度变迁——监管制度的出台和股权分置改革为标准，将样本区间划分为 S1（1990 年至 1997 年）、S2（1998 年至 2005 年 4 月）和 S3（2005 年 5 月至 2015 年年底）。本文通过对三个子样本区间上海综指收益率序列波动的聚集性、持续性和非对称性以及中国内地股票市场与美国、中国香港成熟股票市场的联动性变化进行实证检验，考察了制度变迁对股票市场波动性的影响，获得了以下结论：

（1）随着渐进式的制度变迁和中国股票市场的发展，股票市场平均收益增大，并且波动性逐渐减小。在 1998 年之后，相关法律法规的出台和监管机制的逐渐完善极大地降低了股票市场的波动性，而 2005 年的股权分置改革也降低了股票市场的波动性，但幅度较小，说明 S3 时期的股票市场相对于 S2 时期，受到外部冲击的影响变小（α 值减小），使得波动性减弱，但该外部冲击在市场上停留的时间变长（β 值增大），在一定程度上抵消了 α 值减小带来的效应。总之，股票市场波动性的整体变化趋势说明制度创新和变迁使得股票市场变得更加有效。

（2）S1 区间不存在波动的集聚性、持续性和非对称性，S2 和 S3 区间存在显著的波动性集聚性、持续性和非对称性。在 S2 区间，这三种波动性特征开始出现，并在 S3 区间达到与其他成熟股票市场相当的程度。金融市场波动的集聚性、持续性和非对称性特征反映了金融资产波动的正相关和正反馈效应以及投资者的风险厌恶特性。这些特征的出现正意味着随着制度变迁的不断进行，中国股票市场变得更加成熟，市场有效性得到有效提高，也说明了这两次的重大制度创新和制度变迁对中国内地股票市场发展起到了积极的推动作用。

（3）与美国及香港两个成熟股票市场的联动性实证研究结果表明，中国内地股票市场在 S1 样本区间与美国和香港股市并不存在显著相关性，从 S2 区间开始则出现了显著的相关性，具体地，在 S2 区间，中国内地股市与中国香港股市的相关性大于与美国股市的相关性，而在 S3 时期与两个样本市场的相关性都得到了增强，且与香港股市相比，与美国股市的相关性变得更强，说明中国内地股市的国际化水平越来越高。

本文关于股票市场波动性的实证研究结果与理论分析基本相符，以往的实证研究只选取了股票市场一段特定样本区间数据，得出有关股市波动性的结论也不尽相同，例如，罗登跃和王玉华（2005）[18]认为中国股票市场不具有波动持续性，而李亚静和何跃（2003）[19]、杨科和田凤平（2013）[20]研究发现中国股市的波动持续性很强。本文选择了我国股市开市以来的所有数据，从制度变迁的角度研究了整个中国股票市场在不同时期的波动性及其特征表现。本文认为，第一次重大制度变迁——监管制度的完善是股票市场波动性减弱及相应波动性特征出现的原因，这部分的研究结论与大部分文献及研究一致。而第二次重大制度变迁——股权分置改革虽然增强了我国股市的波动性特征和联动性，但对股市波动性的影响较小，这部分结论不同于张慧莲（2009）[21]的研究结论，其可能的解释是，股权分置改革之后，非流通股的解禁使得投资者更加关注新信息，对新信息带来的冲击提前做出了预测而忽略了历史信息可能带来的影响，导致历史信息对股市的冲击增强，在一定程度上抵消了减弱的新信息冲击，股市波动性降低的幅度较小。

参考文献

［1］ Bekaert G, Harvey C. Capital flows and the behavior of emerging market equity returns ［R］. 1998, Working paper, NBER.

［2］ 唐利民，韩慧君，杨思远. 政策与股票投资者的博弈分析 ［J］. 系统工程理论方法应用，1999（2）：26-33.

［3］ 邹昊平，唐利民，袁国良. 政策性因素对中国股市的影响：政府与股市投资者的博弈分析 ［J］. 世界经济，2000（11）：20-28.

［4］ 高晋康，刘卫军. 风险控制：证券法律制度的功能分析 ［J］. 金融研究，2001（5）：77-81.

［5］ Ngassam C. Effect of price limits on volatility and stock returns in emerging markets：evidence from the Johannesburg stock exchange ［J］. Journal of Comparative International Management，2002，5（1）：16-31.

［6］ 谢世清，邵宇平. 股权分置改革对中国股市波动性与有效性影响的实证研究 ［J］. 金融研究，2010（2）：185-193.

［7］ 王明涛，路磊，宋错. 政策因素对股票市场波动的非对称性影响［J］. 管理科学学报，2012（12）：40-57.

［8］ 朱钧钧，谢识予. 中国股市波动率的双重不对称性及其解释——基于 MS-TGARCH 模型的 MCMC 估计和分析［J］. 金融研究，2011（3）：134-148.

［9］ Fama E. Efficient market hypothesis：a review of theory and empirical work［J］. Journal of Finance, 1970, 25（2）：383-417.

［10］ Hayek F. The use of knowledge in society［J］. Amercian Economic Review, 1945, 35（4）：519-530.

［11］ Hogarth R., Kunreuther H. Ambiguity and insurance decision［J］. Amercian Economic Review, 1985, 75（2）：386-390.

［12］ 刘凤根. 信息、信念、偏好与新兴大国证券市场投资者的行为偏差［M］. 上海：格致出版社，2013.

［13］ Bollerslv T. Generalized autoregressive conditional heteroskedasticity［J］. Journal of Econometrics, 1986, 31（3）：307-327.

［14］ Nelson D. ARCH models as diffusion approximations［J］. Journal of Econometrics, 1990, 45（1）：7-38.

［15］ Engle R. Dynamic conditional correlation：a simple class of multivariate generalized autoregressive conditional heteroskedasticity model［J］. Journal of Business & Economic Statistics, 2002, 20（3）：339-350.

［16］ Mandelbror B. The variation of certain speculative prices［J］. Journal of Business, 1963, 36（4）：394-419.

［17］ Fama E. The behavior of stock market prices［J］. Journal of Business, 1965, 38（1）：34-105.

［18］ 张慧莲. 股权分置改革前后股指波动性测度及原因分析［J］. 金融研究，2009（5）：84-92.

［19］ 罗登跃，王玉华. 上海股市收益率和波动性长记忆特征实证研究［J］. 金融研究，2005（11）：109-116.

［20］ 李亚静，何跃，朱宏泉. 中国股市收益率与波动性长记忆性的实证研究［J］. 系统工程理论与实践，2003（1）：9-15.

［21］ 杨科，田凤平. 长记忆性、结构突变条件下中国股市波动率的高频预测［J］. 管理工程学报，2013（2）：129-136.

An Empirical Analysis on Stock Market Volatility Based on the Institutional Change

Liu Fenggen   Zhou YuJian

Abstract：Based on the two-times significant institutional changes in stock market：the introduction of regulatory system and non-tradable share reform, this paper divides the Shanghai Composite Index into three subsample periods as S1, S2, S3, and uses GARCH, EGARCH and DCC-GARCH models to comparative analyze stock market volatility of three subsample periods to examine the impact of institutional changes on stock market volatility. The results show that：① As China stock market evolves, institutional changes increase the average revenue on stock market and reduce its risk；② Clustering Effect, Sustainability Effect and Asymmetric Effect which do not exist in S1 period are observed at S2 and S3 periods, with the strongest effects observed from S3 period；③ By correlation analyzing with US and HK stock markets, China stock market is not significantly relevant to other markets at S1 period, but this relevance emerges and grows at S2 and S3 periods, with the relevance with US market stronger than the one with HK market at S3 period.

Key words：institutional change；stock market；volatility；relevance

财政状况、政府竞争和
我国 PPP 模式的扩张机制探究
——基于 289 个地级及以上城市的实证分析

王　楠　刁伟涛

摘　要：最近几年随着 PPP 模式的迅速推广应用，其财政支出责任管控和规范化问题日益凸显。文章通过 Python 网络爬虫技术获得财政部全国 PPP 综合信息平台项目库中的项目信息，以全国 289 个地级及以上城市为样本并借助 ArcGIS 软件和 GeoDa 软件，对 PPP 模式的扩张机制进行实证分析。结果表明，一个地区的经济发展水平越高、地方政府财政状况越好，PPP 项目的投资规模反而越小，同时其还会受到相邻地区 PPP 投资规模的负向冲击。由此判断，PPP 模式的推广与地区经济发展水平和政府财政状况在很大程度上出现了背离，同时也产生了地区间相关资源的恶性竞争问题。

关键词：政府与社会资本合作　空间关联　Python 网络爬虫　空间误差模型

作者简介：王楠（1992—），女，汉族，山东省潍坊市人，青岛理工大学经贸学院硕士研究生、中国投资咨询公司 PPP 咨询实习生，研究方向：空间计量经济学；刁伟涛（1980—），男，汉族，山东省海阳市人，青岛理工大学经贸学院讲师，博士，研究方向：地方政府债务治理。

基金项目：2017 年国家社科基金年度一般项目分类限额管理下地方政府债务防风险与稳增长的平衡协调机制研究（17BJY169）。

一、引言和文献综述

2014年至今，我国的PPP（Public-Private-Parthership，政府与社会资本合作）模式快速发展，相关政策密集出台，各地项目数量及投资金额迅速扩张。同时，我国地方政府债务问题受到国内外社会各界的广泛关注，国际评级机构以及国际货币基金组织都对我国地方政府债务问题不是很乐观，过高的地方政府债务存在较高的财务及金融风险。经济新常态下，地方政府一方面面临政府债务较高存在风险及基础设施建设资金缺口巨大的困境，另一方面要积极转变政府职能并充分发挥市场配置资源的优势，PPP模式则是一个很好的途径。PPP模式是一种由政府和私人组织共同提供某种公共物品和服务的合作模式，能够调动社会资本参与公共基础设施建设，缓解地方政府债务压力，同时能够推动产业结构调整。但是由于法律法规缺位、制度建设滞后、信用环境不完善等问题，我国的PPP模式直到2013年才真正开始发展。2017年4月26日，财政部等六部委联合下发的《关于进一步规范地方政府举债融资行为的通知》，对地方政府债务、城投债、PPP、基础设施建设领域均产生了重要影响。

截至2017年5月18日，财政部政府和社会资本合作中心的项目库的信息公开中已经有12 287个项目入库，对已经入库的信息公开项目进行实证分析，联系地方政府债务，发现PPP模式与地方政府债务或者城投债的深层问题，对政府制定相关政策具有重要的现实意义。

要对我国的PPP项目与地方政府债务问题进行分析，首先需要获取真实可靠的数据，为避免耗费不必要的人力物力，我们使用网络爬虫技术对PPP项目数据库的公开信息进行数据获取及整理。Python的网络爬虫（Web Spider）技术可以实现互联网上的自动数据采集，是一种通过多种手段收集网络数据的方式，最常用的方法是编写一个自动化程序请求网络服务器的数据，通过对数据进行解析提取需要的信息。财政部政府和社会资本合作中心的PPP项目数据库的公开信息不涉及隐私以及法律保护问题，可以采用爬虫技术进行整理并进行学术研究。

对于PPP模式的研究国内外已经有很多文献，但是目前国内关于PPP的研究多是宏观层面的理论研究：杨俊龙[1]（2017）对我国PPP模式的效应、问题进行了研究并提出了相应的优化对策；周正祥等[4]（2015）从政府部门和社会资本角度出发，分析了PPP项目法律法规体系不完善、价格形成机制不合理、审批过程复杂等问题；陈志敏等[5]（2015）研究了我国PPP的发展、模式、困境与出路；

吉富星[6]（2015）从我国政府性债务和预算机制的角度研究了 PPP 模式的存在的问题；郭建华[3]（2016）从公共经济学和供给经济学的理论角度研究了 PPP 模式与我国税收制度之间的关系。另外，也有文献从具体的 PPP 项目所属行业进行了分析：李政宇[7]（2017）、王海和王延年[9]（2017）具体分析了城市轨道交通 PPP 项目，郭力和段鑫[8]（2017）分析了基础设施 PPP 项目，宋扬[10]（2017）分析了高速公路建设项目。

综合分析已有文献对 PPP 模式的研究，相关的研究多集中于理论层面，主要是对 PPP 模式政策法律体系或从经济理论角度进行研究，对 PPP 项目所属具体行业的分析也仅能说明行业情况而不是 PPP 模式的情况。相对于已有的研究，除了数据上的更新整理，本文有两个创新点：第一，本文基于 289 个地级市的数据采用空间滞后模型与空间误差模型，具体分析了 PPP 项目投资金额的空间溢出效应，探究相邻地区之间的 PPP 项目投资金额是否存在相互影响或者相关关系；第二，对比经典线性回归与空间误差模型的结果，分析 PPP 项目投资金额与地方政府财政运行状况与地方经济发展状况或者发展速度之间的关系，是否存在欠发达地区借助 PPP 模式转移债务压力以及风险的情况。

二、理论分析

（一）空间关联性分析

根据地理学第一定律：任何事物和其他事情之间都存在相互关系，但近处的东西之间的相关性比远处的东西之间的相关性更强，这种空间上的相互关系就是空间关联性。地理数据由于受空间相互作用的影响，彼此之间不是相互独立的，而是存在一定的相关关系。空间关联性可以分为全局空间关联性和局域空间关联性。全局莫兰指数用来刻画一个地理单元整体上的空间关联性，其计算公式如（1）所示：

$$\text{Moran's Global I} = \frac{\sum_{i=1}^{n}\sum_{j=1}^{n}W_{ij}(Y_i - \bar{Y})(Y_j - \bar{Y})}{S^2\sum_{i=1}^{n}\sum_{j=1}^{n}W_{ij}} \tag{1}$$

其中，$S^2 = \frac{1}{n}\sum_{i=1}^{n}(Y_i - \bar{Y})^2$，$\bar{Y} = \frac{1}{n}\sum_{i=1}^{n}Y_i$，$n$ 为地区数目，Y_i 为第 i 地区的 PPP 项目投资金额规模，W 为 $n \times n$ 阶矩阵，其元素 W_{ij} 刻画了 i 地区与 j 地区之间的空间

关系或其他相互关系，本文采用的是空间上的相邻关系来刻画地区间的空间关系，即如果 i 地区与 j 地区有共同的边界，就将其矩阵元素 W_{ij} 设为 1，否则设为 0，如 $i = j$，则将 W_{ij} 设为 0。

利用局域莫兰指数可以进一步分析集聚效应的形式，局域莫兰指数其计算公式如（2）所示：

$$\text{Moran's Local I} = Z_i \sum_{j=1}^{n} W_{ij} Z_j \tag{2}$$

其中：$Z_i = \dfrac{Y_i - \bar{Y}}{S}$，$S = \sqrt{\dfrac{1}{n} \sum_{i=1}^{n} (Y_i - \bar{Y})^2}$

莫兰指数的取值范围为 $[-1, 1]$，取值范围为 $[-1, 0)$ 则说明地区之间存在空间负向关联关系，$(0, 1]$ 则说明存在空间正向关联关系，0 则说明变量在各地区间不存在空间关联性。

（二）研究方法

空间计量经济学的模型种类很多，本文主要采用了适用于截面数据的空间常系数回归模型，纳入了空间相关性和空间差异性，主要包括空间滞后模型（Spatial Lag Model，SLM）和空间误差模型（Spatial Error Model，SEM）。

（1）空间滞后模型（SLM）

空间滞后模型主要探讨各变量在地区之间是否存在空间溢出效应，反映了因变量的影响因素会通过空间传导机制作用于其他地区。其表达式为：

$$Y = \rho W y + X\beta + \varepsilon \tag{3}$$

其中，Y 为因变量；X 为外生解释变量矩阵；W 为 $n * n$ 的空间权重矩阵；Wy 为空间之后的因变量；ρ 为空间自回归系数，反映了样本观测值之间的空间依赖关系，即相邻地区的观测值 Wy 对本地区的观测值 y 的影响方向和程度；参数 β 反映了自变量 X 对因变量的 Y 的影响；ε 为随机误差项。

（2）空间误差模型（SEM）

空间依赖性还可能是通过误差项来体现的，空间误差模型的数学表达式：

$$Y = X\beta + \varepsilon \tag{4}$$

$$\varepsilon = \lambda W \varepsilon + \mu \tag{5}$$

其中，ε 为随机误差项；λ 为空间误差系数，用于衡量样本观测值中的空间依赖关系；参数 β 反映了自变量 X 对因变量 Y 的影响，空间误差模型的空间依赖作用存在于扰动项中，衡量了邻近地区关于因变量的扰动项对本地区因变量的影响程度。

三、对 PPP 项目及其投资金额的初步分析

（一）利用 python 语言获取 PPP 项目数据

网络爬虫（Web Spider）技术即网络数据采集是一种通过多种手段搜集网络数据的技术，从互联网产生以后就存在网络数据采集技术，但是由于其涉及非常广泛的编程技术和手段，比如数据库、网络服务器、HTTP 协议、HTML 语言等内容，大多数学者在做自己专业的相关研究时不会采取网络数据采集的方式获取数据。本文为深入分析我国 PPP 项目的现状，通过网络爬虫技术获得 PPP 项目库的所有项目信息，主要包括项目发起时间、发起类型、合作期限、回报机制、所在地区、所处阶段、所属行业、运作方式、项目总投资、项目概况等内容。

浏览器显示的内容大部分可以通过 python 语言编写程序获取。更为简便的数据获取方式是通过 API，但是由于 API 获取数据存在很多的局限性且不适用于 PPP 数据库项目信息的获取，所以本文通过编写 python 程序爬取项目信息。在进行 PPP 项目数据采集时，首先分析 PPP 项目库的 URL（PPP 项目列表 http：//www.cpppc. org），通过多个网页的比较分析考虑网页的加载方式是 AJAX 技术；然后对网页的源代码进行解析，AJAX 的核心技术是 XMLHttpRequest（XHR），在源代码的 XHR 中分析数据所在的位置；通过分析多个项目的源代码发现数据是以列表的方式存储的，而且不同的项目结构基本一致，根据分析需要获取项目信息，可以用 for 循环遍历所有列表进行数据的抓取；最后，将数据保存到 excel 文档中。分析网页结构以及数据存储位置后，编写 python 程序获取数据。

截至 2017 年 3 月 31 日，PPP 项目数据库中项目数量共计 12 287 个，累计投资额 145 490.79 亿元，覆盖 31 个省（自治区、直辖市）及新疆兵团和 19 个行业领域。对获取的数据进行初步分类整理，如表 1 所示：

表 1　　　　　　　　　　　PPP 项目分类数量及占比

项目类别	项目数量	投资总金额(亿元)	数量占比	金额占比
能源	208	1 240. 07	1.69%	0.85%
交通运输	1 509	43 629. 54	12.28%	30.00%
水利建设	581	4 334. 64	4.73%	2.98%
生态建设和环境保护	740	7 385. 80	6.02%	5.08%
农业	121	733. 48	0.98%	0.50%

表1(续)

项目类别	项目数量	投资总金额(亿元)	数量占比	金额占比
林业	24	136.55	0.20%	0.09%
科技	142	1 031.37	1.16%	0.71%
保障性安居工程	532	7 296.42	4.33%	5.02%
医疗卫生	520	2 433.33	4.23%	1.67%
养老	301	1 749.31	2.45%	1.20%
教育	592	2 281.53	4.82%	1.57%
文化	342	2 363.62	2.78%	1.63%
体育	224	1 598.28	1.82%	1.10%
市政工程	4 340	40 281.97	35.32%	27.70%
政府基础设施	213	2 116.89	1.73%	1.46%
城镇综合开发	736	14 629.58	5.99%	10.06%
旅游	754	8 964.67	6.14%	6.16%
社会保障	108	264.20	0.88%	0.18%
其他	300	2 943.51	2.44%	2.02%

数据来源:财政部政府和社会资本合作中心(全国 PPP 综合信息平台项目库),利用 Python 的网络爬虫(Web spider)技术获取了项目数据,项目归类年份以"项目类别"为准。

对我国 PPP 项目的项目数量及投资金额分类整理,涉及行业多达 19 个,但项目主要集中于交通运输与市政工程等行业。项目金额与项目数量不存在显著的正相关关系,比如交通运输行业的项目数量比例较小但是项目金额比例较大,不能统一而论。本文认为项目金额更具有代表性,能体现政府调动社会资本参与公共基础设施建设的程度。

(二)2014—2016 年 PPP 项目规模的变化

2014 年以来,财政部和国家发改委等中央部委密集出台了大量 PPP 的政策文件,并组建了相应的工作机构或机制;2015 年,财政部发布《关于规范政府和社会资本合作综合信息平台运行的通知》,并建立了全国政府和社会资本合作(PPP)综合信息平台及项目库,要求将全国拟以 PPP 模式实施的项目和 PPP 项目全部入库。2008 年以来我国 PPP 项目的历年发起个数及投资规模如图 1 所示:

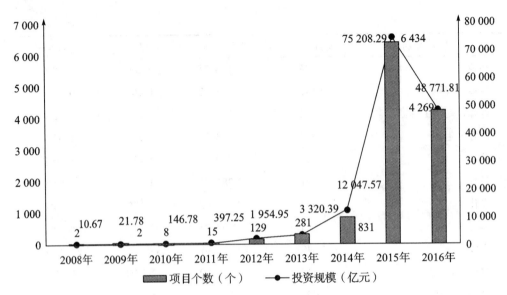

图1　2008—2016年PPP项目数量及金额

数据来源：财政部政府和社会资本合作中心（全国PPP综合信息平台项目库），利用Python的网络爬虫（Web Spider）技术获取了项目数据，项目归类年份以"发起时间"为准。

2014年以来，财政部和国家发改委等中央部委密集出台了大量有关PPP项目的政策文件，并且组建了相关机构支持推广实施PPP模式，因此2014年以来我国PPP项目的发起数量及投资金额急剧增长，2015年的项目发起数量大约是2014年的8倍，2016年有所下降但是依然高达4 269个。PPP项目数量及投资金额的急剧增长是地方政府与市场资本有效结合的体现，但是还需要探究PPP项目的迅速发展的内在原因和动力，并且探究如此快速的增长是否有利于PPP模式及政府财政状况的可持续发展。

（三）我国各省份PPP项目概括

我国各个省份的经济概况、财政状况有很大的差别，对于PPP的推行也不相同，各地地方政府的财力不同对PPP的支持力度也有所差别。我国各省份PPP项目概况如表2所示：

表2　　　　　　　　　各省份PPP项目数量及投资金额概况

省份	项目数量（个）	投资金额（亿元）	项目数量占比（%）	投资金额占比（%）
北京市	87	2 218.09	0.72	1.37
天津市	22	302.79	0.18	0.19
河北省	481	7 019.55	3.96	4.33

表2(续)

省份	项目数量 （个）	投资金额 （亿元）	项目数量占比 （%）	投资金额占比 （%）
山西省	62	516.61	0.51	0.32
内蒙古自治区	1 005	8 295.49	8.27	5.11
辽宁省	477	4 324.24	3.92	2.67
吉林省	69	1 366.82	0.57	0.84
黑龙江	145	1 845.68	1.19	1.14
上海市	1	13.95	0.01	0.01
江苏省	381	7 311.71	3.13	4.51
浙江省	297	4 851.17	2.44	2.99
安徽省	198	2 274.84	1.63	1.40
福建省	239	3 073.92	1.97	1.89
江西省	358	2 076.65	2.94	1.28
山东省	1 074	10 108.89	8.83	6.23
河南省	879	10 191.85	7.23	6.28
湖北省	142	2 541.47	1.17	1.57
湖南省	466	7 202.38	3.83	4.44
广东省	129	2 317.5	1.06	1.43
广西壮族自治区	206	2 493.63	1.69	1.54
海南省	161	1 499.85	1.32	0.92
重庆市	70	2 216.38	0.58	1.37
四川省	873	9 679.01	7.18	5.97
贵州省	1 805	16 253.19	14.85	10.02
云南省	435	10 851.95	3.58	6.69
西藏自治区	2	22 048	0.02	13.59
陕西省	348	3 757.47	2.86	2.32
甘肃省	483	5 780.18	3.97	3.56
青海省	108	1 203.45	0.89	0.74
宁夏回族自治区	105	2 090.39	0.86	1.29
新疆维吾尔自治区	1 050	6 526.15	8.64	4.02

数据来源：财政部政府和社会资本合作中心（全国 PPP 综合信息平台项目库），利用 Python 的网络爬虫（Web Spider）技术获取 PPP 项目地图的相关数据。

对各个省份的项目数量及投资金额进行分析，各个直辖市 PPP 项目数量及投资金额比较低，初步猜测这可能与直辖市的经济发展状况与财政状况有关，直辖市经济发展状况较好而且地方政府财力充足，能够进行基础设施及配套设施的建设，地方政府财政状况和 PPP 投资规模可能存在反向关联。省份的数据显示在省份层面也存在类似的经济发展状况与 PPP 投资规模反向关联的现象，但是由于各个省份内的不同城市对 PPP 模式进行项目投资的状况不同，而且省份内城市间的经济发展状况及财政运行状况也存在很大差别，因此需要进一步基于城市数据的实证分析。

四、基于截面数据空间模型的实证分析

（一）对我国地级市 PPP 项目的空间关联性进行分析

利用 Python 网络爬虫得到的 PPP 数据进行分类处理后，分别对 2014 年、2015 年、2016 年的 PPP 投资金额的空间格局进行分析，按照 289 个地级及以上城市（不含三沙市）进行数据的整理，并采用 ArcGIS 软件进行初步的分析。2014 年 PPP 模式开始推广，但是其项目投资金额的空间格局并不明显，各个城市之间的相互影响程度比较低；2015 年是 PPP 模式发展最为迅速的一年，PPP 项目投资金额在各个地级市之间开始出现明显的空间集聚现象；但是随着相关政策的出台以及地方政府理性对待 PPP 模式，2016 年这种空间集聚效应有所减弱，因此重点分析各个地级市 2015 年 PPP 项目投资金额的空间关联性以及产生空间关联性的原因。

全局及局域空间关联性分析能够揭示 PPP 项目投资在空间上的关联性，PPP 项目投资金额的空间格局使我们对其空间分布有了初步的认识，2015 年 PPP 项目投资金额表现出空间集聚现象，但是要进一步分析空间效应，还需要进一步进行全局及局域莫兰指数分析。通过 GeoDa 软件绘制局域空间莫兰指数的散点图，第一象限（HH）代表了高指标值的区域单元被高指标值的区域包围，第二象限（LH）代表了低指标值的区域单元被高指标值的区域包围，第三象限（LL）代表了低指标值的区域单元被低指标值的区域包围，第四象限（HL）代表了高指标值的区域单元被低指标值的区域包围，可以看出，较多省份位于第一和第三象限，而其中的第三象限（LL）相对比较密集，如图 2 所示：

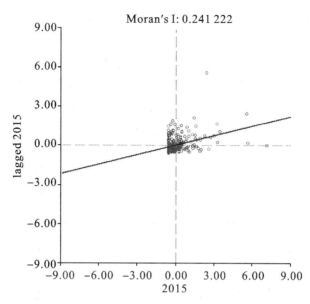

图 2　PPP 项目投资金额的莫兰指数散点图（2015 年）

图形来源：GeoDa 软件绘制。

莫兰指数的取值范围为 [-1, 1]，[-1, 0) 对应着空间负相关关系，(0, 1] 对应着空间正相关关系，而零则意味着变量在地区之间不存在空间相关性。由图 2 可见，空间莫兰指数为 0.241 2，采用 199 次模拟的 p 值为 0.005，通过了显著性检验，说明各个地级市的 PPP 项目投资规模存在显著的正向空间关联性。当然，经济变量存在空间关联性的原因是非常多的，是由于 PPP 项目投资规模自身存在空间上的相互影响，还是其他影响 PPP 项目投资规模的变量本身存在空间关联性等，这需要相应的空间计量模型进行识别和检验。

（二）空间模型的设定及估计方法

对 PPP 项目的空间格局以及莫兰指数的分析表明，各个城市 PPP 项目投资金额存在空间关联性，但是不能辨识其具体的影响因素及作用机制，要想进一步探究影响 PPP 项目投资金额的因素需要进行空间模型的设定及估计。空间计量经济学模型包含多种类型，而适用于横截面数据的空间回归模型包括空间滞后模型（Spatial Lag Model，SLM）和空间误差模型（Spatial Error Model，SEM）两种。

本文针对 2015 年的 PPP 项目的具体情况，综合考虑地区经济的发展水平以及财政运行状况进行模型的设定。影响 PPP 模式发展的因素除了政策的引导外，主要是与该地区的经济发展水平和地方政府财力有关，为验证这一分析判断，本文对经济发展水平采用人均 GDP 以及 GDP 增长率进行衡量，地方政府财力采用一般公共预算收入与一般公共预算支出的差额即财政收支缺口衡量，初步设定基于 2015 年截面数据的空间模型为：

$$\ln Y = \alpha + \beta_1 W \ln(Y) + \beta_2 \ln X + \varepsilon \qquad (6)$$

其中 Y 为 PPP 项目投资金额，W 为空间权重矩阵，X 为人均 GDP、GDP 增长率及一般公共预算收支缺口，ε 为误差项。由于 PPP 项目的发展受到多种因素的影响，本文采用 ArcGIS 软件与 GeoDa 软件进行空间回归分析。

（三）数据来源及空间回归模型的选取

PPP 项目投资金额来自财政部政府和社会资本合作中心网站的全国 PPP 综合信息平台项目库，本文采用 Python 网络爬虫技术对其项目数据进行了爬取及整理；人均 GDP 及 GDP 增长率数据来自各省份统计年鉴；一般公共预算收支缺口即一般公共预算收入与一般公共预算支出的差额，是通过各地级市人民政府或者财政局官网的 2015 年政府决算报告获得。

首先对 2015 年的横截面数据进行经典线性回归分析，拟合结果和参数结果比较显著，如表 3 所示：

表 3 　　　　　　　　　　经典线性回归参数结果

Variable	Coefficient	Std. Error	t-Statistic	Probability
常数项	54.937 7	12.792 2	4.294 62	0.023 22
GDP 增长率	−7.937 0	2.429 13	−3.267 4	0.046 87
一般公共预算收支缺口	0.490 21	0.270 306	1.813 53	0.167 4
人均 GDP	−2.144 7	0.833 50	−2.573 1	0.082 27

R-squared：0.797 256 　 F-statistic：3.932 32
Adjusted R-squared：0.594 512 　 rob（F-statistic）：0.145 181
Sum squared residual：0.932 293 　 Log likelihood：−2.876 51
Sigma-square：0.310 764 　 Akaike info criterion：13.753
S. E. of regression：0.557 462 　 Schwarz criterion：13.536 7

资料来源：GeoDa 软件计算结果。

由经典线性回归结果可以看出，模型调整后的拟合优度为 0.594 5，各变量的回归结果比较显著，GDP 增长率和人均 GDP 的增长对 PPP 项目投资存在负向的影响，即经济发展状况好转或者经济发展速度加快的情况下，PPP 项目的投资金额会下降；一般公共预算收支缺口正向影响 PPP 项目投资金额，即一般公共预算收支缺口越大说明地方政府的公共财政状况越差，而 PPP 项目的投资金额就会越大，这在很大程度上说明推广 PPP 项目与地方政府分散债务风险、减少债务规模的意图有关。

进一步地，采用空间计量模型对 PPP 项目投资金额进行分析。由于无法根据先验经验判断是采用 SLM 模型还是 SEM 模型，根据 Anselin 等（2014）提出的判断准则：如果 LM（error）比 LM（lag）在统计意义上更加显著，且 R-LM（error）的统计意义显著而 R-LM（lag）不显著，则判定空间误差模型（SEM）比空间滞后模型（SLM）更恰当，反之亦然。采用 GeoDa 软件进行回归分析的检验准则结果如表 4 所示：

表4　　　　　　　　　　　　检验准则结果

检验准则	MI/DF	VALUE	PROB
Moran's I（error）	−0.839 9	−1.385 1	0.166 01
Lagrange Multiplier（lag）	1	0.923 2	0.336 65
Robust LM（lag）	1	0.118 6	0.730 59
Lagrange Multiplier（error）	1	8.641	0.003 29
Robust LM（error）	1	7.836 4	0.005 12
Lagrange Multiplier（SARMA）	2	8.759 5	0.012 53

资料来源：GeoDa 软件计算获得。

根据模型选取的判断准则以及表 4 的结果，LM（error）比 LM（lag）在统计意义上更加显著，且 R-LM（error）的统计意义显著而 R-LM（lag）不显著，可以判定空间误差模型（SEM）更适合本文进行的研究，设定空间误差模型如下：

$$\ln Y = \alpha + \beta_1 \ln X_1 + \beta_2 \ln X_2 + \beta_3 \ln X_3 + \varepsilon$$
$$\varepsilon = \lambda W \varepsilon + \mu \tag{7}$$

其中，X_1 为 GDP 增长率，X_2 为一般公共预算收支缺口，X_3 为人均 GDP，W 为空间权重矩阵，ε 为误差项。基于该模型，采用 GeoDa 软件对 2015 年的截面数据进行空间分析。

（四）实证结果分析

根据上述检验确定选取的模型为空间误差模型（SEM），说明 PPP 项目投资金额的空间依赖性存在于扰动误差项之中，一个地区关于 PPP 项目投资金额不仅仅是由经济发展水平与地方政府财力决定的，还受周围地区间空间关联性的影响。采用 GeoDa 软件针对 2015 年全国 289 个地级市（排除数据不齐全的州、盟等地区）进行空间误差模型的实证分析，结果如表 5 所示：

表 5   空间误差模型（SEM）回归结果

Variable	Coefficient	Std. Error	z-value	Probability
常数项	53.355 7	0.971 699	54.909 7	0.000 00
GDP 增长率	-7.299 4	0.172 767	-42.250 1	0.000 00
一般公共预算收支缺口	0.314 078	0.021 636	14.516 6	0.000 00
人均 GDP	-2.077 65	0.060 978	-34.071 9	0.000 00
LAMBDA	-0.959 67	0.030 694	-31.265 5	0.000 00

R-squared：0.997 278
Sigma-square：   0.001 787 83   Akaike info criterion：-11.346 5
S. E of regression：0.042 282 8   Schwarz criterion：-11.562 9
Log likelihood：9.673 274

资料来源：GeoDa 软件计算获得。

此表的上半部分为模型的效果检验，回归模型的拟合优度 R^2 为 0.997，赤池信息准则（AIC）和施瓦茨准则（SIC）结果比较小而自然对数似然函数值比较大，由此可见模型的拟合效果比较好，说明我国 PPP 项目的投资金额存在显著的空间溢出效应，一个地区的 PPP 项目投资不仅受本地区自身状况的影响，还受相邻地区的 PPP 投资规模及其他各种因素的影响。而这种空间关系不是存在于地区经济发展状况、地区经济发展速度以及地区财政状况中，相邻地区的经济、财政状况不是影响本地区的 PPP 项目投资金额的根本的空间原因。与经典线性回归结果相比，空间误差模型的拟合优度显著提高，回归结果也更加显著，采用空间误差模型进行回归明显优于经典线性回归。

在空间误差模型的回归结果中，GDP 增长率与人均 GDP 的系数均为负数且显著，说明会负向影响 PPP 项目投资，即经济发展状况好转、经济发展速度提高的地区其 PPP 投资金额会下降，一般公共预算收支缺口增大的地区 PPP 项目投资金额会增加。从另一个角度而言，经济发展状况与财政运行状况越差的地区，政府可能越会倾向于推广 PPP 模式，通过引入社会资本的方式缓解政府基础设施建设和提供公共服务的压力，个别地方政府也可能将 PPP 模式作为了一种变相的融资渠道。

五、结论及政策建议

本文对2014年以来PPP模式的发展历程及项目投资金额以进行分析，发现我国的PPP项目投资金额在不同地区之间存在显著的空间关联效应，而进一步采用空间误差模型进行回归，由回归结果可以得出以下结论：①我国PPP项目投资金额存在显著的资源竞争效应，地区间的PPP项目投资规模会相互影响，可能存在空间上的竞争关系；②一个地区的经济发展水平以及经济发展速度会负向影响PPP项目投资，经济发展状况好转或者经济发展速度加快很可能会放缓该地区的PPP项目投资金额增速；地方政府财政运行状况良好或者地方财力越高，PPP项目的投资金额可能越低；③PPP项目的投资金额不仅与地方经济发展以及政府的财政状况有关，还与法律法规、土地财政、地方政府预算限制以及融资渠道等多种因素有关。

基于以上结论可以发现，PPP模式在推广的初期发展迅速，有助于地方政府融合社会资本进行基础设施及公共服务设施的建设，也能改善地方政府的单一投资模式，但是其不规范运作所隐含的隐性债务风险问题却没有从根本上得到解决。探究PPP模式与地方经济与财政的关系，有助于地方政府理性对待PPP模式并不断创新融资模式，有效引导社会资本投入经济和社会基础设施的建设。据此，相应地提出如下政策建议：

（1）地方政府要理性对待并量力推广PPP模式。本文的研究发现，PPP项目投资与地方经济发展以及财政运行状况存在背离现象，在这种情况下，地方政府对于PPP项目的支出责任很可能难以保证，从而为未来发展埋下隐患，因此地方政府应该正视当地经济状况和财政实力，避免不同地区不加区分地扩大PPP模式的适用范围，或者为PPP而PPP。

（2）通过提高PPP项目自身的质量从而化解其融资难问题。融资是PPP模式的重要环节，但是如果PPP项目质量不高，地方政府契约意识差甚至不履约，就难以吸引社会资本参与，也难以降低融资成本。同时，对于PPP项目的收入来源或付费机制也要进行合理的评估和设计，并在合同中加以明确，保证项目公司获得合理的回报。

（3）避免PPP模式成为地方政府违法违规举债或形成隐性债务的新通道。当前在大力推动PPP的过程中，部分地方政府以其为掩盖进行回购安排、保底承诺、固定回报、名股实债等不规范运作和变相融资时有发生，这可能会最终形成实际的债务或偿债责任等。因此要有效防范地方政府将稳增长下的基础设施融资压力转移到 PPP 项目，并对其违规或变相举债始终保持高压态势。

参考文献

[1] 杨俊龙. PPP 模式的效应、问题及优化对策研究 [J]. 江淮论坛，2017（3）：40-46.

[2] 高武，洪开荣，潘彬. 大型 PPP 项目平稳演化风险非线性回归测度模型及实证分析 [J]. 科技管理研究，2017（8）：216-222.

[3] 郭建华. 我国政府与社会资本合作模式（PPP）有关税收问题研究 [J]. 财政研究，2016（3）：77-90.

[4] 周正祥，张秀芳，张平. 新常态下 PPP 模式应用存在的问题及对策 [J]. 中国软科学，2015（9）：82-95.

[5] 陈志敏，张明，司丹. 中国的 PPP 实践：发展、模式、困境与出路 [J]. 国际经济评论，2015（4）：68-84+5.

[6] 吉富星. 我国 PPP 模式的政府性债务与预算机制研究 [J]. 税务与经济，2015（4）：6-11.

[7] 李政宇. 城市轨道交通 PPP 项目融资模式选择及其资本结构设计研究 [D]. 北京：北京交通大学，2017.

[8] 郭力，段鑫. PPP 基础设施项目组合建设决策分析 [J]. 建筑设计管理，2017（4）：46-48.

[9] 王海，王延年. PPP 模式下城市轨道交通工程的项目管理 [J]. 工程建设与设计，2017（6）：168-169.

[10] 宋扬. PPP 模式下高速公路建设项目融资风险及对策 [J]. 工程建设与设计，2017（6）：190-191，193.

[11] 谢克武. 大数据环境下基于 Python 的网络爬虫技术 [J]. 电子制作，2017（9）：44-45.

[12] 钱程，阳小兰，朱福喜. 基于 Python 的网络爬虫技术 [J]. 黑龙江科技信息，2016（36）：273.

[13] 姜杉彪，黄凯林，卢昱江，等. 基于 Python 的专业网络爬虫的设计与实现 [J]. 企业科技与发展，2016（8）：17-19.

[14] 夏火松，李保国. 基于 Python 的动态网页评价爬虫算法 [J]. 软件工程，2016（2）：43-46.

Fiscal Condition, Government Competition and Expansion Mechanism of PPP Model in China: An empirical analysis based on 289 prefecture level cities

Wang Nan   Diao Weitao

Abstract: In recent years, with the rapid popularization and application of PPP model, its fiscal responsibility and standardization problems loom large. Acquiring PPP project information of the ministry of finance in the comprehensive information platform by Python web spider technology, with 289 prefecture level cities in China as samples and with the help of ArcGIS and GeoDa software, carried on empirical analysis of the expansion mechanism of PPP model. The results show that the higher of a region's economic development level, the better of the local government finances, the smaller of the PPP project investment scale. At the same time, PPP investment scale also will be affected by the adjacent region, by comprehensive judgment, the promotion of PPP pattern and regional economic development level and government finances are in appeared deviation, and at the same time, the related resources problem of vicious competition between regions emerges, these conclusions promote the specification of the PPP model, and provides an important policy implications of orderly development in our country.

Key words: Public-Private Partnership; Spatial Correlation; Python Web Spider; Spatial Error Model

收入群体视角下的
中国城镇居民消费率影响因素研究

尹向飞

摘　要：本文基于收入群体视角，利用结构分解方法，将总消费率分解为收入群体比重变动效应等七个效应，并对 2010—2014 年 CFPS 城镇居民家庭数据进行研究，得出如下结论：第一，不管基于全国数据还是东中西部地区数据，绝大多数中等收入群体比重变动效应都大于 0；同时中等收入群体消费效应是抑制总消费率下降的主要因素。第二，不管基于全国数据还是东中西部地区数据，绝大多数收入群体的收入差距变动效应为负。第三，不管从平均来看，还是不同年份来看，全国以及东中西部地区的中等收入群体和低收入群体的群体组内消费率变动效应大多数为正，而高收入群体大多数为负。研究结论为制定收入分配政策以促进消费提供理论依据。

关键词：收入群体　消费率　结构分解方法

　　内需不足尤其是居民消费不足一直困扰着中国经济增长，中国消费率在 1997 年之后主要呈下降变化趋势，因此探索中国居民消费不足的原因并且给出治疗良方一直是学界和政界关注的焦点。同时改革开放释放了生产力，我国经济 40 余年的高速增长不但使得中国城镇居民收入在量的方面存在大幅增长，而且在质的方面也发生了巨大变化，主要体现为近十年中等收入群体和高收入群体的不断扩大。

作者简介：尹向飞（1974—），男，湖南邵阳人，湖南商学院教授，硕士生导师，研究方向：消费经济。

那么收入群体变动是如何影响消费率的?

对上述问题的研究具有重要的现实意义:

(1)中央十分重视消费群体变动对消费的影响。2016 年习近平同志在中央财经领导小组第十三次会议上的讲话中指出:"如果转方式调结构进程顺利,中等收入群体必然随之扩大。还要看到,中等收入群体不断扩大对扩大消费也是有利的。"

(2)能够提高相关政策的前瞻性、针对性和有效性。我国收入群体正在发生显著变动,并且这种变动在将来相当长的一段时间内存在,因此对上述问题进行研究能够顺应我国收入群体变动趋势,提出前瞻性的政策,有助于提高其针对性和有效性。

既然对上述问题进行研究具有十分重要的现实意义,那么构建模型从收入群体的视角研究消费率的影响因素,尤为迫切。通过对消费率等相关文献进行梳理,我们发现相关研究存在如下特征:

(1)研究城市化对消费率的影响,如雷潇雨、龚六堂[1]、范剑平、向书坚[2]、陈昌兵[3]等。雷潇雨、龚六堂肯定了城镇化对消费率的促进作用,但也指出过快的城镇化会阻碍消费率的增长;[1]陈昌兵认为在城市规模化阶段,城镇化对消费率存在负影响,在市民化阶段,城市化促进了消费率的提高;[3]而范剑平、向书坚认为城市化对消费率的影响基本上为 0。[2]

(2)研究国民收入分配对消费率的影响,主要观点是认为居民收入在 GDP 所占比重下降会导致消费率的下降。[4]-[12]

(3)研究收入差距对消费率的影响,该方面研究主要集中在城乡收入差距对消费率的影响,主要观点认为收入差距扩大不利于消费率的提升,如臧旭恒、张继海认为收入差距扩大降低了总消费,[13]杨天宇、柳晓霞认为城乡收入差距降低了社会消费倾向等,从而不利于消费率的提高;[14]也有一些学者持不同观点,李广泳、张世晴认为城乡收入差距对消费率的影响在 1994 年前后存在差异,1994 年前存在负影响,1994 年后存在正影响;[15]王宋涛认为城乡收入差距扩大有利于阻止消费率的下降;[4]吴忠群、王虎峰认为消费率和收入差距不存在显著的 Granger 因果关系。[16]

(4)研究人口年龄结构对消费率的影响,代表性的文献有沈继红[17]、毛中根、孙武福、洪涛[18]、刘铠豪[19]等。

(5)研究财政支出对消费率的影响,如易行健、杨碧云认为社会保障性财政支出对消费率存在正影响,[20]而武晓利、晁江锋认为不同类型的财政支出对消费率的影响存在差异,政府转移支付、政府服务性支出能促进居民消费率长期提升,而政府消费性支出导致消费率下降等等。[21]

(6) 也有一些学者对不同收入群体消费及其影响因素进行研究，如田青、高铁梅研究了不同收入群体消费的脆弱性和不确定性；[22]尹向飞、尹碧波研究了医疗、房价和教育对不同收入群体消费的影响；[23]宋则研究了城乡居民三大收入—消费群体特征等等。[24]

上述研究丰富了消费理论，为本文的研究提供了很好的借鉴。但是前面五类研究没有涉及不同收入群体，而根据马斯洛的需求层次理论，不同收入群体由于收入差异，使得他们的需求层次存在差异，进而同一因素可能对不同收入群体消费存在不同的影响，因此在研究消费的影响因素时，很有必要将收入群体纳入考虑范围。第 6 类研究将收入群体纳入考虑范围，但是收入群体的划分要么根据中国统计局的七等分收入分组方式，要么根据自己主观进行等级划分，更没有涉及收入群体比重的变化对消费率的影响，而后者对于正处于收入群体快速变化的中国消费尤其重要。同时，上述研究主要采用回归等分析方法，研究了消费率或消费的影响因素，较少用到结构分解方法。

为此，本文基于收入群体的视角构建模型，并对中国城镇居民数据进行分析，研究不同收入群体的收入差距、群体内消费率以及群体比重波动对总消费率的影响。本文的主要贡献如下：首先，构建了一个基于收入群体的消费率影响因素的理论框架，该理论框架不但考虑了收入群体占比、各收入群体收入差距等方面变动对总消费率的影响，而且该理论框架建立在微观数据的基础上，可能更符合实际。其次，本文的实证结果表明，从总体来看，中等收入群体能阻碍消费率的下降，这为我国制定政策提供了理论依据。文章的剩下部分安排如下：第二部分为收入群体对总消费率的影响机理，第三部分为基于收入群体的总消费率结构分解模型构建，第四部分为基于 CFPS 数据库的中国城镇居民家庭消费率的实证研究，第五部分为结论。

一、收入群体对总消费率的影响机理

第一，同一消费者由于其所处收入群体的变更影响其消费偏好，进而影响他的个人消费率以及总消费率。根据马斯洛的需求层次理论，人类的需求包括生理需求、安全需求、社交需求、尊重需求和自我实现需求五个层次，这五个层次依次由低到高排列，在一般情况下，只有当较低层次需求得到相对满足后，才会向高一层次发展，这一过程实现的前提是收入提高到某一程度。对国家如此，对个人也是如此，因此收入群体的变更在一定程度上可能会改变其需求层次，影响其消费偏好，从而影响个人消费率以及总消费率。

第二，同一消费者由于其收入变化导致的收入群体变更会影响其选择消费商品的种类，影响其消费率，进而影响总消费率。凯恩斯的消费理论认为，边际消费倾向小于1，并且存在边际消费倾向递减规律，使得随着收入的增加，消费率反而呈下降变化趋势。对于凯恩斯的消费函数理论，很多学者持质疑观点，如 Carroll 的研究表明当收入平稳增加时，消费率相对保持不变；也有一些学者基于消费和收入的变化曲线几乎是平行的这一现实，提出了"消费与收入同步增长之谜"。[25] 不少基于微观数据的实证研究表明，消费者的边际消费倾向并不一定随着收入上升而下降，可能原因在于西方经济学假定商品可以无限分割。当消费商品可以无限分割时，消费函数是涵盖所有商品的连续可导函数，消费者将其收入在所有商品之间进行配置，使其效应最大化，进而导致边际消费倾向递减规律。而现实生活中，商品不能无限分割，因此只有当人民的收入水平从一个层次增长到另一个层次，即其从较低层次收入群体上升到较高层次的收入群体时，才能使得其选择商品的范围增大，同时根据消费者行为理论，收入群体的变更会促使其模仿新收入群体里面的其他消费者消费行为进行消费，以证实其群体身份，进而影响总消费率。

第三，中等收入群体和高收入群体扩大有助于增加新型消费品供给，降低新型消费品价格，从而促进消费，进而影响总消费率。高收入群体和中等收入群体的消费结构也更倾向于新型消费品，对于新技术、新产品、新业态的接受能力普遍较高，因此这些群体扩大，有助于企业改进生产技术，降低新型消费品的生产成本以及商品价格，进而促进各收入群体对新型商品消费以及消费率的提高。

第四，收入群体的变动通过改变收入差距来影响消费率。尽管相关文献中收入差距对消费率存在怎样的影响尚未达成一致意见，但在收入差距对消费率存在显著影响基本持一致观点，因此收入群体的变动通过改变收入差距来影响消费率。

二、基于收入群体的总消费率结构分解模型构建及其数据说明

（一）收入群体界定

收入群体的分类主要有两种：一种是国家统计局的五等份分组方法，将所有家庭分为低收入组、中等偏下收入组、中等收入组、中等偏上收入组和高收入组，

在该种分组方法中每组所占比重保持不变，都为 20%；另外一种分组方法是按照收入标准将所有家庭分为高收入组、中等收入组和低收入组，三个收入组占比并不相同。结合本文的需要，本文采用后面一种分组方式，将所有家庭分为低收入群体、高收入群体和中等收入群体。

接下来是采用何种标准将所有家庭分为上述三类收入群体，其中关键是如何界定中等收入群体，因为中等收入群体界定以后，其他两个收入群体就很容易界定。目前国内对中等收入划分的研究很多，但是争议很大。国外对中等收入群体的划分主要有绝对标准模式和相对标准模式两种模式。相对标准模式将收入分布中位数的 50% 或 75% 作为中等收入群体的收入下限，1.5 倍或 2 倍为上限，来确定中等收入群体。绝对标准将人均日收入 10 美元作为中等收入群体下限，50 美元或 100 美元作为上限，来界定中等收入群体。相对标准模式适用于发达国家，而绝对标准模式适用于成长型社会。[26] 考虑到我国属于发展中国家，以及我国收入的实际水平，本文将人均日收入按当年汇率折算后在 10 美元至 50 美元的家庭成员界定为中等收入群体，10 美元以下的家庭成员界定为低收入群体，50 美元以上的家庭成员界定为高收入群体。

（二）模型构建

将所有家庭考虑在内，假定第 t 期低收入群体有 $n_{1,t}$ 人，人均收入和人均消费分别为 $Y_{1,t}$ 元和 $C_{1,t}$ 元。第 t 期中等收入群体有 $n_{2,t}$ 人，人均收入和人均消费分别为 $Y_{2,t}$ 元和 $C_{2,t}$ 元。第 t 期高收入群体有 $n_{3,t}$ 人，人均收入和人均消费分别为 $Y_{3,t}$ 元和 $C_{3,t}$ 元。那么整个社会第 t 期的总收入 $Y_t = \sum_{i=1}^{3} n_{i,t} Y_{i,t}$，总消费为 $C_t = \sum_{i=1}^{3} n_{i,t} C_{i,t}$，总人口为 $n_t = \sum_{i=1}^{3} n_{i,t}$，平均收入为 $\overline{Y}_t = \sum_{i=1}^{3} n_{i,t} Y_{i,t} / n_t$，那么 $Y_t = n_t \overline{Y}_t$。那么整个社会的消费率 $Cr_{i,t}$（简称为总消费率）如下：

$$Cr_t = \frac{\sum_{i=1}^{3} n_{i,t} C_{i,t}}{n_t \overline{Y}_t} = \sum_{i=1}^{3} \frac{n_{i,t} C_{i,t}}{n_t \overline{Y}_t} = \sum_{i=1}^{3} \frac{n_{i,t}}{n_t} \frac{C_{i,t}}{Y_{i,t}} \frac{Y_{i,t}}{\overline{Y}_t}$$

设 $nr_{i,t} = n_{i,t} / n_t$，它表示第 t 期第 i 个收入群体人口占总人口比重。设 $Cr_{i,t} = C_{i,t} / Y_{i,t}$，它表示第 t 期第 i 个收入群体的消费率。设 $Yr_{i,t} = Y_{i,t} / \overline{Y}_t$，它表示第 t 期第 i 个收入群体收入和整个社会平均收入之间的差距。则有：

$$Cr_t = \sum_{i=1}^{3} nr_{i,t} Cr_{i,t} Yr_{i,t} \tag{1}$$

借鉴结构分解技术方法（即 SDA 方法），总消费率的变动可以分解如下：

$$\Delta Cr_t = Cr_{t+1} - Cr_t$$

$$= \sum_{i=1}^{3} \Delta nr_{i,t} Cr_{i,t} Yr_{i,t} + \sum_{i=1}^{3} nr_{i,t} \Delta Cr_{i,t} Yr_{i,t} + \sum_{i=1}^{3} nr_{i,t} Cr_{i,t} \Delta Yr_{i,t}$$

$$+ \sum_{i=1}^{3} \Delta nr_{i,t} \Delta Cr_{i,t} Yr_{i,t} + \sum_{i=1}^{3} \Delta nr_{i,t} Cr_{i,t} \Delta Yr_{i,t} + \sum_{i=1}^{3} nr_{i,t} \Delta Cr_{i,t} \Delta Yr_{i,t}$$

$$+ \sum_{i=1}^{3} \Delta nr_{i,t} \Delta Cr_{i,t} \Delta Yr_{i,t} \tag{2}$$

其中 $\Delta nr_{i,t} = nr_{i,\,t+1} - nr_{i,t}$ 表示第 i 个收入群体人数占比变动，因此 $\sum_{i=1}^{3} \Delta nr_{i,t} Cr_{i,t} Yr_{i,t}$ 度量收入群体人数占比变动对总消费率的贡献，本文将其命名为收入群体比重变动效应。$\Delta Cr_{i,t} = Cr_{i,\,t+1} - Cr_{i,t}$ 表示第 i 个收入群体组内消费率变动，因此 $\sum_{i=1}^{3} nr_{i,t} \Delta Cr_{i,t} Yr_{i,t}$ 度量收入群体组内消费率变动对总消费率的贡献，本文命名为群体组内消费率变动效应。$\Delta Yr_{i,t} = Yr_{i,\,t+1} - Yr_{i,t}$ 表示第 i 个收入群体收入和整个社会平均收入之间差距的变动，因此 $\sum_{i=1}^{3} nr_{i,t} Cr_{i,t} \Delta Yr_{i,t}$ 度量收入差距变动对总消费率的贡献，本文命名为收入差距变动效应。$\sum_{i=1}^{3} \Delta nr_{i,t} \Delta Cr_{i,t} Yr_{i,t}$ 度量由于群体人数比重和组内消费率同时变动对总消费率的贡献，本文命名为群体占比-组内消费率变动协同效应。同理将 $\sum_{i=1}^{3} \Delta nr_{i,t} Cr_{i,t} \Delta Yr_{i,t}$ 命名为群体占比-收入差距变动协同效应，将 $\sum_{i=1}^{3} nr_{i,t} \Delta Cr_{i,t} \Delta Yr_{i,t}$ 命名为组内消费率-收入差距变动协同效应，将 $\sum_{i=1}^{3} \Delta nr_{i,t} \Delta Cr_{i,t} \Delta Yr_{i,t}$ 命名为群体占比-组内消费率-收入差距变动协同效应，后面四种效应统称为协同效应。

当然，我们也可以度量各收入群体消费对总消费率的贡献，记为 $\Delta CCr_{i,t}(i = 1, 2, 3)$，具体如下：

$$\Delta CCr_{i,t} = \Delta nr_{i,t} Cr_{i,t} Yr_{i,t} + nr_{i,t} \Delta Cr_{i,t} Yr_{i,t} + nr_{i,t} Cr_{i,t} \Delta Yr_{i,t} + \Delta nr_{i,t} \Delta Cr_{i,t} Yr_{i,t}$$

$$+ \Delta nr_{i,t} Cr_{i,t} \Delta Yr_{i,t} + nr_{i,t} \Delta Cr_{i,t} \Delta Yr_{i,t} + \Delta nr_{i,t} \Delta Cr_{i,t} \Delta Yr_{i,t} \tag{3}$$

将 $\Delta CCr_{1,\,t}$ 称为低收入群体消费效应，$\Delta CCr_{2,\,t}$ 称为中等收入群体消费效应，$\Delta CCr_{3,\,t}$ 称为高收入群体消费效应，显然，总消费率和各收入群体消费效应变动之间的关系如下：

$$\Delta Cr_t = \sum_{i=1}^{3} \Delta CCr_{i,t} \tag{4}$$

（三）数据来源与说明

本文的数据来源于北京大学中国社会科学调查中心提供的中国家庭追踪调查
CFPS 数据库，之所以选择该数据库，是因为该数据库的样本来自 25 个省市，162
个县 1 万多户家庭，抽样科学，覆盖面广，样本容量大，数据详细具体，而且准确
率高。本文研究时间段为 2010 年、2011 年、2012 年、2014 年，其中 2013 年数据
CFPS 没有提供，因此在本文中没有用到。研究的对象为城镇居民，因此本文选择
城镇居民家庭数据。一般情况下，消费总支出应该小于总收入，所以本文将消费
率大于 1 的数据排除在样本之外。同时考虑到城镇居民人均消费不可能很低，因此
本文将每人年均消费小于 1 000 元的样本也排除在样本之外。删除一些数据缺失的
样本，最后得到 2010 年、2011 年、2012 年、2014 年的家庭样本数分别为 2 214、2
068、2 647 和 3 054。

借鉴贺洋、臧旭恒等学者对消费率、总收入和消费总支出的定义，[27]本文也将
消费率定义为消费总支出和总收入之比，消费总支出定义为食品、衣着、居住等 8
项支出之和，总收入为工资性收入、经营性收入、财产性收入、转移性收入和其
他收入之和。[28]

三、实证研究

将相关数据代入公式（1）-（4），通过计算，得出总消费率以及各种效应，下
面首先将所有数据纳入研究范围，分析各种效应［根据公式（2）］和各群体消费
率变动［根据公式（3）-（4）］对总消费率变动的影响，然后将样本分为东中西
部地区，来分析和比较各效应对总消费率变动的影响。[29]

（一）中国城镇居民家庭各种效应对总消费率变动的影响

根据公式（2）以及相关数据，可以得出诸如群体组内消费率变动效应等七种
效应对消费率变动的贡献，具体结果见表 1。

首先考虑低收入群体，从表 1 可以看出，2011 年该群体对总消费率的贡献为
3.7%，其主要来源于群体组内消费率变动效应，该群体 2011 年的消费率高于 2010
年，使得群体组内消费率变动效应达到 2.39%。2012 年该群体对总消费率的贡献
为-9.37%，导致贡献为负的主要原因在于该群体的消费率下降、群体占比下降以
及收入差距扩大，使得群体组内消费率变动效应达到-3.78%，收入差距变动效应
达到-2.56%，收入群体比重变动效应达到-4.03%。2014 年尽管由于低收入群体
消费率的上升使得群体组内消费率变动效应达到 2.51%，但是由于收入差距变动

表1		中国城镇居民总消费率的变动及其分解			单位:%
群体	效应	2011 年	2012 年	2014 年	平均
低收入群体	群体组内消费率变动效应	4.39	−3.78	2.51	1.04
	收入差距变动效应	−0.68	−2.56	−4.14	−2.46
	收入群体比重变动效应	0.08	−4.03	−2.84	−2.26
	组内消费率-收入差距变动协同效应	−0.10	0.28	−0.42	−0.08
	群体占比-组内消费率变动协同效应	0.01	0.44	−0.29	0.06
	群体占比-收入差距变动协同效应	0.00	0.30	0.47	0.26
	群体占比-组内消费率-收入差距变动协同效应	0.00	−0.03	0.05	0.00
	低收入群体消费效应	3.70	−9.37	−4.66	−3.45
中等收入群体	群体组内消费率变动效应	2.37	−1.60	4.26	1.67
	收入差距变动效应	−0.57	−4.54	−3.93	−3.02
	收入群体比重变动效应	−0.21	11.33	6.61	5.91
	组内消费率-收入差距变动协同效应	−0.08	0.42	−0.86	−0.18
	群体占比-组内消费率变动协同效应	−0.03	−1.04	1.45	0.13
	群体占比-收入差距变动协同效应	0.01	−2.94	−1.34	−1.43
	群体占比-组内消费率-收入差距变动协同效应	0.00	0.27	−0.29	−0.01
	中等收入群体消费效应	1.49	1.89	5.88	3.09
高收入群体	群体组内消费率变动效应	0.55	−0.93	−1.11	−0.50
	收入差距变动效应	0.80	−1.44	0.54	−0.04
	收入群体比重变动效应	−0.10	3.70	1.06	1.55
	组内消费率-收入差距变动协同效应	0.24	0.42	−0.22	0.15
	群体占比-组内消费率变动协同效应	−0.03	−1.06	−0.43	−0.51
	群体占比-收入差距变动协同效应	−0.04	−1.66	0.21	−0.50
	群体占比-组内消费率-收入差距变动协同效应	−0.01	0.48	−0.09	0.13
	高收入群体消费效应	1.42	−0.50	−0.05	0.29
所有群体	群体组内消费率变动效应	7.31	−6.30	5.65	2.22
	收入差距变动效应	−0.45	−8.55	−7.54	−5.51
	收入群体比重变动效应	−0.22	11.00	4.82	5.20
	组内消费率-收入差距变动协同效应	0.06	1.11	−1.50	−0.11
	群体占比-组内消费率变动协同效应	−0.05	−1.66	0.73	−0.32
	群体占比-收入差距变动协同效应	−0.04	−4.30	−0.66	−1.66
	群体占比-组内消费率-收入差距变动协同效应	−0.01	0.71	−0.33	0.12
	总消费率的变动	6.60	−7.98	1.17	−0.07

效应和收入群体比重变动效应的拖累，使得低收入群体对总消费率的贡献为负，达到-4.66%。所有年份的收入差距变动效应为负，这说明低收入群体的收入越来越远离平均收入水平，因此要提高总消费率，收入分配政策更应该向低收入群体倾斜。2011—2014年低收入群体的协同效应都较小。收入群体比重变动效应2011年略大于0，2012年、2014年下降较大，这说明存在较大比重的低收入群体上升为中等收入群体或者高收入群体，从而导致该消费群体对总消费率贡献为负，因此在制定政策时，必须考虑收入群体之间转移。

其次考虑中等收入群体，研究期内所有年份的中等收入群体消费效应为正，这说明中等收入群体在抑制总消费率下降方面起非常重要的作用。2011年中等收入群体消费效应为1.49%，其主要来源于该群体组内消费率的提升，该方面的变动效应为2.37%。2012年收入群体比重变动效应达到11.33%，但是群体组内消费率变动效应、收入差距变动效应等四方面出现较大幅度下降，使得中等收入群体消费效应仅仅为1.89%。2014年群体组内消费率比2012年有了较大幅度的提升，使得组内群体消费率变动效应达到4.26%，同时中等收入群体占比增长也大大推动总消费率的提升，对总消费率的贡献达到6.61%，使得中等收入群体消费效应达到5.88%。2011—2014年中等收入群体大多数协同效应都较小，对中等收入群体消费效应的影响较小。从平均来看，中等收入群体消费效应中，收入群体比重变动效应最大，达到5.91%；群体组内消费变动效应次之；收入差距变动效应最低，并且年年为负，是拖累中等收入群体消费效应的主要因素。

接下来考虑高收入群体，高收入群体各种效应的波动程度远远小于其他两个群体。2011年群体组内消费率变动效应、收入差距变动效应和组内消费率-收入差距变动协同效应为正，其他四个效应为负，但这四个效应下降的总幅度小于前面三个效应上升的幅度，使得2011年高收入群体消费效应为1.42%。2012年收入群体比重变动效应为3.70%，但是受群体组内消费率变动效应、收入差距变动效应、群体占比-组内消费率变动协同效应、群体占比-收入差距变动协同效应的拖累，使得该年度的高收入群体消费效应为-0.5%。2014年收入差距变动效应、收入群体比重变动效应和群体占比-收入差距变动协同效应为正，其他四项效应为负，但是正负两方面的幅度大致相等，使得2014年高收入群体消费效应为-0.05%。

最后将所有群体纳入考虑范围，来分析各效应对总消费率的影响。从表1可以看出，2011年中国城镇居民家庭总消费率比2010年上升6.6%，其主要来源于群体组内消费率变动效应，后者对前者贡献7.31%，其他的各种效应都比较小，基本上可以忽略。2012年各种效应波动较大，尽管收入群体比重变动效应呈高速增长趋势，对总消费率的贡献为11%，但是由于群体组内消费率变动效应、收入差距变动效应、群体占比-收入差距变动协同效应下降幅度较大，下降幅度分别达到6.3%、8.55%和4.3%，使得2012年消费率比2011年下降7.98个百分点。2014年各种效应都呈小幅波动，总消费率比2012年增长1.17%。从平均来看，总消费率仅仅平均下降0.07百分点，其中贡献最大的为收入群体比重变动效应，贡献5.20个百分点，而收入差距变动效应和群体占比-收入差距变动协同效应为阻碍总消费率的主要原因，贡献分别为-5.51%和-1.66%。

（二）东部地区城镇居民家庭各种效应对总消费率变动的影响

根据公式（2）以及东部地区相关数据，可以得出该地区诸如群体组内消费率变动效应等七种效应对消费率变动的贡献，具体结果见表2。

从表2可以看出，对于东部地区低收入群体消费效应，其增长阻力主要来源于收入差距变动效应和收入群体比重变动效应，这说明东部地区低收入群体收入离平均收入越来越远，同时越来越多低收入群体上升为高收入群体或中等收入群体。对于中等收入群体，消费效应的主要推动力为收入群体比重变动效应，该效应除了在2011年略微有所下降以外，在2012年和2014年对总消费率的贡献达到12.57%和7.13%；群体组内消费率变动效应平均达到2.2个百分点，为推动中等收入群体消费效应的第二推动力；收入差距变动效应和群体占比-收入差距变动协同效应为阻碍中等收入群体消费效应的主要阻力。对于高收入群体，其消费效应的主要推动力仍然是收入群体比重变动效应，但主要障碍转为群体组内消费率变动效应。

表2　　　　　　　　东部地区城镇居民总消费率的变动及其分解　　　　　　单位:%

群体	效应	2011年	2012年	2014年	平均
低收入群体	群体组内消费率变动效应	3.94	-2.65	1.80	1.03
	收入差距变动效应	-2.29	-0.68	-4.63	-2.53
	收入群体比重变动效应	0.07	-4.60	-3.36	-2.63
	组内消费率-收入差距变动协同效应	-0.34	0.06	-0.40	-0.22
	群体占比-组内消费率变动协同效应	0.01	0.43	-0.29	0.05
	群体占比-收入差距变动协同效应	-0.01	0.11	0.75	0.28
	群体占比-组内消费率-收入差距变动协同效应	0.00	-0.01	0.06	0.02
	低收入群体消费效应	1.39	-7.33	-6.07	-4.00

表2(续)

群体	效应	2011 年	2012 年	2014 年	平均
中等收入群体	群体组内消费率变动效应	2.82	−0.98	4.75	2.20
	收入差距变动效应	−0.92	−5.00	−5.75	−3.89
	收入群体比重变动效应	−0.28	12.57	7.13	6.47
	组内消费率-收入差距变动协同效应	−0.14	0.24	−1.17	−0.36
	群体占比-组内消费率变动协同效应	−0.04	−0.61	1.45	0.26
	群体占比-收入差距变动协同效应	0.01	−3.13	−1.76	−1.62
	群体占比-组内消费率-收入差距变动协同效应	0.00	0.15	−0.36	−0.07
	中等收入群体消费效应	1.46	3.24	4.29	3.00
高收入群体	群体组内消费率变动效应	0.81	−1.16	−1.72	−0.69
	收入差距变动效应	1.22	−2.26	0.70	−0.12
	收入群体比重变动效应	0.22	3.38	2.14	1.91
	组内消费率-收入差距变动协同效应	0.45	0.51	−0.32	0.21
	群体占比-组内消费率变动协同效应	0.08	−0.76	−1.00	−0.56
	群体占比-收入差距变动协同效应	0.12	−1.48	0.40	−0.32
	群体占比-组内消费率-收入差距变动协同效应	0.04	0.34	−0.19	0.06
	高收入群体消费效应	2.95	−1.45	0.01	0.50
所有群体	群体组内消费率变动效应	7.58	−4.80	4.83	2.54
	收入差距变动效应	−1.98	−7.95	−9.69	−6.54
	收入群体比重变动效应	0.01	11.35	5.91	5.76
	组内消费率-收入差距变动协同效应	−0.02	0.82	−1.90	−0.37
	群体占比-组内消费率变动协同效应	0.05	−0.94	0.16	−0.24
	群体占比-收入差距变动协同效应	0.13	−4.50	−0.61	−1.66
	群体占比-组内消费率-收入差距变动协同效应	0.05	0.48	−0.48	0.01
总消费率的变动		5.81	−5.54	−1.77	−0.50

　　最后将东部地区所有群体纳入研究范围,发现收入群体比重变动效应年年为正,平均值达到5.76%,是推动总消费率增长的主要动力;群体组内消费率变动效应在2011年、2014年分别为7.58%和4.83%,但在2012年出现较大幅度下降,从平均值来看,是推动总消费率增长的第二动力;而收入差距变动效应年年为负,平均值更是达到了−6.54%,为阻碍总消费率增长的主要阻力;其他效应相对较小,基本上可以忽略。在上述各种效应的共同影响下,2011年总消费率增长5.81%,但在2012年和2014年下降5.54%和1.77%,因此东部地区消费率下降问

题值得我们关注。

（三）中部地区各种效应对总消费率变动的影响

根据公式（2）以及中部地区城镇居民家庭相关数据，可以得出该地区诸如群体组内消费率变动效应等七种效应对消费率的贡献，具体结果见表3。

从表3可以看出，对于低收入群体，同东部地区一样，中部地区低收入群体收入差距效应和收入群体比重变动效应为阻碍低收入群体消费效应增长的主要阻力，尽管群体组内消费率变动效应出现较大波动，但其平均值为1.06%，为阻碍低收入群体消费效应下降的主要因素。对于中等收入群体，收入群体比重变动效应年年为正，年均增长5.20%，为抑制中等收入群体消费效应下降的主要因素；而收入差距变动效应年年为负，为导致中等收入群体消费效应下降的主要因素；平均而言，2011年、2012年和2014年中等收入群体消费效应分别为2.35%、-1.56%和6.59%，平均增长率为2.46%。对于高收入群体，大多数效应波动程度比较小，从而使得高收入群体消费效应波动程度较小。

表3　　　中部地区城镇居民总消费率的变动及其分解——基于各种效应分析　　　单位:%

群体	效应	2011年	2012年	2014年	平均
低收入群体	群体组内消费率变动效应	5.71	-6.39	3.86	1.06
	收入差距变动效应	0.35	-4.00	-3.01	-2.22
	收入群体比重变动效应	-0.29	-2.83	-2.84	-1.99
	组内消费率-收入差距变动协同效应	0.05	0.59	-0.37	0.09
	群体占比-组内消费率变动协同效应	-0.04	0.42	-0.35	0.01
	群体占比-收入差距变动协同效应	0.00	0.26	0.27	0.18
	群体占比-组内消费率-收入差距变动协同效应	0.00	-0.04	0.03	0.00
	低收入群体消费效应	5.77	-11.99	-2.41	-2.88
中等收入群体	群体组内消费率变动效应	2.12	-3.53	2.86	0.48
	收入差距变动效应	-0.66	-3.62	-2.38	-2.22
	收入群体比重变动效应	0.91	8.08	6.62	5.20
	组内消费率-收入差距变动协同效应	-0.11	0.83	-0.49	0.08
	群体占比-组内消费率变动协同效应	0.15	-1.86	1.37	-0.11
	群体占比-收入差距变动协同效应	-0.05	-1.90	-1.14	-1.03
	群体占比-组内消费率-收入差距变动协同效应	-0.01	0.44	-0.24	0.06
	中等收入群体消费效应	2.35	-1.56	6.59	2.46

表3(续)

群体	效应	2011年	2012年	2014年	平均
高收入群体	群体组内消费率变动效应	−0.32	0.30	−0.77	−0.26
	收入差距变动效应	−0.13	−0.03	0.13	−0.01
	收入群体比重变动效应	0.08	0.36	0.21	0.22
	组内消费率-收入差距变动协同效应	0.08	−0.06	−0.08	−0.02
	群体占比-组内消费率变动协同效应	−0.05	0.71	−0.13	0.18
	群体占比-收入差距变动协同效应	−0.02	−0.07	0.02	−0.02
	群体占比-组内消费率-收入差距变动协同效应	0.01	−0.14	−0.01	−0.05
	高收入群体消费效应	−0.34	1.07	−0.63	0.03
所有群体	群体组内消费率变动效应	7.51	−9.62	5.95	1.28
	收入差距变动效应	−0.44	−7.65	−5.27	−4.45
	收入群体比重变动效应	0.70	5.60	3.99	3.43
	组内消费率-收入差距变动协同效应	0.03	1.36	−0.95	0.15
	群体占比-组内消费率变动协同效应	0.05	−0.73	0.89	0.07
	群体占比-收入差距变动协同效应	−0.07	−1.71	−0.85	−0.88
	群体占比-组内消费率-收入差距变动协同效应	0.01	0.26	−0.22	0.01
总消费率的变动		7.78	−12.49	3.55	−0.38

最后将中部地区所有群体纳入研究范围,发现收入群体比重变动效应年年为正,平均值达到3.43%,是推动总消费率增长的主要动力;群体组内消费率变动效应在2011年、2014年分别为7.51%和5.95%,但在2012年出现较大幅度下降,但从平均值来看,是推动总消费率增长的第二动力;而收入差距变动效应年年为负,平均值为−4.45%,为阻碍总消费率增长的主要阻力;其他效应相对较小,基本上可以忽略。在上述各种效应的共同影响下,2011年总消费率增长7.78%,2014年为3.55%,但在2012年下降12.49%,平均增长率为−0.38%。

(四)西部地区各种效应对总消费率变动的影响

根据公式(2)以及西部地区城镇居民家庭相关数据,可以得出该地区诸如群体组内消费率变动效应等七种效应对消费率的贡献,具体结果见表4。

从表4可以看出,对于低收入群体,同东部地区一样,西部地区低收入群体收入差距效应和收入群体比重变动效应为阻碍低收入群体消费效应增长的主要阻力,尽管群体组内消费率变动效应出现较大波动,但其平均值为1.54%,为阻碍低收入群体消费效应下降的主要因素。对于中等收入群体,收入群体比重变动效应年年为正,年均增长4.31%,为抑制中等收入群体消费效应下降的主要因素;而收入差距变动效应年年为负，为导致中等收入群体消费效应下降的主要因素；平均而言，2011 年、2012 年和 2014 年中等收入群体消费效应分别为 0.63%、4.54% 和 8.84%，平均增长率为 4.76%。对于高收入群体，大多数效应波动程度比较小，从而使得高收入群体消费效应波动程度较小。

表 4　　西部地区城镇居民总消费率的变动及其分解——基于各种效应分析　　单位:%

群体	效应	2011 年	2012 年	2014 年	平均
低收入群体	群体组内消费率变动效应	4.78	−3.38	3.20	1.54
	收入差距变动效应	3.94	−10.08	1.16	−1.66
	收入群体比重变动效应	−0.36	−4.12	−1.27	−1.92
	组内消费率-收入差距变动协同效应	0.51	0.75	0.12	0.46
	群体占比-组内消费率变动协同效应	−0.05	0.31	−0.14	0.04
	群体占比-收入差距变动协同效应	−0.04	0.91	−0.05	0.27
	群体占比-组内消费率-收入差距变动协同效应	−0.01	−0.07	−0.01	−0.03
	低收入群体消费效应	8.79	−15.68	3.02	−1.29
中等收入群体	群体组内消费率变动效应	0.22	0.22	4.78	1.74
	收入差距变动效应	−0.89	−1.99	−0.30	−1.06
	收入群体比重变动效应	1.47	8.12	3.35	4.31
	组内消费率-收入差距变动协同效应	−0.03	−0.05	−0.11	−0.06
	群体占比-组内消费率变动协同效应	0.04	0.21	1.23	0.49
	群体占比-收入差距变动协同效应	−0.17	−1.91	−0.08	−0.72
	群体占比-组内消费率-收入差距变动协同效应	0.00	−0.05	−0.03	−0.03
	中等收入群体消费效应	0.63	4.54	8.84	4.67
高收入群体	群体组内消费率变动效应	−0.80	−1.37	1.71	−0.15
	收入差距变动效应	−0.41	−1.36	−0.52	−0.77
	收入群体比重变动效应	4.73	−0.36	−0.58	1.26
	组内消费率-收入差距变动协同效应	0.15	0.50	−0.66	−0.01
	群体占比-组内消费率变动协同效应	−1.66	0.13	−0.74	−0.76
	群体占比-收入差距变动协同效应	−0.86	0.13	0.23	−0.17
	群体占比-组内消费率-收入差距变动协同效应	0.30	−0.05	0.29	0.18
	高收入群体消费效应	1.44	−2.37	−0.29	−0.41

表4(续)

群体	效应	2011 年	2012 年	2014 年	平均
所有群体	群体组内消费率变动效应	4.20	-4.53	9.69	3.12
	收入差距变动效应	2.63	-13.43	0.33	-3.49
	收入群体比重变动效应	5.83	3.64	1.49	3.65
	组内消费率-收入差距变动协同效应	0.63	1.20	-0.65	0.39
	群体占比-组内消费率变动协同效应	-1.67	0.65	0.35	-0.22
	群体占比-收入差距变动协同效应	-1.06	-0.87	0.10	-0.61
	群体占比-组内消费率-收入差距变动协同效应	0.29	-0.17	0.25	0.13
总消费率的变动		10.86	-13.51	11.58	2.98

最后将西部地区所有群体纳入研究范围，发现收入群体比重变动效应年年为正，平均值达到 3.65%，是推动总消费率增长的主要动力；群体组内消费率变动效应在 2011 年、2014 年分别为 4.20% 和 9.69%，但在 2012 年出现较大幅度下降，但从平均值来看，是推动总消费率增长的第二动力；而收入差距变动效应在 2012 年出现大幅度下降，使得其平均值为-3.49%，为阻碍总消费率增长的主要阻力；其他效应相对较小，基本上可以忽略。在上述各种效应的共同影响下，2011 年总消费率增长 10.86%，2014 年为 11.58%，但在 2012 年下降-13.51%，平均增长率为 2.98%。

(五) 东中西部地区比较

通过对表2-表4的数据进行比较，我们得出如下结论：

第一，所有地区的平均群体组内消费率变动效应都为正，其中西部地区以 3.12% 排行第一，东部地区以 2.54% 排第二，而中部地区以 1.28% 排最末，这说明中部地区在制定政策时，更应关注这些政策对各收入群体组内消费率的影响。

第二，所有地区的平均收入差距变动效应为负，其中东部地区最小，为-6.54%；中部地区次之，为-4.45%，西部最高，为-3.49%。这说明东部地区在制定政策时，更应关注收入差距对消费率的影响。

第三，在研究时间段内，所有地区的收入群体比重变动效应为正。平均收入群体比重变动效应以东部地区最高，达到 5.76%，西部地区为 3.65%，略高于中部地区的 3.43%。更进一步研究发现，收入群体比重变动效应的主要来源为中等收入群体的收入群体比重变动效应，因此中西部地区在制定政策时，更应该关注中等收入群体的收入群体比重变动效应。

第四，除了东部地区的群体占比-收入差距变动协同效应较低以外，其他所有地区协同效应以及东部地区的其他所有协同效应非常小，而且波动程度也较小，基本可以忽略。

第五，从总消费率变动的平均值来看，东部地区最低，仅为-0.5%，中部地区次之，为-0.38%，而西部地区以2.98%排第一。

四、结论及政策建议

本文基于收入群体视角，利用结构分解方法，将总消费率的变动分解为收入群体比重变动效应等七个效应，并对2010—2014年CFPS城镇居民家庭数据进行研究，主要结论如下：

第一，不管基于全国数据还是东中西部地区数据，绝大多数中等收入群体的收入群体占比变动效应都大于0，为中等收入群体消费效应的主要推动力。除了中部地区2012年以外，其他所有地区以及全国的中等收入群体消费效应都大于0，是抑制总消费率下降的主要因素。

第二，不管基于全国数据还是东中西部地区数据，绝大多数收入群体的收入差距变动效应都为负，因此缩小各收入群体之间的收入差距以提升总消费率，是以后收入分配改革政策着力点。

第三，不管从平均来看，还是不同年份来看，全国以及东中西部地区的中等收入群体和低收入群体的群体组内消费率变动效应大多数为正，而高收入群体大多数为负。

因此，很有必要对我国的收入分配政策、财税政策进行改革，形成橄榄形分配制度，以形成低收入和高收入相对较少，中等收入占主流的分配结构，进而促进消费的健康、持续发展。同时针对不同地区，政策应该有不同的侧重点：对于东部地区，更应该关注收入的两极分化问题，针对性地制定收入分配改革政策，降低收入差距；对于中部地区，更应该关注各收入群体的消费率，应该加强宣传，加大补贴力度促进中部地区各收入群体的消费；对于中西部地区，更应该采取收入分配政策，提高这两个地区的中等收入群体占比，以推动消费率的提高。

参考文献

[1] 雷潇雨，龚六堂. 城镇化对居民消费率的影响：理论模型与实证分析[J]. 经济研究，2014（6）.

[2] 范剑平，向书坚. 我国城乡人口二元社会结构对居民消费率的影响[J]. 管理世界，1999（5）.

［3］陈昌兵. 城市化与投资率和消费率间的关系研究［J］，经济学动态，2010（9）.

［4］王宋涛. 中国居民消费率缘何下降？［J］. 财经研究，2014（6）.

［5］方福前. 中国居民消费需求不足原因研究［J］. 中国社会科学，2009（2）.

［6］段先盛. 中国居民部门消费率的结构分解分析［J］. 经济学家，2015（4）.

［7］张全红. 中国低消费率问题探究——1992—2005 年中国资金流量表的分析［J］. 财贸经济，2009（10）.

［8］赵坚毅，徐丽艳，戴李元. 中国的消费率持续下降的原因与影响分析［J］. 经济学家，2011（9）.

［9］Kuijs, L. How Will China's Saving–Investment Balance Evolve？ ［D］. World Bank Working Paper No. 3958, 2006.

［10］Aziz, J. and Cui, L. Explaining China's Low Consumption：The Neglected Role of Household Income ［D］. IMF working paper 07/181，2007.

［11］臧旭恒，贺洋. 初次分配格局调整与消费潜力释放［J］. 经济学动态，2015（1）.

［12］汪伟，郭新强，艾春荣. 融资约束、劳动收入份额下降与中国低消费［J］. 经济研究，2013（11）.

［13］臧旭恒，张继海. 收入分配对中国城镇居民消费需求影响的实证分析［J］. 经济理论与经济管理，2005（6）.

［14］杨天宇，柳晓霞. 满足消费最大化的最优居民收入差距研究［J］. 经济学家，2008（1）.

［15］李广泳，张世晴. 人均收入差距对居民消费率的影响研究——基于我国省际动态面板数据和 EG 两步法的实证分析［J］. 上海经济研究，2015（2）.

［16］吴忠群，王虎峰. 单纯调整收入差距能提高消费率吗——基于因果检验的分析［J］. 经济理论与经济管理，2013（1）.

［17］沈继红. 人口的年龄结构对消费率的影响研究—基于中国省际面板数据的实证分析［J］. 上海经济研究，2015（4）.

［18］毛中根，孙武福，洪涛. 中国人口年龄结构与居民消费关系的比较分析［J］. 人口研究，2013（3）.

［19］刘铠豪. 人口年龄结构变化影响城乡居民消费率的效应差异研究——来自中国省级面板数据的证据［J］. 人口研究，2016（2）.

［20］易行健，杨碧云. 世界各国（地区）居民消费率决定因素的经验检验［J］. 世界经济，2015（1）.

［21］武晓利，晁江锋. 财政支出结构对居民消费率影响及传导机制研究——基于三部门动态随机一般均衡模型的模拟分析［J］. 财经研究，2014，（6）.

［22］田青，高铁梅. 转轨时期我国城镇不同收入群体消费行为影响因素分析——兼谈居民消费过度敏感性和不确定性［J］. 南开经济研究，2009（5）.

［23］尹向飞，尹碧波. 收入、房地产、医疗对消费影响的实证研究——基于中国城镇收入等级分组数据［J］. 湘潭大学学报（哲学社会科学版），2012（4）.

［24］宋则. 中国城乡居民三大收入——消费群体及特点分析［J］. 财经科学，2002（1）.

［25］CARROLL CD. Buffer Stock Saving and the Life Cycle Permanent Income Hypothesis［J］. Quarterly Journal of Economics，1997，112（1）.

［26］李春玲. 中等收入标准需要精准界定［N/OL］. 人民日报，2016-12-07，http://opinion. people.- com.cn/n1/2016/1207/c1003-28929841.html.

［27］贺洋，臧旭恒. 家庭资产结构与消费倾向：基于 CFPS 数据的研究［J］. 南方经济，2016（10）.

The Research on the influencing factors of urban residents' consumption rate in China from the perspective of income groups

Yin Xiangfei

Abstract：By applying SDA method，this paper decomposes the consumption rate into seven kind factors from the perspective of income groups，then applys this model to analyze the CFPS from 2010 to 2014，in which shows：（1）The proportion of income groups effect growth is greater than 0 in most middle-income groups，and the consumption effect of the middle- income group is the major factor restraining the decrease of the total consumption rate. （2）For the nation，the eastern，central and western regions，the income gap effect on consumption rate of most income groups is negative. （3）No matter from the average，or in different years，most of the consumption rate effect within group of the middle-income group and low-income group are positive，while that of high-income group is negative. The study of this paper provides a theoretical basis for formulating income distribution policies to promote consumption.

Key words：Income group；Consumption Rate；SDA

行业工资差距的决定机制与实证分析

李　娜

摘　要：按照马克思主义的劳动价值理论，工资是劳动力价值的货币表现，工资也受到市场因素的影响，行业工资是由劳动力价值和市场因素共同决定的。不同行业中工资差距的出现，可以归结为这两个方面存在的差异：不同行业中劳动力价值的差异和不同行业中的市场完善与均衡程度的差异。文章以马克思主义的劳动价值理论为理论基础，对我国行业工资差距出现的原因做理论和实证上的分析论证。

关键词：行业工资差距　劳动力价值　市场因素

　　行业工资差距是我国市场经济体制转型中出现的必然现象，改革步骤的安排、行业开放的时间先后、行业发展的制度空间差异、市场发育程度的差异等因素，使得行业发展规模不平衡、发展速度不一致，行业之间的工资增长速度不同步，垄断行业与新兴行业的工资水平高、工资增长速度较快，充分竞争行业与传统行业的工资水平低、工资增长速度较慢，行业工资差距呈现逐步扩大的趋势。

　　国外对行业工资差距的经典理论解释，可以分为补偿金差异（Jonathan，Jessica，2012[1]）、人力资本差异（Winter - Ebmer，1994[2]）、租金分享差异（Philip，et al，2011[3]）、效率工资差异（Krueger and Summers，1988[4]，Gannon，Nolan，2004[5]）、工会力量差异（Waddoups，2005[6]）等。我国的许多学者对行业工资差距问题也展开了大量研究，代表性的文献中，把行业工资差距的出现归

作者简介：李娜（1981—），女，湖南益阳人，湖南商学院讲师、经济学博士，研究方向：工资理论。

基金项目：2016 年湖南省教育厅创新平台开放基金创新项目（16K049）。

因于行业垄断的存在（武鹏，2011[7]）、市场经济的不完善（晋利珍，2009[8]）、产业结构的变化（梁少华、彭定赟，2017[9]）、人力资本及其外部性（刘扬，梁峰，2014[10]）、外商投资在各行业投资的不平衡（蔡宏波等，2015[11]）等。我们认为，在我国特殊的经济体制转型背景下，马克思主义的劳动价值理论仍具有广泛的、坚实的现实基础，其工资理论是解释并解决我国行业工资差距的重要、有效的理论工具。本文将从理论和实证上论证以下观点：①按照马克思主义的劳动价值理论，决定行业工资水平的应该是各行业的劳动力价值，行业工资差距的出现最根本原因是劳动力价值差异；②劳动力市场波动会造成工资围绕着劳动力价值做上下波动，市场的不完善和不均衡会进一步强化行业工资差距。

一、行业工资差距的决定机制

马克思认为，"在资产阶级社会的表面上，工人的工资表现为劳动的价格，表现为对一定量劳动支付的一定量货币。"工资只不过是劳动力价值的货币表现形式，工资归根结底是由劳动力价值决定的。"劳动报酬忽而提高，忽而降低，是依供求关系为转移的。"[12]如同商品价格由价值决定，受到供求关系影响，价格围绕价值波动一样，工资也受到劳动力市场供求关系、竞争关系的影响，以劳动力价值为中心上下波动。

（一）劳动力价值差异形成的行业工资差距

劳动力价值由三部分构成：维持劳动力自身的生活资料价值、维持劳动力家庭的生活资料价值、教育费用。维持劳动力生存必须有生活资料，生产劳动力的必要劳动时间就是生产这些生活资料的必要劳动时间，劳动力的劳动消耗必须得到补偿，不同行业的劳动具有不同的劳动消耗，劳动补偿也存在差异。每个劳动力都有劳动周期，要使劳动力有源源不断的供给，就必须有新劳动力的补充，所以劳动力的必要生活资料还包括其家庭的生活资料。随着社会生产力的进步，劳动力必须获得相应的劳动技能才能适应生产技术的变化，必须接受一定的教育和培训，获得相应的人力资本。前面两部分表现为行业的劳动特征，后一部分表现为行业的人力资本的高低，其实质都是劳动补偿。

1. 行业劳动特征造成的工资差距

行业之间具体劳动特征（复杂程度、劳动强度和劳动条件）的差别，决定行业劳动量的大小和劳动成果差别，造成行业工资差距。相同劳动时间里，越是复杂的行业劳动，单位时间量所包含的劳动量越多，给予劳动力的工资也会越高。

增加劳动强度就是在同一时间内增加劳动密度，使劳动力的生理、心里的负担加重，劳动补偿增加。工作艰苦、危险性高、风险责任大甚至对身体健康产生严重影响的行业，为了补偿劳动力所面临的恶劣的工作环境，必然增加工资。由劳动补偿差异引起的工资差距不会引起劳动力流动，工资率不会趋于均等化，造成长期的行业工资差距。比如地质勘查业是对地质情况的调查研究工作，劳动复杂程度高，对劳动力的人力资本要求高，户外劳动时间长，其行业工资水平一直都较高，2015 年其行业平均工资高出社会平均工资 36% 左右。

2. 行业人力资本造成的工资差距

人力资本是凝结在劳动力身上的知识、技能、学识、健康等状况的总和。劳动力的人力资本存量较高时，拥有较高的劳动素质、娴熟的劳动技能，在单位时间内创造的商品价值量必然较多。劳动力的人力资本是通过教育、培训等方式获得的，对人力资本的投资也需要进行价值补偿。由于不同的行业，具体劳动方式不同，所需的人力资本存量不同，为了补偿不同存量的人力资本投资，出现了不同的工资水平。比如 2015 年劳动力的平均受教育年限最长的三个行业为：教育（14.5 年）、科学研究和技术服务业（14.3 年）、金融业（14.3 年），它们属于知识密集型行业，拥有较高的人力资本，其行业工资水平都超过了社会平均水平。

（二）市场不完善形成的行业工资差距

市场的不完善是指市场内部没有发育完全，缺乏良好的市场机制，价格信号失灵，价格不反映真实的价值。按照我国渐进式的经济制度变迁方式，各行业的经济活动进行不同步的市场化改革，统一的大市场没有同步形成，各行业的发展采用不同的制度安排，形成不同的制度空间，导致不同行业面临不同的市场竞争状态，各行业的工资水平并不能真实反映其劳动力价值。

1. 劳动力市场的行业分割

在统一、健全的竞争性劳动力市场中，工资可以通过市场供求矛盾自动调节，高工资行业吸引劳动力的流入，劳动供给增加，工资形成向下的压力，缓解行业间的工资差距。但是如果劳动力市场是分割的，劳动力不能自由流动，工资差距将持续存在。我国劳动力市场的行业分割更多体现为制度因素：城乡分割的户籍制度、职工身份等级制度、不同部门的社会保障制度，形成了不同行业的劳动力生存和发展空间。由于制度的约束，不同行业中的工资调节存在区别，开放性行业劳动力市场竞争大，工资趋同化明显，如批发零售业；非开放性行业劳动力流动困难，就业壁垒高，行业工资高，如航空运输业。

2. 产品市场的行业垄断

行业垄断可以获得垄断利润，劳动者通过分享企业的垄断利润，使工资处于较高的水平。劳动者与企业签订劳动协议时，确定利润分享办法，根据分享比例获得分享工资。行业市场竞争程度的不同导致企业的总收入与利润率的差异，进而造成不同行业工资水平的差异。国家对各行业的发展分领域分步骤地放开，对一些重要行业实行了政策保护，明确规定某些行业只能由国有企业经营，各行业的发展形成分化状态，形成开放性行业和非开放性行业。两类行业中的企业运行环境截然不同，工资调节过程也大相径庭。非开放性行业中，企业受到政策性保护，竞争程度低，企业利润率和劳动力工资水平都较高，如烟草制造业一直都是受保护行业，2015 年其行业平均工资高出社会平均工资 77%。

（三）市场不均衡形成的行业工资差距

市场的不均衡是指当市场受到外部冲击时，供求双方出现偏离，价格发生波动，并且不能自动恢复到均衡状态。劳动力市场的持续不均衡会造成工资长期低于或高于劳动力价值，进而形成行业间的工资差距。

1. 产业结构变化导致劳动力市场局部不均衡

产业结构的变化就是各种生产性资源在行业之间的配置变化，各行业的劳动力需求也会随之发生变化。产业结构的一般演进过程，由"Ⅰ>Ⅱ>Ⅲ"的金字塔形结构，向"Ⅱ>Ⅲ>Ⅰ"的鼓形结构，再向"Ⅲ>Ⅱ>Ⅰ"倒金字塔型结构变化。产业结构的变化要求劳动力的就业结构也同步变化，如果两者之间的变化幅度不同步，存在着偏离，产业结构的调整就得不到就业结构的相应支持，表现为某些行业劳动力过剩，某些行业劳动力不足，使各行业工资背离劳动力价值，产生差距。2015 年第一产业的从业人员为 21 919 万人，按照我国实际的劳动生产率来计算，第一产业剩余劳动力还有 15 026 万人需要转移。这时第一产业集中了较多劳动力，创造的社会财富较少，第一产业的工资是最低的。

2. 外商直接投资（FDI）非均衡发展导致劳动力市场局部不均衡

外商直接投资较多的行业，对该行业劳动力市场的供给和需求都会产生影响，通过人才竞争效应、工资示范效应，整个行业的工资水平都会得到提高。外商直接投资在各行业的非均衡发展，导致各行业劳动力市场局部不均衡，工资上涨速度不同，行业工资差距得到强化。20 世纪 80 年代开始，外商直接投资大部分都流入了劳动密集型行业，90 年代中后期以来，外商直接投资逐渐流向资本密集型、技术密集型行业。2002 年 3 月《外商投资产业目录》颁布实行以后，外商直接投资的流向趋势就更加明显，2015 年 1.0% 的外商直接投资进入第一产业，64.5% 的外商直接投资进入第二产业，34.4% 的外商直接投资进入第三产业。

二、我国行业工资差距的实证分析

劳动力价值差异和市场的不完善、不均衡，造成了行业工资差距，以下的实证分析将重点考察各种因素在行业工资差距中的贡献程度。本文使用的数据是我国 19 个行业在 2003—2015 年形成的面板数据，来源于历年的《中国统计年鉴》《中国劳动统计年鉴》。

（一）模型设定

根据前面的分析，将行业劳动生产率差异、行业人力资本差异、行业垄断水平差异、行业产业层次水平、行业开放程度差异作为解释变量纳入模型中，探讨这些因素对行业工资差距的影响，模型设定如下：

$$w_{it} = \alpha + \beta_1 l_{it} + \beta_2 h_{it} + \beta_3 m_{it} + \beta_4 in_{it} + \beta_1 op_{it} \quad i = 1, \cdots, 19, t = 2003, \cdots, 2015$$

$$(1)$$

w_{it} 表示行业工资差距。用各行业城镇职工平均工资与全国城镇职工平均工资比值的对数来衡量。

l_{it} 表示行业劳动生产率差异。劳动强度、劳动环境难以量化，劳动复杂程度可以间接地用劳动生产效率来反映，越是复杂的劳动，单位时间内生产的产品价值越多。行业劳动生产率差异用各个行业对应的劳动生产率与 19 个行业总体劳动生产率的比值来衡量。劳动生产率为行业产业增加值与行业从业人数之间的比值，最后所得数据经过了对数化处理，以下其余指标也同样。

h_{it} 表示行业人力资本差异。用各行业中大专以上学历人员作为人力资本的代理变量。人力资本差异用各行业城镇单位大专以上学历从业人员比重与 19 个行业总体城镇单位大专以上学历从业人员比重的比值来替代。

m_{it} 表示行业垄断水平差异。行业之间垄断水平差异越大，行业间的职工工资差距就越为明显。我国的垄断基本上都是行政垄断或是自然垄断与行政垄断的结合，所以用各个行业的国有化程度来表示垄断程度，本文用各个行业的城镇国有单位职工人数与城镇单位的职工人数总和的比值来表示行业垄断水平差异。

in_{it} 表示行业产业层次水平差异。产业结构的调整包括三次产业的比重变化，也包括各产业层次水平的提高。产业层次水平的变化更能细致地反映产业结构的调整方向和速度，行业产业层次水平相差越明显，行业工资差距也会越大。行业产业层次水平差异用各个行业的产值增加值的增长率与 19 个行业总体产值增长率的比值作为代理变量。

op_{it}表示行业开放程度差异。对外开放程度越大的行业，外商直接投资进入越多，生产技术水平越高，工资水平也越高。用各行业的外商直接投资占总体投资额的比重来表示各行业的开放程度差异。

（二）变量的单位根检验

为了避免伪回归，对面板模型中的各个变量进行单位根检验。面板的单位根检验包括同质单位根检验和异质单位根检验两类，前者采用 LLC 检验方法，后者采用 IPS 检验方法，结果见表1。在 LLC 检验结果中，被检验的相关变量均在 1% 的统计水平上显著。在 IPS 检验结果中，被检验的相关变量在不同的水平上是显著的，其中 hit、init 在 1% 的水平上统计显著，其余均在 10% 的水平上统计显著。上述变量符合实证模型估计的要求。

表1　　　　　　　　　面板方程（1）中变量的平稳性检验

	LLC				IPS		
w_{it}	$(-7.256)^{***}$	l_{it}	$(-7.220)^{***}$	w_{it}	$(-1.576)^{*}$	l_{it}	$(-1.579)^{*}$
h_{it}	$(-7.008)^{***}$	m_{it}	$(-10.173)^{***}$	h_{it}	$(-2.931)^{***}$	m_{it}	$(-1.667)^{*}$
in_{it}	$(-12.152)^{***}$	op_{it}	$(-10.579)^{***}$	in_{it}	$(-2.716)^{***}$	op_{it}	$(-2.046)^{**}$

注：***、**、* 分别表示在 1%、5%、10%的统计水平上拒绝有单位根的检验。

（三）实证分析

通过豪斯曼检验判断面板模型（1）是选择固定模型还是随机效应模型，结果见表2，豪斯曼检验结果是强烈拒绝其原假设，选用固定效应模型。从表2可以看出，各个解释变量对行业工资差距的影响在不同的统计水平上显著，行业工资差距对各个解释变量的弹性大小分别为 0.3176、0.0235、0.0985、0.0091、0.0195。各个解释变量的符号与理论预期的相同，其中：影响最大的是行业劳动生产率差异，这印证了劳动特征差异是行业工资差距的决定性因素；其次是行业垄断水平差异，说明我国制度空间差异导致的行业工资差距较大，高工资行业是受到政策保护的垄断性行业，其内部劳动力流动性小、工资高；再次是行业人力资本差异和行业开放程度差异，随着知识经济的到来、对外开放的领域扩大，人力资本、FDI 在行业工资决定中的作用逐渐加强；影响最小的是行业产业层次水平差异，由于行业的产业层次水平的提高是循序渐进的，在较短时间内（本文中的数据是13年）的变化是相对较小，对行业工资差距的影响也会相对较小。

表 2　　　　　　　　　　　固定效应模型的实证结果

| 变量 | Coefficients | | (b−B) Difference | sqrt(diag(V_b−V_B)) S. E. |
	(b) FE	(B) RE		
l_{it}	0. 317 6 ***	0. 223 9 ***	0. 093 7	0. 023 5
h_{it}	0. 023 5 *	0. 082 7 ***	−0. 059 2	0. 012 8
m_{it}	0. 098 5 ***	0. 099 1 ***	−0. 000 6	0. 010 5
in_{it}	0. 009 1 ***	0. 012 7 *	−0. 003 6	0. 001 0
op_{it}	0. 019 5 ***	0. 017 8 **	0. 001 7	0. 003 5
α	0. 114 5 ***	0. 063 2	0. 051 3	

chi2(6) = (b−B)'[(V_b−V_B)^(−1)](b−B) = 26. 95
Prob>chi2 = 0. 000 0
(V_b−V_B is not positive definite)

为了考察不同行业的个体效应有什么不同，在模型（1）的基础上，引入行业虚拟变量 d_j, $j=2$, …, 19①，模型变为如下形式：

$$w_{it} = \alpha + \sum_{j=2}^{19} \alpha_j d_j + \beta_1 l_{it} + \beta_2 h_{it} + \beta_3 m_{it} + \beta_4 in_{it} + \beta_1 op_{it} \tag{2}$$

α、$\alpha+\alpha_j$, $j=2$, …, 19 表示其他因素保持不变的情况下，由于劳动力所处行业的不同所引起的行业工资差距。结果见表 3，模型中各解释变量对行业工资差距的影响仍然是显著的，影响系数变化不大。所有的行业虚拟变量均在 1% 的统计水平上显著，19 个行业均存在明显的个体效应，行业本身引起的工资差距分别为 −1. 019 9、0. 209、− 0. 087 4、0. 223 1、0. 084 1、0. 16、0. 458 9、− 0. 205、−0. 304 8、0. 617 3、0. 193 1、0. 269、0. 616 5、−0. 308 9、−0. 402 1、0. 514 1、0. 505 1、0. 364 1、0. 455 1②。

---

① 本文也考察了固定效应模型的时间效应，即双向固定效应，但是结果显示只存在个体效应，时间效应检验并未通过，所以只考虑 19 个行业的个体效应。

② 通过前面模型构建可以得知，对这些数取指数后再乘以整体城镇职工的平均工资，能够反映出各个行业偏离整体城镇职工平均工资的情况，负数表示该行业职工的平均工资低于城镇职工的平均工资，正数表示该行业职工的平均工资高于城镇居民的平均工资。

表3			含个体效应的固定效应模型的实证结果				
α	−1.019 9 (−7.67)***	α_2	1.228 9 (9.96)***	α_8	0.814 9 (7.23)***	α_{14}	0.711 (4.73)***
l_{it}	0.324 3 (4.17)***	α_3	0.932 5 (5.58)***	α_9	0.715 1 (6.12)***	α_{15}	0.617 8 (8.57)***
h_{it}	0.033 1 (2.23)**	α_4	1.243 (8.39)***	α_{10}	1.637 2 (9.16)***	α_{16}	1.534 (5.43)***
m_{it}	0.093 1 (2.11)**	α_5	1.104 (6.63)***	α_{11}	1.213 (5.37)***	α_{17}	1.525 (6.09)***
in_{it}	0.010 8 (2.48)**	α_6	1.179 9 (9.12)***	α_{12}	1.288 9 (7.26)***	α_{18}	1.384 (6.92)***
op_{it}	0.022 2 (2.48)**	α_7	1.478 8 (10.22)***	α_{13}	1.636 4 (7.67)***	α_{19}	1.475 (5.83)***

注：括号内的是参数的 t 值；***、**、* 分别表示 1%、5% 和 10% 的统计水平上显著。

行业工资差距的个体效应表明，除了以上因素以外，还存在其他影响因素，以"行业变量"的形式进入到工资差距方程中，如行业工资的粘性程度差异，当期工资水平不仅由当期因素决定，还受到过去工资水平的影响，工资的粘性也能使行业之间出现持续性的工资差距。为了考察行业工资差距在多大程度上受到过去所处状况的影响，在模型（1）中加入行业工资差距的滞后一项，模型变为：

$$w_{it} = \alpha + \gamma w_{it-1} + \beta_1 l_{it} + \beta_2 h_{it} + \beta_3 m_{it} + \beta_4 in_{it} + \beta_5 op_{it} \tag{3}$$

加入行业工资差距滞后项后，模型（3）为动态面板模型，解释变量中存在内生性的问题，解释变量之间也可能存在相互决定彼此的双向因果关系，如劳动生产率差异与产业层次水平差异之间产生联立内生性问题，误差项中可能还含有与被解释变量相关的其余不可观测变量，这些不可观测变量也有可能与解释变量之间存在内生性问题。基于此，使用二步系统广义矩阵（two-step System-GMM）方法，以控制动态面板模型（3）产生的内生性问题，将产业层次水平差异设定为内生变量进行估计，结果见表4。

表4		动态面板模型的实证结果	
α	0.006 1 (2.31)**	m_{it}	0.074 2 (2.01)**
W_{it-1}	0.519 3 (10.24)***	in_{it}	0.009 6 (2.09)**
l_{it}	0.319 (6.56)***	op_{it}	0.015 3 (2.33)**

表4(续)

h_{it}	0.017 5 (1.95) **	

注：括号内的是参数的 z 值；***、**、* 分别表示在 1%、5% 和 10% 的统计水平上显著。

行业工资差距滞后一期的工具变量为行业工资差距滞后二期和滞后一期行业开放程度差异、行业垄断水平差异、行业劳动生产率差异、行业人力资本差异、行业产业层次水平差异，并假定内生变量为 in_{it}，其工具变量是变量本身相应的滞后一期和二期和模型中其余解释变量。

从实证结果来看，加入行业工资差距滞后项后，各影响系数都很显著，变动不大。滞后项的系数高达 0.519 3，在其他因素保持不变的情况下，前一期行业工资差距扩大 1%，当期行业工资差距会扩大 0.519 3%，这也印证了我国的行业工资确实存在粘性。许多方向不同、强度不同的因素影响着各行业劳动力市场的供求，通过市场机制调整工资，使其迅速回复到均衡状态存在着难以克服的困难。

三、结论

根据马克思主义的劳动价值理论，工资是由劳动力价值决定的，市场的不完善和不均衡造成了行业工资的波动。沿用这一理论框架，把行业工资差距的影响因素分成三部分：劳动力价值差异（劳动特征、人力资本）、市场不完善（市场分割、行业垄断）、市场不均衡（产业结构、外商直接投资）。劳动力价值在行业工资差距中具有决定性作用，市场差异进一步强化了行业工资差距。实证分析得到的结论与理论分析基本一致。固定效应模型中，各影响因素都很显著，其中劳动特征差异、行业垄断程度在行业工资差距中的作用非常大。含个体效应的固定效应模型中，发现 19 个行业虚拟变量都显著，有其他影响因素以"行业变量"的形式进入到工资差距决定中。动态面板模型中，行业工资差距滞后项的系数显著为正，行业工资差距受到过去状态的影响。

为缩小行业间的工资差距，对初次分配应该从以下两个方面进行调节：一方面增加劳动力价值（提高劳动生产效率，鼓励教育投入，提高人力资本水平）；另一方面促进市场的完善和均衡（完善各类要素市场，促进生产要素的合理自由流动；放宽市场准入，打破产品市场垄断；调整劳动力在各行业的就业结构；优化 FDI 的行业布局）。另外，还可以通过政府税收制度、社会保障制度等再次分配手段，调整行业工资的分配格局，提高低工资行业的工资水平，控制高工资的上涨幅度，使各行业间的工资保持在合理差距之内。

参考文献

[1] Jonathan Daw, Jessica Halliday Hardie. Compensating differentials, labor market segmentation, and wage inequality [J]. Social Science Research, 2012, 41 (5).

[2] Winter-Ebmer, R. Endogenous growth, human capital and industry wages [J]. Bulletin of Economic Research, 1994, 46 (4).

[3] Philip Du Caju, Francois Rycx, Ilan Tojerow. Inter-industry wage differentials: how much does rent sharing matter? [J]. The Manchester School, 2011, 79 (4).

[4] Krueger, A. B. and Summers, L. H. Efficiency wage and the industry wage structure [J]. Econometrica, 1988, 56 (2)

[5] Brenda Gannon and Brian Nolan. Inter-industry wage differentials in Ireland [J]. The Economic and Social Review, 2004, 35 (2).

[6] Waddoups, C. Jeffrey. Trade union decline and union wage effects in Australia [J]. Industrial Relations: A Journal of Economy and Society, 2005, 44 (4).

[7] 武鹏. 行业垄断对中国行业收入差距的影响 [J]. 中国工业经济, 2011 (10).

[8] 晋利珍. 劳动力市场行业分割在中国的验证 [J]. 人口与经济, 2009 (5).

[9] 梁少华, 彭定赟. 产业结构对行业收入差距的影响机制研究 [J]. 武汉理工大学学报 (社会科学版), 2017 (2)

[10] 刘扬, 梁峰. 我国行业收入差距及其影响因素 [J]. 数理统计与管理, 2014 (4).

[11] 蔡宏波, 刘杜若, 张明志. 外商直接投资与服务业工资差距——基于中国城镇个人与行业匹配数据的实证分析 [J]. 南开经济研究, 2015 (4).

[12] 马克思. 资本论: 第 1 卷 [M]. 中共中央马克思恩格斯列宁斯大林著作编译局, 译. 北京: 人民出版社, 2004.

The Decision Mechanism and Empirical Analysis
of Industrial Wage Differentials

Li Na

Abstract: According to the labor value theory of Marxist, the wage is the monetary expression of labor value, the wage is also affected by the market factors, and the industry wage is determined by the labor value and the market factors. The appearance of industrial wage differentials can be attributed to the differences in these two aspects: the difference of labor value and the difference of the level of market perfection and market equilibrium. Based on the labor value theory of Marxist, this paper analyzes theoretically and empirically the causes of industrial wage differentials.

Key words: Industrial Wage Differentials; labor value; market factors

区域市场整合、贸易开放与资源错配

刘宇英

摘　要： 本文基于中国 2003—2016 年的省际面板数据，构建可以综合考虑商品、资本和劳动力市场整合情况的区域市场整合指数，并对各地区的资本错配和劳动力错配情况进行测度。在此基础上，采用两阶段最小二乘法 2SLS 对区域市场整合、贸易开放与资源错配的关系进行深入检验。主要的研究发现有：①样本期内国内市场整合情况可以分为两个阶段：一是 2003—2008 年，国内市场整合程度呈缓慢下降态势；二是 2009—2016 年国内市场整合情况在波动中趋于上升，且 2013 年之后上升速度加快；②区域市场整合促进了资源错配的显著改善，而当前的贸易开放却加剧了资源错配。这对经济新常态下中国统筹国内外市场发展、优化资源配置以培育经济增长新动力具有一定的启发意义。

关键词： 区域市场整合　贸易开放　资源错配　2SLS

作者简介： 刘宇英（1994—），男，山西和顺人，南京师范大学商学院硕士研究生，研究方向：对外直接投资和国际贸易。

基金项目： 国家自然科学基金面上项目"协同创新与空间关联对区域创新绩效的影响机理及实证研究"（71573138），教育部人文社会科学研究专项任务项目（工程科技人才培养研究）"基于目标导向的工程人才创造力提升路径研究"（16JDGC009），江苏省高校哲学社会科学研究重点项目"高校科技成果的产权化及产业化问题研究"（2016ZDIXM022）。

引　言

改革开放以来，中国不断深化市场经济体制改革，并由此带来近四十年的经济高速增长。但是这种具有地方分权特征的中国渐进式改革在推动经济发展的同时，也造成了严重的市场分割[1-2]和资源错配问题[3-4]。资源错配已经成为新常态下制约中国经济增长的重要因素，它不仅会降低中国的全要素生产率，影响经济增长的速度和质量，还会使经济增长的可持续性受到严重挑战[5-7]。由于地方保护和市场分割，商品贸易和要素流动更多地集中在省内，而造成了省与省之间的资源错配[8]，并由此导致的效率损失可达到地区生产总值的 20%左右[9]。因此，打破市场分割的"囚徒困境"，推动区域市场整合，减少制度性交易成本，既是深入推进供给侧结构改革、提升资源配置效率的重要举措，也是促进区域协调发展、营造公平竞争环境的重要诉求。

国内贸易和国际贸易是资源在国内和国外两个市场进行配置的不同方式，都会影响地区的经济增长和资源配置效率，但是地方政府对二者的态度却截然相反[10]。

一方面，地方政府为了 GDP 竞赛而采取地方保护措施来分割市场，限制国内贸易。其中既有"硬性"的禁止措施，如禁止本地资源流出和外地产品的流入；也有隐蔽的行政和技术壁垒，如政府采购和环保措施。究其原因在于，在现有的政府官员考核机制下，地方政府实行市场分割是其"占优策略"[11-12]。中国财政分权改革，既为地方政府追求经济增长释放了改革红利，也为地方政府采取地方保护和分割市场提供了激励[13-14]。虽然市场分割在短期内有利于促进经济增长，但这种促进是以扭曲资源配置为代价的，会造成效率损失。而区域市场整合有利于生产要素的跨区自由流动，引导其按照价格信号配置到边际产出更高的生产环节中去，削弱了由市场分割导致的资源错配[15]。

另一方面，政府却采取各种优惠措施促进国际贸易的发展，如出口补贴和税收优惠政策等。在出口导向型战略的指导下，中国的对外贸易取得了前所未有的繁荣。从理论上讲，只有效率较高的企业才有竞争力开展国际贸易，效率较低的企业会被淘汰退出市场，而且国际市场竞争将促进资源从低效率企业向高效率企业的转移。因此，通过对外贸易进入国际市场可以促进企业资源配置效率的提高，并通过企业的进入退出带来行业内资源的优化配置[16]。但是，国内外学者研究发现，中国的对外贸易不仅没有带来资源配置效率的提高，反而加剧了资源错配[17]。

其原因在于，在出口补贴等政府优惠措施下成长起来的出口企业的生产率未必高于非出口企业，即对外贸易部门存在着"生产率悖论"[18-19]。这种由政府推动的对外贸易压低了要素的市场价格，扭曲了要素正常的市场化配置过程，导致了资源在出口部门和非出口部门之间的错配。然而近年来，随着中国经济进入新常态和经济市场化体制改革的不断深入推进，地方政府越来越重视国内市场的重要作用，逐渐放松了对本地市场的保护，地区之间的经济联系日益密切。同时，政府也逐渐取消了对出口贸易部门的优惠措施，出口越来越成为市场化竞争的结果。那么，国内市场一体化程度是否因此而得到提高？区域市场整合和贸易开放度的提高在优化资源配置过程中的作用如何？对这些问题的思考和回答，对于中国有效推动国内市场一体化进程和制定科学合理的对外贸易政策，进而促进资源的优化配置具有重要的理论和现实意义。

相对于现有的研究，本文的主要贡献在于：第一，同时立足于国内和国际两个视角，将区域市场整合、贸易开放和资源错配纳入一个统一的分析框架，深入分析中国当前国内市场整合和对外贸易对资源错配的重要影响，在理论上进行积极的探讨。第二，基于中国 30 个省市 2003—2016 年的省际面板数据，构建可以综合考虑商品市场和要素市场（资本和劳动力市场）整合情况的区域市场整合指数，并在对各地区资源错配进行测度的基础上，综合运用普通最小二乘法（OLS）、工具变量两阶段最小二乘法（2SLS）、广义矩估计（GMM）等多种计量方法进行实证研究，既可以反映时间维度上的市场整合过程，又反映了空间维度上各地区市场整合程度的差异。

本文剩余部分内容安排如下：第二部分简要分析区域市场整合和贸易开放对资源错配的影响机理；第三部分构建计量模型，对指标选取进行说明，并就各地区的市场整合现状进行描述性分析；第四部分采用普通最小二乘法（OLS）和工具变量两阶段最小二乘法（2SLS）对实证结果进行分析和讨论；第五部分对模型进行稳健性检验；第六部分是本文的结论及相应的政策建议。

一、机理分析

在资源禀赋结构给定的条件下，总量产出水平取决于要素资源在不同地区和行业之间的配置方式，即资源配置效率。在完全竞争市场条件下，资源可以按照价格信号充分自由流动，配置到边际产出水平更高的行业和地区，就是有效配置，而资源错配就是对这种有效配置状态的偏离（陈永伟，2013）。因此，消除阻碍要素流动的障碍，促进资源的自由流动，是改善资源错配的关键所在，也是提升生产率水平、促进经济增长的重要途径。

市场分割是指地方政府为了维护本地利益，通过行政管制等手段，限制本地重要资源流出或限制外地产品进入本地市场的行为[21-23]。而区域市场整合就是打破区域经济分割状态、建立和完善全国统一市场的过程[24]。区域市场整合促进了不同地区之间商品和生产要素的合理流动，削弱了由于市场分割导致的资源错配。具体而言，区域市场整合可以促进资源错配改善的作用机制在于：

（1）区域市场整合促进了商品和生产要素在不同地区之间的合理流动，有助于按照市场价格信号引导资源配置到边际产出水平更高的行业和地区，从而提升了资源配置效率[24]。生产要素由于市场分割和地方保护造成的制度摩擦不能在地区之间充分自由流动，难以达到有效配置。如户籍制度和土地产权制度等因素阻碍了劳动力的自由流动，利率非市场化等因素阻碍了资本的自由流动。而区域市场整合则打破了区域之间的市场分割状态，减小了要素流动成本，为要素的充分自由流动提供了有利条件。资源可以在省与省之间重新流动配置，由边际产出水平较低的省份流动到边际产出水平较高的省份，从而有助于提升全国的总产出水平。

（2）区域市场整合扩大了国内市场，不仅有助于发挥规模经济效益，还可以促进各地区之间技术和信息的传播，从而有助于提升资源配置效率。市场分割使中国潜在的市场规模优势难以得到充分发挥，国内企业发展的市场空间被人为地缩小，无法达到实现规模经济的生产规模，造成资源配置的低效率[2]。由于区域市场整合而带来的市场范围的扩大有助于企业实现规模经济，从而提高资源配置效率。同时，区域市场整合降低了技术在不同地区之间的流转成本，促进了技术扩散和传播，这样国内企业就可以通过技术扩散来提高资源配置效率。此外，区域市场整合促进了信息的流通，有利于具有不同资源禀赋的地区按照自身的比较优势进行生产布局，避免了在相同产业上的重复建设而导致的资源错配和浪费[25]。

（3）区域市场整合有利于竞争的有效开展和市场机制作用的充分发挥，从而促进资源错配的改善。市场分割限制了竞争，一方面为本地的低效率企业提供了保护，使本地企业改善生产经营的积极性下降，延缓了技术进步和效率提升。另一方面也限制了一些优秀企业的发展空间，使其难以获得扩大生产规模所需的市场和资源条件，造成资源配置效率的低下[26]。区域市场整合则促进了市场竞争的有效开展。在竞争机制的作用下，优胜劣汰，适者生存，将促进企业不断提高自身的生产率水平，同时也为高效率企业提供了兼并弱者的机会，导致市场份额和要素投入从低效率企业向高效率企业流动，从而有利于生产集中度的提高和资源错配的改善。

相较于区域市场整合对资源错配的改善作用而言，贸易开放对资源错配的影响却具有不确定性。一方面，通过国际贸易进入国际市场，出口贸易部门更容易学习到先进的技术和管理经验，以及由于市场需求的增加而扩大生产规模，从而实现规模经济和技术进步，促进资源配置效率水平的提高。同时，国际市场竞争更加激励，也会导致资源配置更加有效。但另一方面，若政府对出口部门的干预较多，导致出口竞争力不是市场竞争培育的，而是以扭曲资源价格为代价换来的，这样的贸易开放不仅不能提升资源配置效率，反而会加剧资源错配。张杰等（2011）[19] 研究认为中国的出口贸易部门存在"生产率悖论"，即出口企业的生产率未必高于非出口企业。出口贸易的扩大使资源更多地流向了相率较低的出口企业，反而加剧资源错配。

二、计量模型、指标度量与描述性分析

（一）计量模型构建

为了考察区域市场整合和贸易开放度对资源错配的影响，本文建立如下的计量模型：

$$\tau_{Kit} = \alpha_0 + \beta\, minteg_{it} + \gamma open_{it} + \sum \theta_j x_{ijt} + \mu_i + \lambda_t + \varepsilon_{it} \tag{1}$$

$$\tau_{Lit} = \alpha_0 + \beta\, minteg_{it} + \gamma open_{it} + \sum \theta_j x_{ijt} + \mu_i + \lambda_t + \varepsilon_{it} \tag{2}$$

其中，下标 i 表示地区，下标 t 表示年份，τ_{Kit} 和 τ_{Lit} 分别表示资本错配和劳动力错配，$minteg_{it}$ 表示区域市场整合，$open_{it}$ 表示贸易开放度，x_{ijt} 表示其他一系列可能影响资源错配的控制变量，μ_i 和 λ_t 分别表示不可观测的地区个体效应和时间效应，ε_{it} 为随机误差项，服从正态分布，且 μ_i 与 ε_{it} 不相关。

（二）指标度量与数据说明

1. 资源错配

借鉴陈永伟和胡伟明（2011）[20] 的测度方法，本文分别用资本错配指数 τ_{Kit} 和劳动力错配指数 τ_{Lit} 来反映各地区的资源错配程度，具体如下：

$$\tau_{Kit} = \frac{1}{\gamma_{Ki}} - 1 , \quad \tau_{Lit} = \frac{1}{\gamma_{Li}} - 1 \tag{3}$$

其中，γ_{Ki} 和 γ_{Li} 分别为资本价格绝对扭曲系数和劳动力价格绝对扭曲系数，表示资本和劳动力使用成本绝对值的信息，实际测算时可以用相对扭曲系数来代替。相对扭曲系数反映了本地区相对于经济平均水平的资源错配程度，更能体现资源在不同地区的配置情况（陈永伟和胡伟明，2011）。

$$\hat{\gamma}_{Ki} = \left(\frac{K_i}{K}\right) \bigg/ \left(\frac{s_i \alpha_{Ki}}{\alpha_K}\right) , \quad \hat{\gamma}_{Li} = \left(\frac{L_i}{L}\right) \bigg/ \left(\frac{s_i \beta_{Li}}{\beta_L}\right) \tag{4}$$

其中，以资本错配指数为例，$\alpha_K = \sum_i^N s_i \alpha_{Ki}$ 表示产出加权的资本贡献值，$s_i = \frac{p_i y_i}{Y}$ 表示地区 i 的产出占整个经济体产出的份额。分子 $\frac{K_i}{K}$ 表示地区 i 实际使用的资本占总资本的比例，分母 $\frac{s_i \alpha_{Ki}}{\alpha_K}$ 表示地区 i 有效配置资本时占总资本的理论比例。二者的比值可以反映地区 i 相对于经济平均水平的资本错配程度。

对于要素产出弹性，本文利用 C-D 生产函数进行估计。假设规模报酬不变：

$$Y_{it} = A K_{it}^{\alpha_{Ki}} L_{it}^{1-\alpha_{Ki}} \tag{5}$$

两边同时取自然对数，并加入个体效应 μ_i 和时间效应 λ_t，可得：

$$\ln(Y_{it}/L_{it}) = \ln A + \alpha_{Ki} \ln(K_{it}/L_{it}) + \mu_i + \lambda_t + \varepsilon_{it} \tag{6}$$

产出变量 Y_{it} 用各地区的实际 GDP 表示，利用 GDP 平减指数转化为以 2003 年为基期的实际 GDP 以消除价格变动的影响。劳动力投入量 L_{it} 用各地区的年末就业人数和年初就业人数的算术平均数表示。各地区的资本投入量 K_{it} 根据永续盘存法进行测算，公式为：

$$K_t = I_t/P_t + (1 - \delta_t) K_{t-1} \tag{7}$$

其中，K_t 和 K_{t-1} 分别表示 t 期和 $t-1$ 期的固定资本存量，I_t 为名义固定资本形成总额，P_t 为固定资产投资价格指数，δ_t 表示折旧率，取张军等（2004）的 9.6%。基期（2003 年）的资本存量使用张军等（2004）测算的各地区 2000 年（以 1952 年为基期）的资本存量数据按照式（7）推算得出。

在此基础上，本文利用中国 30 个省市自治区（不包括中国香港、澳门和台湾地区；西藏由于数据缺失暂不予以研究）2003—2016 的数据构建变系数面板模型，并使用最小二乘虚拟变量法（LSDV）对式（6）进行估计，以得到各地区的要素产出弹性。原始数据均来源于《中国统计年鉴》和各省市的地方统计年鉴。估计结果显示，利用最小二乘虚拟变量法在模型中引入的省份虚拟变量以及虚拟变量与 $\ln(K_{it}/L_{it})$ 的交互项均显著，故变系数模型的设定是适宜的。

估计出各地区的资本产出弹性和劳动力产出弹性后，根据式（3）、式（4）可计算出各地区的资本错配指数 τ_{Kit} 和劳动力错配指数 τ_{Lit}。

2. 区域市场整合

为了考察各地区的市场整合情况，需要首先构建和测算市场分割指数。目前，国内外学者测度市场分割的方法主要有贸易流量法[21][28]、生产结构法[1][29]、经济周期法[30]和价格指数法[31-32]。相比较而言，前三种方法均存在内在缺陷[32]，而价格指数法可以更为准确地反映国内市场分割情况的变化。鉴于此，本文利用价格指数法来测算中国各省市自治区 2003—2016 年与其他地区之间的市场分割指数，并在此基础上测算区域市场整合指数，以考察近年来中国国内市场整合程度的演进趋势。

价格指数法思想来源于"冰川成本"模型[33]，该方法利用地区之间商品价格的差异来反映市场整合状况。由于交易成本的存在，地区之间同种商品的价格并不会完全相等，但只要两地之间的相对价格 P_i/P_j 趋近于 1 或者在某个特定的区间内波动，且波动区间是收敛的，则可认为地区 i 和地区 j 之间的市场环境差别不大，即两地之间的市场整合程度较高。反之，若两地之间价格差异越大，则表明市场分割程度较高。

现有研究关于市场分割程度的测算大多限于商品市场，利用几类商品的价格指数来测算市场整合程度[25][32]。但事实上，市场分割不仅存在于商品市场，更存在于要素市场。由于我国的要素市场改革滞后于商品市场，阻碍要素自由流动的障碍众多，致使要素市场尚不完全，要素的自由流动受到限制。尤其是财政分权之后，地方政府掌握了生产要素的定价权，在刺激地区经济增长的同时也获得了进行地方保护和分割市场的激励。地方政府通过行政手段限制外地商品流入或本地重要资源流出，对关键要素市场进行控制，在一定程度上扭曲了市场正常的资源配置过程，使得要素在不同地区之间不能按照市场原则进行有效配置。由于要素市场分割的存在，阻碍了要素的自由流动，致使高效率的地区和企业不能吸收更多的生产要素，低效率的企业仍然存活并占用资源，就产生了资源错配。因此，本文研究资源错配必须要考虑要素市场的分割程度。对于要素市场而言，可以使用要素价格差异反映要素市场的整合程度。因此，本文参照顾雪松和韩立岩（2015）[34]的做法，综合考虑消费品市场、资本市场和劳动力市场的市场整合情况。分别使用《中国统计年鉴》中 30 个省市自治区 2003—2016 年的居民消费价格指数、固定资产投资价格指数和平均实际工资指数反映三大市场的价格信息，构建区域市场整合指数，以综合考察商品市场和要素市场的整体整合情况。

首先构造三维（$t \times m \times k$）面板数据集，其中 t 为年份，m 为地区，k 为市场。然后按照以下三个步骤测算区域市场整合指数：

（1）计算相对价格绝对值 $\left|\Delta Q_{ijt}^k\right|$。由于是环比价格指数，可以利用地区 i 与

地区 j 价格比的对数一阶差分形式来度量相对价格：

$$\Delta Q_{ijt}^k = \ln(p_{it}^k/p_{jt}^k) - \ln(p_{i,\,t-1}^k/p_{j,\,t-1}^k) = \ln(p_{it}^k/p_{i,\,t-1}^k) - \ln(p_{jt}^k/p_{j,\,t-1}^k) \quad (8)$$

其中，p_{it}^k（$i=1,\,2,\,\cdots,\,30$；$t=2003,\,2004,\,\cdots,\,2016$；$k=1,\,2,\,3$）表示地区 i 第 t 年在市场 k 的价格水平。与 Parsley and Wei（1996）[31]、桂琦寒等（2006）[32] 仅考虑相邻省份的情形不同，本文利用某一省份与国内其他所有省份的相对价格数据来计算市场分割指数。其原因在于：一是现代科技的发展和交通基础设施建设水平的提高已使得地理障碍对要素和商品流动的影响越来越小[34]。二是这样更加符合中国"政治锦标赛"的特征[24]。因此，本文综合考虑整个国内市场的分割情况，共可得到435对省市组合。这样由样本中 2003—2016 年 435 对省市组合 3 个市场数据共可计算得到 435 × 14 × 3 = 18 270 个差分形式的相对价格 ΔQ_{ijt}^k。同时，为了避免两个地区的摆放顺序影响相对价格方差，采用绝对值形式 $|\Delta Q_{ijt}^k|$。

（2）去均值消除固定效应。本文采用桂琦寒等（2006）[32] 的去均值法消除掉 $|\Delta Q_{ijt}^k|$ 中由商品自身的特性引起的相对价格变动，以更准确地反映市场环境的差异，得到仅与市场分割因素有关的 q_{ijt}^k：

$$q_{ijt}^k = |\Delta Q_{ijt}^k| - \overline{|\Delta Q_t^k|} \quad (9)$$

（3）区域市场整合指数。首先计算两个地区的相对价格 q_{ijt}^k 在三个市场之间价格波动的方差 $\mathrm{var}(q_{ijt})$，以综合商品市场和要素市场的相对价格信息。然后参照毛其淋和盛斌（2011）的做法按照省市进行合并，得到各省市与全国其他省市之间的市场分割指数 $mseg_{it}$：

$$mseg_{it} = \frac{\sum_{i \neq j} \mathrm{var}(q_{ijt})}{N} \quad (10)$$

其中，N 表示合并的省份组合的数目。

在市场分割指数的基础上构建可以反映市场一体化程度的区域市场整合指数：

$$minteg_{it} = \sqrt{1/mseg_{it}} \quad (11)$$

这样由样本 30 个省份 2003—2016 年的数据可以得到 420（30 × 14 = 420）个观测值。

3. 贸易开放度

根据现有研究的普遍做法，本文采用进出口总额占 GDP 的比重来衡量贸易开放程度。在测算时，用进出口总额乘以当年人民币兑美元的汇率中间价折合成以人民币为单位，并按照 GDP 平减指数以 2003 年为基期进行平减。进出口总额数据均来源于《中国统计年鉴》。

4. 控制变量

参照现有关于资源错配的研究，本文在模型中加入以下控制变量：

金融市场发展水平（finance）。金融市场发展水平的提高，有助于减少资本流动障碍，使资本可以在各地区之间按照价格信号充分自由流动，从而达到有效配置。因而金融市场越完善，资源错配程度越低。与大多数研究采用 Goldsmith 提出的金融相关比例 FIR 衡量金融市场的发展水平不同，本文认为这一指标不能有效地衡量中国政府主导下的金融市场体系完善程度。因此，本文采用扣除国有企业的信贷规模来衡量金融市场发展水平，具体为：

$$非国有部门贷款比重 = \frac{总贷款}{GDP} \times \left(1 - \frac{国有企业固定投资额}{全社会固定投资总额}\right)$$

政府干预（government）。由于市场制度不完善，发展中国家的政府常常通过行政手段直接或间接地干预资源配置过程，扭曲了资本要素的市场价格，导致市场不能有效地配置资源，就产生了资源错配。但若政府通过扩大政府支出来提高公共服务水平，改善基础设施建设，减少阻碍生产要素的自由流动的障碍，为市场配置资源创建良好的外部环境，则可以促进资源错配的改善。本文用地方政府的财政支出占 GDP 的比重来衡量政府干预经济的能力。

行政性市场进入壁垒（state_rate）。韩剑和郑秋玲（2014）[35] 实证研究了行政性市场进入壁垒对行业内和行业间资源错配的影响，发现国有企业占比较大的地区，进入壁垒越高，资源错配也就越严重。进入壁垒的存在影响企业的自由进入和退出，一方面阻碍了高效率的企业进入，另一方面保护了现有的低效率企业，使得过多的资源被配置到效率较低的企业中去。企业的自由进出受阻，就阻碍了资源配置效率的提高。本文参照刘小玄（2003）[36] 衡量行政性市场进入壁垒的方法，采用各地区的国有及国有控股工业企业产值占总工业企业产值的比重来衡量行政性市场进入壁垒。

由于本文测算的资源错配指数存在资源配置不足 $\tau > 0$ 和配置过度 $\tau < 0$ 两种情况，为使回归方向一致，借鉴季书涵等（2016）[37] 的做法对被解释变量取绝对值。当解释变量的估计系数为负，即解释变量与被解释变量反方向变动时，认为可改善资源错配，反之则表示加剧资源错配。同时，为了使解释变量区域市场整合指数 $minteg_{it}$ 的系数估计值不会太小，将区域市场整合指数缩小 100 倍。本文所使用的原始数据来源于《中国统计年鉴》、各地区的统计年鉴和中经网数据库。主要变量的相关系数和统计特征如表 1 所示。从中可以看出，各个解释变量之间的相关系数的绝对值均小于 0.7，且方差膨胀因子（VIF）的取值在 [1.16，2.47] 区间范围内，远小于 10，在可接受的范围之内，因此本文不存在多重共线性问题。

表1   主要变量的相关系数和统计特征

变量	τ_K	τ_L	minteg	open	finance	government	state_rate
τ_K	1.000 0						
τ_L	0.337 7	1.000 0					
minteg	−0.074 4	−0.279 0	1				
open	0.420 2	0.696 8	−0.244 9	1			
finance	0.535 2	0.452 1	0.043 5	0.603 2	1		
government	0.147 2	−0.093 3	0.054 6	−0.326 9	0.130 1	1	
state_rate	0.046 3	0.015 1	−0.045 9	−0.292 1	−0.236	0.405 3	1
VIF			1.16	2.47	2.25	1.70	1.34
最小值	0.000 5	0.007 9	0.111 5	0.033 6	0.317 3	0.079 2	0.095 9
最大值	2.576 6	2.007 8	1.132 5	1.680 8	1.985 1	0.626 9	0.864 2
均值	0.287 1	0.392 3	0.623 0	0.321 6	0.773 3	0.204 7	0.422 4
标准差	0.287 1	0.292 2	0.623 0	0.321 6	0.773 3	0.204 7	0.422 4
观测值	420	420	420	420	420	420	420

（三）区域市场整合程度的描述性分析

将上文测算的区域市场整合指数按照年份进行平均，可得到2003—2016年全国市场的整合情况。如图1所示，其进程可以大致分为两个阶段：第一阶段为2003—2008年，除2006年市场整合程度有所上升之外，其余年份国内市场整合程度都呈缓慢下降态势，反映出这段时间市场分割在逐渐加剧。地方政府为了追求本地区经济的持续增长以及财政收入的稳定，会倾向于采取地方保护和市场分割策略，限制本地资源的流出和外地企业的进入，以保护本地市场。尤其是各地区政府官员之间出于提升政绩和晋升竞争的需要，会加剧市场分割态势。第二阶段为2009—2016年，国内市场整合程度在波动中趋于上升，表明地区市场分割程度减轻，市场一体化程度逐渐提高，与刘刚（2018）[38]的研究结论较为相似。2008年金融危机爆发之后，国际市场需求低迷，地方政府不得不将需求转向国内市场，减少市场分割措施，推动国内一体化市场的形成。其中，市场整合程度在2009—2012年上升速度较为缓慢，而2013年之后便呈现快速上升趋势，并于2016年达到历史最高值，这可能与中国政府深化经济体制改革和采取严厉的反腐败措施有关。作为一种政府和企业之间的"隐形契约"，地方保护在一定程度上可能与腐败有关，而2013年之后中国政府加大了反腐败的力度，对地方政府官员的行为造成了约束，使其不得不疏远与企业之间的关系，导致市场分割程度的下降。同时，中国不断深化经济体制改革，以扩大国内有效需求，也要求国内市场整合程度的提高。从区域层面上看，沿海和内陆地区的市场整合走势与全国整体市场走势基本一致，仅整合程度在区域之间有所差异。同时，相对于沿海地区，内陆地区的市场整合程度更高，这一点与盛斌和毛其淋（2011）[39]的研究结论较为一致。

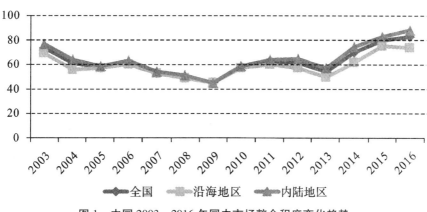

图 1　中国 2003—2016 年国内市场整合程度变化趋势

各省市的区域市场整合程度及其变化情况如表 2 所示。从 2003 年到 2016 年，贵州、吉林、山西、甘肃等 22 个省市的区域市场整合程度均有所提高，新疆、海南、湖北、浙江等 8 个省市的区域市场整合程度有所下降。2016 年区域市场整合程度最高的前五位省市依次是四川、黑龙江、吉林、山西和甘肃，市场整合程度最低的后五位依次是上海、海南、广西、江苏和新疆。新疆、广西和海南的地理位置特殊，且交通条件比较落后，因而导致与其他省份的市场整合程度较低。上海和江苏等东部地区的交通基础设施完善，但这些地区的经济增速较快，可能导致与周围地方政府之间的"晋升锦标赛"也更为激烈。当地政府可能为了保持本地区较高的经济增速而采取市场分割策略，使得与国内其他地区的市场整合程度较低。

表 2　　　　　　　　　　2003 年、2016 年中国各地区的市场整合指数

地区	均值	2003	排名	2016	排名	地区	均值	2003	排名	2016	排名
北京	62.81	72.79	19	90.81	12	河南	59.15	64.38	22	73.86	21
天津	62.61	86.17	8	82.40	17	湖北	55.46	93.07	3	73.09	22
河北	70.15	77.05	18	100.12	8	湖南	70.14	85.65	9	74.76	20
山西	67.14	79.35	16	108.43	4	广东	68.35	94.88	1	88.36	14

表2(续)

地区	均值	2003	排名	2016	排名	地区	均值	2003	排名	2016	排名
内蒙古	66.97	92.39	5	82.09	18	广西	55.19	42.66	28	49.08	28
辽宁	70.42	80.68	14	104.00	6	海南	48.16	62.84	24	42.76	29
吉林	67.34	67.91	20	108.86	3	重庆	69.27	82.62	11	84.32	16
黑龙江	68.41	90.53	7	109.55	2	四川	71.20	92.84	4	113.25	1
上海	28.81	29.91	30	41.18	30	贵州	64.27	53.46	26	93.63	9
江苏	33.42	35.69	29	49.57	27	云南	54.52	49.86	27	75.34	19
浙江	67.07	93.08	2	72.58	24	陕西	65.65	67.42	21	87.66	15
安徽	66.47	79.52	15	93.30	10	甘肃	59.48	83.14	10	108.24	5
福建	66.51	77.43	17	89.03	13	青海	59.34	63.18	23	68.64	25
江西	64.60	61.07	25	73.00	23	宁夏	67.93	90.57	6	100.70	7
山东	75.83	81.46	13	93.06	11	新疆	62.35	82.05	12	57.08	26

三、计量结果及分析

(一)基本估计结果

本文基于2003—2016年中国30个省市自治区(不包括中国港澳台和西藏地区)的面板数据,首先运用普通最小二乘法进行估计,估计结果如表3所示。为了比较各模型的估计效率,本文进行相应的模型设定检验。F检验结果强烈拒绝"不存在个体固定效应"的原假设,LM检验结果强烈拒绝"不存在个体随机效应"的原假设,表明不能使用混合OLS回归。Hausman检验在1%的显著性水平上强烈拒绝原假设,说明应该选择固定效应模型。固定效应(FE)的估计结果如表3第(1)列和第(2)列所示。

如表3固定效应的估计结果所示,区域市场合指数$minteg$对资本错配指数τ_{Kit}和劳动力错配指数τ_{Lit}的影响显著为负,一定程度上说明中国国内市场一体化程度的提高有利于降低资本和劳动力的错配程度。正如上文所述,区域市场整合打破了区域经济分割状态,降低了要素流动成本,为资本、劳动力和技术等生产要素在区际的自由流动创造了有利条件;同时扩大了国内市场规模,有助于实现规模经济,从而带来资源配置效率的提高。此外。区域市场整合促进了市场竞争的有效开展，通过优胜劣汰的市场机制作用，资源从低效率企业流向高效率企业，有利于生产集中度的提高和资源错配的改善。而贸易开放度 *open* 对资本错配指数 τ_{Kit} 和劳动力错配指数 τ_{Lit} 的影响显著为正，说明中国当前的对外贸易可能会加剧资源错配。在长时间出口导向型战略的指导下，政府对出口部门的干预较多，可能在一定程度上扭曲了要素的市场价格，导致更多的资源流向了效率较低的出口部门，加剧了资源错配。

对于其他控制变量，金融市场发展水平 *finance* 的估计系数显著为正，一定程度上说明中国当前的金融发展水平未能起到优化资源配置的作用。其原因可能在于中国当前政府主导下的金融体系市场化水平较低，而政府的干预较多，致使市场力量尚未在金融资源配置过程中发挥决定性作用，结果导致一定程度的资源错配。政府干预 *government* 对资本错配指数 τ_{Kit} 的影响为负，但不显著；对劳动力错配指数 τ_{Lit} 的影响显著为正。如上文所述，政府支出对资源错配的影响具有两面性：一方面，政府通过税收优惠、财政补贴和劳动力流动管制等行政手段对经济进行干预，扭曲了生产要素的市场化配置结果，会加剧资源错配；另一方面，政府也可能通过扩大政府支出来提高公共服务水平，改善基础设施建设，减少阻碍生产要素的自由流动的障碍，为市场配置资源创建良好的外部环境，则可以促进资源错配的改善。行政性市场进入壁垒 *state_rate* 的估计系数显著为正，表明会加剧资源错配，这与韩剑和郑秋玲（2014）[35] 的研究结果一致。效率较高的新企业的进入会导致效率较低的在位企业的退出，从而优化资源配置。因此，由企业自由进入退出导致的资源在新进入企业和在位企业之前的重新配置是提高资源配置效率的重要手段。国有企业占比较高的行业和地区，市场进入壁垒就越高，致使新企业就越难进入该地区。由于市场壁垒的存在，企业的自由进出受阻，就阻碍了资源配置效率的提高。

表3   FE 及 IV-2SLS 估计结果

Variables	FE		IV-2SLS	
	（1）	（2）	（3）	（4）
	τ_{Ki}	τ_{Li}	τ_{Ki}	τ_{Li}
minteg	−0.2284 ***	−0.189 2 ***	−0.330 5 **	−0.489 9 ***
	（0.082 7）	（0.068 3）	（0.147 7）	（0.119 8）
open	0.289 1 ***	0.496 0 ***	0.225 8 ***	0.394 3 ***
	（0.050 2）	（0.041 5）	（0.070 5）	（0.057 2）
finance	0.243 9 ***	0.111 2 **	0.431 4 ***	0.151 1 **
	（0.065 5）	（0.054 1）	（0.074 5）	（0.060 4）

表3(续)

Variables	FE		IV-2SLS	
	(1)	(2)	(3)	(4)
	τ_{Ki}	τ_{Li}	τ_{Ki}	τ_{Li}
government	-0.172 2	0.348 2**	0.574 8***	0.082 0
	(0.196 4)	(0.162 3)	(0.185 7)	(0.150 6)
state_rate	0.541 9***	0.203 8***	0.173 9**	0.248 4***
	(0.088 2)	(0.072 9)	(0.074 5)	(0.060 4)
Cons	-0.025 1	0.209 3***	-0.115 7	0.323 0***
	(0.092 9)	(0.076 7)	(0.099 9)	(0.081 0)
R^2 或调整的 R^2	0.395 6	0.542 5	0.395 9	0.521 0
面板设定 F 检验	12.98***	48.98***		
Breusch-Pagan LM 检验	195.97***	1 342.97***		
Hausamn 检验	77.04***	27.80***		
D-W-H 内生性检验			6.559 3*** [0.001 6]	5.037 2** [0.006 9]
Kleibergen-Paap rk LM 统计量			52.077*** [0.000 0]	52.077*** [0.000 0]
Kleibergen-Paap rk Wald F 统计量			47.261 {13.43}	47.261 {13.43}
最小特征值统计量			41.299 8 {13.433}	41.299 8 {13.433}
Anderson-Rubin Wald 统计量			95.326*** [0.000 0]	95.326*** [0.000 0]
Sargan-Hansen 检验			2.559 4 [0.109 6]	7.484 [0.116 2]
观测值	420	420	420	420

注：***、**、*分别表示在1%、5%、10%的水平上显著；小括号内数值为相应的稳健标准误（双侧），中括号内数值为相应统计量的 p 值，大括号内数值为 Stock-Yogo 检验 5% 显著性水平上的临界值。

(二) 内生性问题的处理及工具变量估计

OLS 能够成立的重要条件是解释变量与扰动项之间不相关，即满足前定变量的假设。否则，OLS 估计量将不是一致的。内生性将导致估计参数的非一致性，进而扭曲估计结果的经济含义[40]。就本文而言，可能存在内生性的原因有：一是区域市场整合、贸易开放度与资源错配之间可能存在双向因果关系。在出口导向性政策指导下，政府采取税收优惠和财政补贴等手段鼓励出口，扭曲了要素的市场价格。反过来，出口的增加也使得过多的资源被配置到生产率较低的出口部门，加剧资源错配。二是模型设定偏误，即模型中可能遗漏某些共同影响两个解释变量和被解释变量的非观测因素。这将会导致模型存在内生性问题，影响估计结果的一致性。通过对模型进行内生性检验发现，Durbin-Wu-Hausman 检验的统计量为6.559 3，并且在1%的显著性水平上拒绝所有变量均外生的原假设，即可认为模型中存在内生变量。为了处理模型中可能存在的内生性问题，本文采取工具变量两阶段最小二乘法（IV-2SLS）来进行估计。

首先，就贸易开放度而言，本文参考黄玖立和李坤望（2006[41]）的做法，选取海外市场接近度（fma）作为贸易开放度的一个工具变量。海外市场接近度为各省区省会城市到海岸线距离的倒数（乘以100）。记 Y 为沿海省份的集合，其到海岸线的距离为其内部距离 r_{ii}，而内陆省份 i 到海岸线的距离为其到最近的沿海省份 j 的距离 d_{ij} 加上该沿海省份的内部距离 r_{jj}。具体构造方法如下：

$$fma_i = \begin{cases} 100 \times r_{ii}^{-1} & i \in Y \\ 100 \times (d_{ij} + r_{jj})^{-1} & i \notin Y, j \in Y \end{cases} \quad (12)$$

其中，沿海省份内部距离 r_{ii} 等于其地理半径的 2/3（Redding and Venable，2004），即：

$$r_{ii} = 2/3 \sqrt{S_i / \pi} \quad (13)$$

内陆省份 i 到最近的沿海省份 j 的距离 d_{ij} 为：

$$d_{ij} = \text{across}(\cos(\alpha_i - \alpha_j)\cos\beta_i \cos\beta_j + \sin\beta_i \sin\beta_j) \times R \quad (14)$$

其中，α_i 和 α_j 分别为 i、j 省会城市的经度，β_i 和 β_j 分别为 i、j 省会城市的维度，R 为赤道半径。

由于增加工具变量的数目可以得到更加有效的估计结果，本文还选取 1995 年各省市的贸易开放度 $open\_1995$ 作为贸易开放度的另一个工具变量。此外，区域市场整合也可能与资源错配之间存在双向因果关系，因而本文选用 $minteg$ 一阶滞后项作为它的工具变量。这三个工具变量既与干扰项无关，又与内生变量相关，满足工具变量的设定条件[24]。由于海外市场接近度 fma 和贸易开放度 $open\_1995$ 均不随时间变化，本文使用 2003—2016 年的名义汇率分别与之相乘，作为最终的工具变量，并采用多重工具变量两阶段最小二乘（2SLS）进行估计。

表3的第（3）和（4）列报告了工具变量两阶段最小二乘（2SLS）的估计结果。为了验证工具变量的有效性，我们需要对工具变量的设定进行相关检验。首先，检验工具变量与内生变量的相关性。最小特征值统计量为 41.299 8，大于其对应的 5%显著性水平上的临界值 13.433，因此拒绝"弱工具变量"的原假设，说明工具变量与内生变量之间具有较强的相关性。Anderson-Rubin Wald 检验在 1%的显著性水平上拒绝"内生回归系数之和等于 0"的原假设，进一步说明了本文所使用

的三个工具变量：海外市场接近度 *fma*、1995 年的贸易开放度 *open_*1995、滞后一期 *minteg* 与内生变量之间具有较强的相关性。然后，进行过度识别检验，以考察两个工具变量是否均为外生，即与扰动项不相关。不可识别检验结果显示，Kleibergen-Paap rk LM 统计量的相伴概率为 0.000 0，强烈拒绝不可识别的原假设。Kleibergen-Paap rk Wald F 统计量为 47.261，大于 Stock-Yogo 检验 5% 显著性水平上的临界值，因此拒绝工具变量是弱识别的假定。最后，Sargan-Hansen 检验的相伴概率为 0.109 6（以资本错配指数为被解释变量为例），不能在 10% 的显著性水平上拒绝工具变量是过度识别的原假设，说明工具变量是外生的。因此，本文所选取的工具变量都是合理的。

如表 3 第（3）和（4）列的估计结果所示，在引入工具变量有效地处理了模型可能存在的内生性问题之后，区域市场合 *minteg* 对资本错配指数 τ_{Kit} 和劳动力错配指数 τ_{Lit} 的影响仍显著为负，而贸易开放度 *open* 对资本错配指数 τ_{Kit} 和劳动力错配指数 τ_{Lit} 的影响仍显著为正，与基本模型的回顾结果一致，且其他控制变量的估计结果也未发生较大变化，在一定程度上说明区域市场整合有利于改善资源错配，而贸易开放度的提高却会加剧资源错配。

四、稳健性检验

为了进一步保证估计结果的稳健性，本文将从以下三个方面进行稳健性检验：

（一）采用工具变量有限信息最大似然法（IV-LIML）估计

为了进一步检验上文所选取的工具变量中是否存在弱工具变量问题，本文采用对弱工具变量更不敏感的有限信息最大似然法（IV-LIML）对模型进行估计，并进行工具变量的相关设定检验。估计结果如表 4 第（1）和（2）列所示，区域市场合对资源错配的影响仍显著为负，贸易开放度对资源错配的影响仍显著为正，且估计系数的大小和显著性与基准模型 2SLS 的估计结果基本一致，其他控制变量的估计结果也未发生较大变化，这在一定程度上说明本文的结论是稳健的。

（二）采用工具变量 GMM 法（IV-GMM）进行估计

相较于两阶段最小二乘法（2SLS）而言，GMM 方法对误差项的设定较少，而且在存在异方差时，GMM 法的估计效率更高。因此，本文采用工具变量两步 GMM 法（IV-GMM）进行估计，以检验结论的稳健性。如表 4 第（3）和（4）列的估计结果所示，本文的核心解释变量区域市场整合的估计系数显著为负，贸易开放度的估计系数显著为正。换用另一种工具变量估计方法后，估计结果与基准模型基本一致，且通过了相关的工具变量设定检验，说明回归结果是稳健的。

（三）采用动态面板系统 GMM（SYS-GMM）进行估计

当期的资源错配可能依赖于过去的资源错配水平，即存在路径依赖。为了捕捉这种持续性特征，将资本错配指数 τ_{Kit} 和劳动力错配指数 τ_{Lit} 的一阶滞后项纳入模型中，构建动态面板模型。通过引入被解释变量的滞后项，既可以反映资源错配的"惯性"特征，又可以涵盖未考虑到的影响资源错配的其他因素，从而可以降低模型的设定偏误，提高估计结果的准确性。动态面板模型如下所示：

$$\tau_{Kit} = \alpha_0 + \alpha_1 \tau_{Ki,\ t-1} + \beta\, minteg_{it} + \gamma\, open_{it} + \sum \theta_j x_{ijt} + \mu_i + \lambda_t + \varepsilon_{it} \quad (15)$$

$$\tau_{Lit} = \alpha_0 + \alpha_1 \tau_{Li,\ t-1} + \beta\, minteg_{it} + \gamma\, open_{it} + \sum \theta_j x_{ijt} + \mu_i + \lambda_t + \varepsilon_{it} \quad (16)$$

本文采用动态面板广义矩估计法（GMM）对式（15）和（16）进行估计。相较于差分 GMM 而言，系统 GMM 可以显著地降低小样本情况下的估计偏差和水平滞后项的弱工具变量问题，因此，我们选用两步系统 GMM（SYS-GMM）估计方法，估计结果如表4第（5）列和（6）列所示。

Arellano-Bond 序列相关检验的结果表明，差分方程的残差序列只存在一阶序列相关，不存在二阶序列相关；Sargan 检验结果表明所有的工具变量都是外生的，因此，系统 GMM 的估计结果是有效的。资本错配指数 τ_{Ki} 和劳动力错配指数 τ_{Li} 的一阶滞后项均显著为正，说明资源错配存在路径依赖特征，当期的资源错配会受到过去错配程度的影响。区域市场整合 $minteg$ 和贸易开放度 $open$ 的估计系数仍与上文一致，进一步说明了本文估计结果的稳健性。

表4　　　　　　　　　　　　　　稳健性检验

Variables	IV-LIML		IV-GMM		SYS-GMM	
	（1）	（2）	（3）	（4）	（5）	（6）
	τ_{Ki}	τ_{Li}	τ_{Ki}	τ_{Li}	τ_{Ki}	τ_{Li}
$minteg$	−0.354 2**	−0.542 8***	−0.306 8**	−0.328 8***	−0.217 9***	−0.011 0**
	（0.154 6）	（0.128 8）	（0.147 0）	（0.113 9）	（0.026 1）	（0.005 4）
$open$	0.221 9***	0.376 4***	0.301 6***	0.365 8***	0.161 1***	0.025 6***
	（0.072 4）	（0.059 9）	（0.088 5）	（0.048 0）	（0.057 9）	（0.009 0）
$finance$	0.435 0***	0.167 0***	0.326 7***	0.160 7***	0.274 6***	0.000 4
	（0.075 9）	（0.062 6）	（0.095 1）	（0.048 7）	（0.046 5）	（0.007 0）
$government$	0.575 1***	0.065 1	0.595 7***	−0.015 2	0.477 0***	−0.142 1***
	（0.187 1）	（0.153 5）	（0.133 9）	（0.127 4）	（0.099 5）	（0.026 1）
$state\_rate$	0.171 1**	0.243 3***	0.213 2***	0.277 3***	−0.140 0*	0.049 9**
	（0.074 8）	（0.061 3）	（0.068 4）	（0.054 6）	（0.072 4）	（0.019 5）

表4(续)

Variables	IV-LIML		IV-GMM		SYS-GMM	
	(1)	(2)	(3)	(4)	(5)	(6)
	τ_{Ki}	τ_{Li}	τ_{Ki}	τ_{Li}	τ_{Ki}	τ_{Li}
Cons	-0.101 5	0.354 4***	-0.280 6**	0.227 3***	-0.105 8	0.054 8**
	(0.103 5)	(0.086 0)	(0.124 3)	(0.078 5)	(0.074 8)	(0.021 8)
*L*1. τ					0.773 9***	0.054 8***
					(0.043 8)	(0.021 8)
AR (1)					[0.044 1]	[0.069 3]
AR (2)					[0.177 7]	[0.123 7]
Sargan 检验					[1.000 0]	[1.000 0]
观测值	420	420	420	420	420	420

注:***、**、*分别表示在1%、5%、10%的水平上显著;小括号内数值为相应的稳健标准误(双侧),中括号内数值为相应统计量的 p 值。

五、结论与政策建议

资源错配已成为新常态下制约中国经济增长的重要因素,如何有效地化解资源错配难题是深化供给侧结构性改革、培育经济增长新动力的一项重要议题。鉴于此,本文采用中国 30 个省市自治区 2003—2016 年的省际面板数据,构建可以综合考虑商品市场和要素市场(资本和劳动力市场)整合情况的区域市场整合指数,并对各地区的区域市场整合的演进态势和资源错配程度进行测度。在此基础上,构建以资本错配指数和劳动力错配指数为被解释变量的计量回归模型,从国内和国际两个视角重点研究区域市场整合和贸易开放度对资源错配的影响。

主要的研究发现有:①样本期间内,国内市场整合情况大致可以分为两个阶段:第一阶段是 2003—2008 年,国内市场整合呈缓慢下降态势,市场分割逐渐加剧;第二阶段是 2009—2016 年,国内市场整合程度在波动中趋于上升,尤其是在 2013 年之后呈快速上升趋势,并于 2016 年达到历史最高值,反映出国内市场一体化程度在逐步提高。②从区域层面上看,沿海和内陆地区的市场整合走势与全国整体市场走势基本一致,仅整合程度在区域之间有所差异,内陆地区的市场整合程度相对更高。③区域市场整合对资本错配和劳动力错配的影响显著为负,而贸易开放度对对资本错配和劳动力错配的影响显著为正,并且在处理模型可能存在的内生性问题和辅之以多种稳健性检验之后,这一结果依然稳健,在一定程度上说明区域市场整合有助于促进资源错配的改善，而当前贸易开放程度的提高反而会加剧资源错配。

这些结论的启示在于，为了改善资源错配、提升生产率水平，应进一步加快推进国内市场一体化建设，打破区域市场分割局面，为要素在区际间的自由流动创造有利条件。我国各地区在资源禀赋和经济结构上存在很强的互补性，如果各地区按照自身的比较优势开展专业化分工，则可以避免重复建设和促进资源配置效率的提升。此外，我国庞大的国内市场规模也为企业实现规模经济提供了有利条件。但这都依赖于一个允许要素自由流动的市场体系，在市场分割状态下难以实现。因此，进一步推动国内市场一体化建设，减少要素流动成本，促进要素在地区间的自由流动，是改善资源错配的关键所在。同时，政府应减少对出口贸易部门的干预，让出口企业更多地参与市场竞争，才有助于贸易开放优化资源配置作用的发挥。

参考文献

［1］Young, A. The Razor's Edge：Distortions and Incremental Reform in China ［J］. Quarterly Journal of Economics, 2000, 115（4）：1091-1135.

［2］赵奇伟, 熊性美. 中国三大市场分割程度的比较分析：时间走势与区域差异［J］. 世界经济, 2009（6）：41-53.

［3］Hsieh, C. T., and P. J. Klenow. Misallocation and Manufacturing TFP in China and India ［J］. The Quarterly Journal of Economics, 2009, 124（4）：1403-1448.

［4］杨汝岱. 中国制造业企业全要素生产率研究［J］. 经济研究, 2015（2）：61-74.

［5］袁志刚, 解栋栋. 中国劳动力错配对TFP的影响分析［J］. 经济研究, 2011（7）：4-17.

［6］曹玉书, 楼东玮. 资源错配、结构变迁与中国经济转型［J］. 中国工业经济, 2012（10）：5-18.

［7］Brandt, L., T. Tombe, and X. D. Zhu. Factor market distortions across time, space and sectors in China ［R］. HKIMR Working Paper, 2012.

［8］行伟波, 李善同. 本地偏好、边界效应与市场一体化——基于中国地区间增值税流动数据的实证研究［J］. 经济学（季刊）, 2009, 8（4）：1455-1474.

［9］郑毓盛, 李崇高. 中国地方分割的效率损失［J］. 中国社会科学, 2003（1）：64-72, 205.

［10］洪涛, 马涛. 区域间协调发展具备市场基础了吗？——基于国内市场整合视角的研究［J］. 南京大学学报, 2017, 54（1）：37-46, 158.

［11］陆铭, 陈钊. 分割市场的经济增长——为什么经济开放可能加剧地方保护？［J］. 经济研究, 2009, 44（3）：42-52.

［12］范子英, 张军. 财政分权、转移支付与国内市场整合［J］. 经济研究, 2010, 45（3）：53-64.

［13］银温泉，才婉茹. 我国地方市场分割的成因和治理 ［J］. 经济研究，2001（6）：3-12，95.

［14］皮建才. 中国地方政府间竞争下的区域市场整合 ［J］. 经济研究，2008（3）：115-124.

［15］刘毓芸，戴天仕，徐现祥. 汉语方言、市场分割与资源错配 ［J］. 经济学（季刊），2017，16（4）：1583-1600.

［16］Melitz, M. J. The impact of trade on intra-industry reallocations and aggregate industry productivity ［J］. Econometric, 2003, 71（6）：1695-1725.

［17］施炳展，冼国明. 要素价格扭曲与中国工业企业出口行为 ［J］. 中国工业经济，2012（2）：47-56.

［18］李春顶. 中国出口企业是否存在"生产率悖论"：基于中国制造业企业数据的检验 ［J］. 世界经济，2010，33（7）：64-81.

［19］张杰，周晓艳，郑文平，芦哲. 要素市场扭曲是否激发了中国企业出口 ［J］. 世界经济，2011（8）：134-160.

［20］陈永伟，胡伟民. 价格扭曲、要素错配和效率损失：理论和应用 ［J］. 经济学（季刊），2011（4）：1401-1422.

［21］Poncet, S. Measuring Chinese domestic and international integration ［J］. China's Economic Review, 2003, 14（1）：1-21.

［22］陆铭，陈钊，严冀. 收益递增、发展战略与区域经济的分割 ［J］. 经济研究，2004（1）：54-63.

［23］朱希伟，金祥荣，罗德明. 国内市场分割与中国的出口贸易扩张 ［J］. 经济研究，2005（12）：68-76.

［24］毛其淋，盛斌. 对外经济开放、区域市场整合与全要素生产率 ［J］. 经济学（季刊），2012，11（1）：181-210.

［25］陈敏，桂琦寒，陆铭，陈钊. 中国经济增长如何持续发挥规模效应？——经济开放与国内商品市场分割的实证研究 ［J］. 经济学（季刊），2007（1）：125-150.

［26］刘培林. 地方保护和市场分割的损失 ［J］. 中国工业经济，2005（4）：69-76.

［27］张军，吴桂英，张吉鹏. 中国省际物质资本存量估算：1952—2000 ［J］. 经济研究，2004（10）：35-44.

［28］Naughton, B. How much can regional integration do to unify China's markets ［R］. Conference on Policy Reform in China Working paper, 1999.

［29］付强. 市场分割促进区域经济增长的实现机制与经验辨识 ［J］. 经济研究，2017，52（3）：47-60.

［30］Xu, X. Have the Chinese Provinces Become Integrated under Reform? ［J］. China Economic Review, 2002, 13（2）：116-133.

［31］Parsley, D., and S. Wei. Convergence to the law of one price without trade barriers or currency fluctuations ［J］. Quarterly Journal of Economics, 1996, 111（4）：1211-1236.

［32］桂琦寒，陈敏，陆铭，等. 中国国内商品市场趋于分割还是整合：基于相对价格法的分析

［J］.世界经济，2006（2）：20-30.

［33］Samuelson，P. Theoretical note on trade problem［J］. Review of Economic and Statistics，1964，46（2）：145-154.

［34］顾雪松，韩立岩.区域市场整合与对外直接投资的逆向溢出效应——来自中国省级行政区的经验证据［J］.中国管理科学，2015，23（3）：1-12.

［35］韩剑，郑秋玲.政府干预如何导致地区资源错配——基于行业内和行业间错配的分解［J］.中国工业经济，2014（11）：69-81.

［36］刘小玄.中国转轨经济中的产权结构和市场结构——产业绩效水平的决定因素［J］.经济研究，2003（1）：21-29，92.

［37］季书涵，朱英明，张鑫.产业集聚对资源错配的改善效果研究［J］.中国工业经济，2016（6）：73-90.

［38］刘刚.经济开放加剧了国内市场分割吗——来自中国省级面板数据的实证检验［J］.财贸研究，2018，29（1）：16-26.

［39］盛斌，毛其淋.贸易开放、国内市场一体化与中国省际经济增长：1985—2008年［J］.世界经济，2011（11）：44-66.

［40］王少平，封福育.外商直接投资对中国贸易的效应与区域差异：基于动态面板数据模型的分析［J］.世界经济，2006（8）：23-30.

［41］黄玖立，李坤望.出口开放、地区市场规模和经济增长［J］.经济研究，2006（6）：27-38.

［42］Redding，S.，and A. J. Venables. Economic geography and international inequality［J］. Journal of International Economics，2004，62（1）：53-82.

Regional Market Integration, Trade Openness and Resource Misallocation

Liu Yuying

Abstract: Based on China's inter provincial panel data from 2013 to 2016, this paper constructs a regional market integration index, which can take into account the integration of commodity, capital and labor market, and measures the mismatch of capital and labor in each region. On this basis, we use the two stage least squares to further test the relationship between regional market integration, trade openness and resource misallocation. The main findings are as follows: ① The domestic market integration in the sample period can be divided into two stages. At first, the degree of domestic market integration has declined slowly from 2003 to 2008. Then, it is fluctuating upward from 2009 to 2016, and the rising speed is faster after 2013. ② Regional market integration can improve the misallocation of resource in China significantly. However, the current trade openness exacerbates the resource mismatch. It is of enlightening significance for China to coordinate the development of domestic and foreign markets, and optimize the allocation of resources, and foster new driving force of economic growth under the new normal economic situation.

Key words: regional market integration; trade openness; resource misallocation; 2SLS

跨国零售企业在华经营标准化
与本土化的动态演进及启示
——基于日本永旺集团的案例分析

包振山

摘　要： 在我国零售业向现代化、国际化快速发展转变的进程中，日本零售企业作为最早进入我国市场的外资企业，发挥了极大的"导师"作用。永旺集团是日本的零售寡头企业，也是最早进入我国市场的外资零售企业，以极大竞争优势的标准化经营方式进行规模扩张，但也出现了部分店铺关闭的现象。这迫使企业将标准化经营模式向适应本土市场特征的方向调整。本研究利用"标准化——本土化"的分析方法，以永旺集团为实证研究对象，来考察它在我国市场上的经营战略。研究发现零售企业在向海外扩张过程中，随着东道国市场环境的变化而不断调整并优化经营策略，进而形成本土特色的"再标准化"经营模式，以连锁方式规模扩张，是发挥并构建零售企业经营优势的共通路径。这不仅能对中外资零售企业制定及调整在华经营战略时提供参考，而且对我国零售企业随"一带一路"国家倡议"走出去"，去海外扩张发展也能提供极大的借鉴和启示。

关键词： 跨国零售企业　永旺集团　经营战略　标准化—本土化
实证研究

作者简介： 包振山（1984—），男，汉族，山东曹县人，江苏盐城师范学院讲师，经济学博士，研究方向：流通经济学。

基金项目： 江苏省高校哲学社会科学研究基金（2017SJB1539），江苏省盐城市社会科学应用研究（17SKYY47）阶段性成果。

一、引言

20 世纪 90 年代初我国政府提出并实施零售流通领域的对外开放政策，日本零售企业作为最早进入我国市场的外资企业开始抢滩中国市场。随着我国经济的快速发展、市场魅力的日益凸显及对外资零售企业政策的放开，其以更加灵活的扩张方式、多业态、广区位的布局来积极扩张经营，追求规模效用。但是，在外资零售企业海外扩张经营的过程中，既要面临企业自身的发展状况、国际经营经验、企业规模等内部因素的影响，又要受到东道国的政策法规、经济水平、市场环境、消费文化等外部因素的制约。这些因素的利用、适应与调整，成为零售企业向海扩张外经营中不可回避的问题。

日本零售寡头的永旺集团是最早进军中国市场的外资零售企业，它将在东南亚积累的海外经营经验和日本国内的经营模式相结合，在充分的前期市场调研及对新市场发展的预测基础上，以标准化战略进军我国市场，并根据我国市场环境的变化、对外资零售企业限制政策的阶段性缓和来调整经营方式。同时，永旺集团以连锁的经营方式，不断扩大在华经营业务范围，成为在华经营取得成功的日本零售企业之一。永旺集团在中国市场上的成功经营，不仅促进了企业自身发展，也间接推动了我国本土零售企业的发展，进而使得我国零售流通业得以跨越式"弯道超车"发展。本研究首先对零售企业海外经营中"标准化——本土化（也称适应化）"的研究成果进行梳理，从阶段性战略行动的视点来实证分析永旺集团在华经营模式，以期为中外资零售企业制定在华经营战略，尤其是我国零售企业随"一带一路"国家倡议"走出去"提供借鉴和启示。

二、文献综述及本研究的分析视角

（一）文献综述

"标准化——本土化"问题是国际市场营销学研究领域的重要课题，也是零售企业海外扩张研究的焦点问题。长期以来，围绕这一问题形成了观点迥异的标准化派和本土化派，其争论的焦点简言之，是企业进军海外市场时，是选择以在母国市场形成的标准化经营模式，还是根据东道国市场特点而采取本土化的经营模式[①]。这一争论最早是以制造业的国际化为中心展开的，在 20 世纪 80 年代开始，部分学者将其借鉴到零售业的海外扩张的研究之中。

最早提出这一问题的是 Treadgold（1988），他认为超市等综合零售业态在向海外扩张时适用于本土化战略，而专门店、专卖店等零售业态则应采用标准化战略。Salmon and Tordjman（1989）的研究认为，零售国际化过程中存在以母国标准的运营方式复制到世界各地的"全球化战略"，和以母国运营模式适应于东道国市场的"多国籍战略"。

日本学者向山雅夫（1996）的研究认为零售国际化中的标准化和本土化不应是对立的二者择一的关系，是可以通过标准化的"中心商品组织"和适应当地需求的"周边商品组织"的统一来解决。白贞壬（2003）在对进入日本市场的外资零售企业进行事例分析的基础上，提出了阶段性战略行动的新概念。矢作敏行（2007）在分析零售国际化的过程中，对零售企业运营模式在向东道国转移的本土化问题进行分析，提出了"标准化中的部分适应"和"创造性的连续适应"两个概念。金成洙（2009a；2009b；2015）从"标准化——本土化"的视角对世界零售巨头企业在韩国市场的经营战略进行对比分析，提出即使是世界零售巨头企业，如果不能根据东道国市场特点来调整其经营战略的话，也会导致经营失利乃至撤离的局面。

随着我国零售市场的对外开放，跨国零售企业纷纷进入我国市场，我国学者从 20 世纪 90 年代开始关注零售企业的跨国经营，至今为止，已经积累了大量的研究成果。如陈三林、付铁山（2012）通过对 7-11 进入新加坡的案例研究，认为零售企业与制造业相比，其跨国经营更易受到制度和社会方面的商业环境影响。汪旭晖、卢余、张其林（2014）以大润发和麦德龙在我国市场的经营为例，分析了零售商海外扩张中专业技能标准化与本土化的动态演进。随着我国"一带一路"国家倡议得到越来越多国家的响应，中国零售企业"走出去"的问题也得到关注和重视。宋则（2012）提出我国零售业国外抢滩、国内整合的"两头扩网"战略，建议将中国零售业"走出去"上升为国家战略。毕克贵（2013）指出我国零售业"走出去"具有促进我国商品全球分销、合理规避反倾销的特殊意义。朱瑞庭（2016；2017）从"五通"的经济学的视角，分析我国零售业"走出去"对接"一带一路"的路径选择，为我国零售企业"走出去"建立理论模型。

在上述的文献研究中，日本学者白贞壬（2003）的阶段性战略行动理论较适

---

① 陈立平. 零售国际化中营销标准化与适应化互动机制研究［J］. 经济与管理研究，2012（12）：109.

合分析外资零售企业在华的经营战略。究其原因，是因为在零售流通领域的对外开放过程中，为培育和提升我国本土零售企业的竞争力，中央政府采取了阶段性缓和对外资流通企业限制的政策，外资企业随着这种政策的变化而调整经营策略①。由此可见，外资零售企业在我国市场上的经营发展具有鲜明的阶段性特征。

（二）本文的分析视角

白贞壬（2003）的阶段性战略行动理论（如图1）的核心是，零售企业在海外市场上的经营发展，因东道国的市场环境不同而各异，可分为参入初期和稳定发展两个时期来阶段性地对其分析考察。这一理论批判在"标准化——本土化"问题中一边倒地倾向本土化的基础上，认为零售企业不论是在母国还是东道国，都应根据市场环境的变化来不断调整经营战略，并以连锁经营的方式来扩张发展。

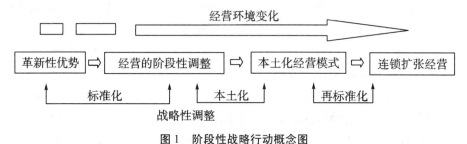

图1　阶段性战略行动概念图

在零售企业向海外扩张经营的初期阶段，零售企业的经营模式如果在东道国市场具有革新性竞争优势的话，可以采取和母国相同的经营模式，即采用标准化战略。在进入稳定期的发展过程中，不可避免的会引起当地企业的效仿与学习，并引发企业的竞争关系的加剧，进而逐渐失去初期阶段的革新性竞争优势。因此，外资零售企业为了维持并扩大在东道国的市场占有率，不得不根据市场环境的变化而调整其经营策略。在这样的"标准化——本土化"动态调整过程中，逐渐形成具有本土特色的"再标准化"经营模式并将其固定化，进而以连锁的方式多业态、多店铺地扩张发展，达到企业的规模效用。

由此可见，此理论在零售企业的海外扩张经营战略的分析中，也能折射出外资零售企业的进入、发展对东道国零售业发展的刺激推动作用。然而由于消费市场环境具有复杂多变的特征，要求零售企业的经营战略也应具有灵活性。零售企业如果不能灵活地根据东道国市场的特征来调整其经营策略的话，它的革新性的优势未必就能有效地发挥出来，乃至出现关店等不利现象。对于白贞壬的阶段性战略行动理论效用性，通过下面的案例分析来实证考察。

---

① 关于我国对外资零售企业政策的阶段性的分析，具体可参照包（2013）。

三、研究设计

（一）样本选择

跨国零售企业随着我国零售流通领域对外开放政策的实施进入我国市场以来，经历二十余年的发展，不仅使得经营业态变得丰富多彩，市场规模、经营模式等也呈现逐年变化的样态。跨国零售企业的持续进入，本土企业的成长发展，加剧了不同资本类型的零售企业间的激烈竞争，进而致使外资零售企业不得不随着东道国市场环境的变化而调整其经营战略。

本文以日本永旺集团为实证研究对象，以"标准化——本土化"的分析方法考察分析企业是如何根据市场环境的不同而调整经营策略的。永旺集团作为最早进入我国市场的外资零售企业，是取得经营成功的日本零售企业的典型代表，其经营技能随我国流通政策的变化而阶段性调整，有效地转移到我国市场，对我国零售业的发展发挥了重大"导师"作用。永旺集团作为最早进入我国市场的外资零售企业，早期阶段以标准化经营战略在青岛、广州等城市率先展开经营。随着我国市场环境的变化，企业出现了个别店铺因选址不当而关店、部分店铺因业绩不振而出现经营挫折等现象，这迫使企业进行经营战略调整。截至2016年年底，永旺集团在中国市场上拥有56家门店，销售额达到111亿元。

（二）变量界定及衡量

1. 标准化

在本文中，将在我国市场发展过程中完全复制既有的经营模式及经营战略的行为统称为"标准化"。"标准化"按行程过程分为两类：一类是将在母国及海外经营发展中形成的经营模式与策略固定化、程式化，在参入我国市场时将这些固定化与程式化的经营模式与策略完全复制过来；另一类是将复制过来的标准化经营模式与策略，根据我国市场环境的变化进行本土化的经营调整后，形成新型经营模式与策略，并将其固定化与程式化，在进一步的扩张经营中复制运用，这种新的标准化也可以称为"再标准化"。

2. 本土化

本文中将在我国市场发展过程中为适应当地市场而调整既有经营模式与策略的做法称为"本土化"。"本土化"按程度可以分为初步的本土化和再本土化。初步的本土化是跨国零售企业在进入我国市场的早期，在经营过程中出现标准化经营遇到市场不适应等问题时，对经营模式和策略进行小幅度的调整。随着市场环境的变化及对这种变化的熟悉，结合已经摸索积累的初步本土化经验，进一步调整经营模式和策略，进行的深度本土化称为再本土化。

（三）永旺集团的概况

永旺是亚洲领先的综合零售及服务的日资企业集团，主要以经营购物中心、综合零售业（综合百货超市、食品超市）为主，还经营专卖店、金融服务、物业服务、便利店等业务，至今在日本及海外拥有300多家企业、20 000多家店铺，主要分布在日本、中国、东南亚各国，2016年《财富》全球500强中排名111名。集团是以冈田屋为基础的3家地方企业于1970年合并成立"佳世客株式会社"，2001年改名为"永旺株式会社"①。

永旺的发展目标是成为"全球本土化"的企业集团。它以1985年在香港的经营为跳板，1995年选定广州、青岛等中国首批零售流通试点城市，进军中国大陆市场②。在青岛市场上的经营最具代表性，是其在华经营发展的缩影③。下面以白贞壬（2003）的阶段性战略行动理论为依据，来考察分析永旺集团是如何在青岛市场上在不同经营阶段根据市场环境的变化而调整其经营战略的。

四、永旺集团的经营标准化与本土化演化

（一）标准化战略参入

永旺集团进军中国市场时，恰逢零售流通领域对外开放的初期，青岛市场上多为采用传统的隔着柜台销售的旧式百货店、中小零售商。永旺集团采用自助的营销方式，在商品陈列方式、经营管理、服务理念、市场营销等方面，与当地的零售企业相比具有极大的革新性经营优势。

1998年1月，永旺在青岛市开设的第一家店铺（以下略称东部店，也称青岛一号店），是中国第一家郊外型大型购物中心。购物中心是永旺集团最具经营优势

---

① 参见永旺（中国）投资有限公司概要：http://www.aeonchina.com.cn/about/profile.html。

② 改革开放以来，我国经济快速发展，国民收入水平也随之大幅度提升，生产技术的进步使得大量商品进入流通市场。为了促进零售流通领域快速地向现代化经营转变，1992年确定在以青岛市为首的11个沿海城市和地区试点性地引进外资零售企业。

③ 因当时要求外资零售企业在华经营必须以合资或合办的形式，出资不能超过50%的限制，永旺集团和青岛市供销社联合社各自出资50%，成立青岛永旺东泰商业有限公司，其后随着中央政府对外资流通企业规制的缓和、解除而提高了出资比率。

的零售业态，也在东南亚的海外经营中得到了检验并积累了成功经验。此店铺选址在青岛市的东部，虽位于当时城市向东部开发的核心区域，但因是开发初期阶段，当时周边到处仍然是大片的农田，既无商业设施的集聚，也没有周边消费群体的支撑，选址于此被业界一致看衰。东部店以日本三重县松阪市的永旺购物中心为样板而建造，上下两层设计，店铺面积达 23 500 平方米，从店铺内装、商品陈列、灯光照明等细微环节到自助式购物、服务管理等完全按照永旺集团的经营标准来运营。同时参考在日本的经营经验，预想到未来该店铺周边的发展及私家车普及后的购物需求，超前地在青岛市开创购物店铺的建造时设置可容纳 800 辆车的大型停车场。

该店铺在运营中采用标准化的经营管理，如复合型 EDLP 营销策略，每周发送广告促销单，定期进行广告宣传，设立会员感谢日，进行节假日促销等营销活动。同时积极利用当地合作商的物流系统进行商品的采购和调配，最大限度地降低商品采购成本和物流成本，提高商品营销效率。

此店铺作为大型商业设施，不仅能给消费者提供购物的便利，而且极力营造具有多样性、便利性、舒适性、娱乐性的购物环境。同时兼备城市居民交流设施的功能，这也和当时青岛市政府东部开发的理念相一致。先进舒适的现代化商业设施在开业当初就获得了当地消费者的青睐，开业当天营业额达到 100 万元，第二年实现了盈利。此店铺的成功经营不仅为其后的扩张经营打下了坚实的基础，而且对采用传统营销方式的当地零售企业带来了"经营革命"般的冲击。从起初店铺开设时被业界一致看衰，到当地零售商转而纷纷以其为师，开始学习模仿它的经营模式，这一店铺的成功运营也可谓是中国零售经营发展史的一大转折性事件。

2000 年 11 月 18 日，永旺集团在青岛东部店成功经营的背景下，在老城区开设的辽宁路店（也称青岛二号店）开业了。此店铺和东部店的购物中心的经营业态虽然不同，但采用的是东部店核心组成的综合超市这一零售业态，从店铺内装、商品陈列、营销管理到商品营销、送迎购物巴士的设置等，完全按照东部店的经营模式展开标准化运营。

但是，尽管采用了同样的标准化经营模式，东部店和辽宁路店所处的市场环境、市场特征等相差较大，从而导致了经营结果的截然相反。首先来看辽宁路店所处的市场环境：店铺的一侧是大型食品工厂，也是旧城改造的中心区域，加上附近台东商圈的开发，店铺门口的道路是单行道等，严重影响着消费者来店购物的便利性。因此，选址不当是该店铺关闭的直接原因之一。

其次，两店铺立地的周边市场特征也相差较大。东部店位于市政府重点开发的区域，市政府、大型公司的写字楼、酒店、高档住宅区等相继在其周边建设并投入使用，中高层消费者为主的消费群体支撑着该店铺的经营发展。反过来看辽宁路店，位于老城改造区域，不仅周边消费群体多为收入一般的市民阶层，而且随着附近的台东商圈的开发使用，也吸引走了大量消费者。

辽宁路店强行将东部店的标准化经营模式加以复制，却忽视了店铺选址、周边市场环境等因素，导致其革新性的经营优势未能得到发挥就关闭了。东部店的经营状况和辽宁路店形成鲜明对比。东部店在经营业绩持续增长的背景下，于2004年8月对店铺进行扩建，店铺面积达到5万平方米，并将关闭的辽宁路店的经营资源移转过来。到现今为止，青岛市的东部以永旺青岛东部店为核心，集聚了家乐福、阳光百货、麦凯乐等高中低档的商业设施，形成了国际化的新商圈。在激烈的商圈竞争中，永旺青岛东部店的经营业态依然具备很强的顾客吸引力，占有较高的市场份额。该店铺不仅引领着这一商圈的发展，而且保持着连续多年在永旺中国市场上的最高营业额记录。

（二）本土化战略调整

永旺集团在青岛市场上的经营以辽宁路店为反面教材，反思一时关店失利的教训，重新选择最有经营优势的购物中心的经营业态，以东部店为样本，2005年12月在青岛市对岸的开发区开设了黄岛店。该店铺是上下两层36 000平方米的大型购物中心，同时设有可容纳1 000辆车的停车场。该店铺从购物中心的经营业态到店铺设置、运营管理等采用和东部店完全一样的标准化经营模式。

一般而言，企业要想在海外经营中取得成功，需要丰富的海外经营经验和较强的本土化调整能力。特别对地域依附型的零售业来说，要想在复杂多变的东道国市场上经营成功，得到当地消费者的青睐是关键。因此即使是具有鲜明竞争优势，积累了丰富海外经营经验，具备较强的经营调整能力的零售企业，在进军海外市场时仍面临能否得到当地消费者青睐的考验。

黄岛店虽然完全采用东部店的标准化经营模式，但在经营初期却遇到了经营业绩不振的困境。究其原因，如上所述，即使是同一城市，不同区域的市场特征也是不同的。黄岛店所在的区域是青岛市新开发建设的开发区，吸引着大量的年轻人来此工作或创业，因此该店铺的消费者多为年轻人，收入水平不高，周边也有2家当地综合商业设施的竞争。由此可见，虽然黄岛店和东部店开业初期的市场环境极其相似，都位于城市的新开发区域，但支撑两店铺经营发展的消费群体却分别是中高收入阶层与中低收入阶层，具有较大的差异性。

黄岛店在初期经营业绩不振的状况下，不得不将原来的标准化经营模式进行本土化的经营调整。其措施主要有如下三项：一是重新评估店铺周边的市场环境，进而展开针对性的本土化经营调整。如针对年轻消费群体的特征，进行竞争差异化战略调整等。二是积极采用本地人才，尤其是经营领导层的本土化。如把东部店的店长调过来做店长，带领中高经营领导层去深圳考察学习等。三是强化永旺集团的经营管理，注重人才培育、员工研修培训等。黄岛店经过本土化的经营调整后，逐渐与消费者建立了良好的营销关系。这在其后的"钓鱼岛事件"的冲击及恢复营业中可以得到验证。

辽宁路店的关闭教训和黄岛店的本土化经营调整，为永旺集团在其后探索本土特色的"再标准化"经营模式奠定了基础。换言之，永旺集团在青岛市场上进行本土化经营调整的同时，积极探索当地特色的经营模式，进而在消费需求日益多元化、多样化的环境中，形成"再标准化"经营模式，为其后的以连锁方式来多业态、多店铺地扩张经营积累经验。

（三）"新标准化"经营扩张

永旺集团在青岛市场上的经营模式从标准化向本土化的调整过程中，积累了适应当地市场特征的经营经验，在其后开始探索本土特色的"再标准化"经营模式。2009 年 11 月，向青岛市市北区的延吉路商圈扩张，以万达购物广场的核心店铺的形式开设延吉路店，此店铺采用和已关闭的辽宁路店一样的综合超市的零售业态。该店铺的面积为 6 000 平方米，由食品超市、化妆品、家电用品等组成，设有送迎购物巴士、可容纳 900 台的停车场。

与此同时，永旺集团的"再标准化"经营模式在复杂多变的市场环境下，不断优化和调整，创造着在华经营的"神话"。2012 年 9 月 15 日，黄岛店在"钓鱼岛事件"的反日活动中遭受巨大冲击，受损额达 2 亿元，使店铺的运营陷入瘫痪状态。店铺的修复不仅需要时间，而且面临着能否重新得到消费者支持的关切企业生存发展的考验。这对一般的外资企业而言，选择关店撤离的可能性或许会较大，但永旺集团仅用了两周左右的时间就恢复了部分店面的营业，不到三个月的时间店铺全面恢复营业。这也是永旺集团在青岛市场上经历辽宁路店的失败、黄岛店经营战略的调整后构建起"再标准化"经营模式的例证。这也与韩国流通企业巨头乐天玛特因"萨德事件"而全面撤离中国市场形成了鲜明的对比。

永旺集团从 1998 年青岛东部店开业以来，经历辽宁路店的关店、黄岛店的经营调整后，以综合超市为核心在不断探索"再标准化"经营模式的同时，仍在强化其最核心的购物中心这一经营业态的发展。2014 年 12 月 20 日，永旺集团在青岛市场上的经营集大成者——合肥路店盛大开业。该店铺商场面积 93 000 平方米，停车场可泊车 931 台，商业设施内设有食品超市、穿着类商品、家庭生活用品等三个自选商场，一条精品专卖商业街，近百家中外精品专卖店入驻。店铺位于青岛市北区的浮山后商圈，选址于贯穿市北区东西的合肥路和横贯南北的劲松三路的交通主干线的交叉地带，周边有 10 余趟公交车通行，4 个公交站点。便利的交通，丰富的商品种类，自营与专卖店互补的经营特色，吸引着广区域的消费者的到来。该店铺一站式的购物体验，是永旺集团在青岛市场上"再标准化"经营模式形成的标志。

永旺集团在青岛市场上探索、优化"再标准化"经营模式的同时，对消费需求的变化动向及时收集反馈，针对高消费群体的扩大进行精准营销，以多业态的形式来实现规模效用。2013 年 10 月 25 日，永旺集团旗下的高端生鲜超市美思佰乐青岛一号店开业。该店铺是在消费者收入持续增加的背景下，以中高收入消费群体为目标客户，以安全、安心、高品质为经营特征的高端生鲜超市，是永旺集团在青岛市场上的零售经营新业态。

永旺集团在青岛市场上探索多业态经营的同时，也积极向青岛市周边的城市经营扩张①，在追求规模经营效用时，采取积极灵活的经营策略，如永旺集团与迷你岛合办的青岛迷你岛便利店，在开设店铺时，虽然迷你岛便利店在日本的店铺面积大致在 120 平方米，但在青岛市的店铺多选址在商业街、办公楼等繁华的地带，租金较高，若拘泥于店铺面积的话，会严重制约店铺的扩张速度，影响店铺的相乘效应。因此选择同等租金条件下适度减少店铺面积（多为 85 平方米左右）的开店方式，来进行快速开店扩张发展。

五、结论及启示

本研究以白贞壬的阶段性战略行动理论为分析切入点，实证考察了永旺集团在青岛市场上的经营战略调整变化。永旺集团以标准化的经营战略进驻青岛零售市场，开设了东部店。其后相继开设了辽宁路店和黄岛店。但辽宁路店如前述原因而关闭，黄岛店的初期经营也遇到挫折，这迫使永旺集团调整其经营战略。从起初的标准化经营战略向本土化调整，优化后的"再标准化"经营模式进行固定化，以连锁的方式来多店铺、多业态的规模扩张。在这样的"标准化——本土化"动态调整过程中（如表 1），永旺集团在青岛市场上逐渐探索形成了本土特色的"再标准化"经营模式。

通过以上的考察分析，可以发现白贞壬的阶段性战略行动理论不仅适用于零

---

① 永旺集团在烟台市、潍坊市、威海市、淄博市和济宁市等分别开设了大型购物中心。详情可参考包（2015）。

售企业的海外扩张经营战略的分析，也能折射出外资零售企业的进入发展对东道国零售业发展的刺激促进作用。但是，这一理论对零售企业海外扩张经营的初期分析是不太充分的。换言之，纵然外资零售企业与东道国市场上的企业相比具有极大的竞争优势，但因市场环境的复杂性，即使是同一城市的消费市场也具有多样性的特点，这对地域依附性较强的零售企业而言，能否构建起店铺周边消费特征经营模式至为关键。永旺集团在青岛东部店取得大成功的背景下，在市场环境存在差别的区域强行以固有的标准化经营模式来运营，导致了辽宁路店的关闭，黄岛店初期的经营挫折，使企业不得不转换经营策略，向适应市场特征的"本土化"调整转变。

表1　　　　　　　　　　永旺集团在青岛市场上的阶段性行动战略

	业态开发	价格战略	物流系统	立地战略
初期阶段	标准化的具有革新性的经营业态	标准化的经营理念（复合型 EDLP、商品丰富化），商品的本土化	活用合作商的物流系统	标准化战略开店、郊外型店铺
稳定发展阶段	本土特色的经营业态的调整、探索	强化 PB 商品投入，根据消费者需求变化来强化本土化经营	强化直接进货渠道、规模进货	紧挨市（区）政府周边、大型商圈的核心店铺

永旺集团以购物中心的经营业态为核心，结合青岛市场的消费特征，先后引进了综合超市、便利店、生鲜超市等多种零售业态。随着消费需求的多样化、个性化的变化，积极探索并发展多业态的本土特色的经营模式，并不断对其优化调整，形成"再标准化"的经营模式，以连锁的方式来扩张经营，立足青岛市场，辐射周边及山东省内的大中城市，实现多业态、多店铺的规模扩张。这不仅为企业的规模经营取得良好的经济效益，而且极大地促进了当地零售流通企业的发展，使东道国零售流通业实现了跨越式的"弯道超车"发展。

由此可见，永旺集团在青岛市场上的经营策略的调整优化过程，可以说是典型的"标准化"→"本土化"→"再标准化"的动态演进过程（如图2）。

永旺集团在我国市场上的标准化与本土化动态演进的调整优化，不仅能对中外资零售企业在经营策略的制定时提供参考，而且能对我国的零售企业随"一带一路"国家倡议"走出去"，提供借鉴和启示。

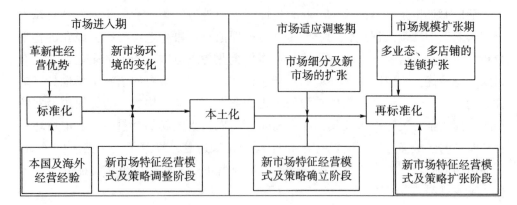

图2　跨国零售企业扩张过程中经营标准化与本土化的动态演进

（一）重视"走出去"前的市场调研

零售企业"走出去"向海外扩张经营，会受到东道国不同的历史、文化、政治、经济、消费习惯、民族宗教等的影响和制约。在"一带一路"沿线的四十多个国家中，各国的"五通"① 整体水平参差不齐，发展并不均衡。在整体上与我国的互联互通在两极分化的同时，发展比较均衡的国家有俄罗斯、马来西亚、印度尼西亚、哈萨克斯坦等，其余国家的互联互通都存在明显的短板和"偏科"现象（朱瑞庭，2017）。"一带一路"沿线各国从历史、文化、经济水平、人口分布、民族宗教、基础设施、消费行为与特征等方面与我国存在较大的差异。因此，我国零售企业随"一带一路"国家倡议"走出去"前的市场调研显得尤为重要。

这可借鉴永旺集团进入我国市场前的市场调研经验，组织专门的调研团队，对新市场的基本情况进行实地调研，以此为基础分析新市场的基础设施、消费者可自由支出收入、消费特征等，并对新市场的未来经济、商业政策走势进行分析，在这样的前期调研与预测的基础上，结合企业自身经营优势及跨国经营经验，与当地市场上的企业相比，确定企业的竞争优势，选择以标准化的经营模式来开设店铺。永旺集团进入我国青岛市场后，迅速得到当地消费者的青睐，在取得巨大经营成功的同时，也对当地零售业带来了"经营革命"般的冲击。

（二）标准化与本土化的动态演进中经营模式固化

"一带一路"沿线各国的市场环境复杂多样化，要求我国零售企业首先要明确从母国向东道国转移怎样的经营优势。永旺集团进入我国青岛市场的经验表明，

---

① 五通指的是政策沟通、设施联通、贸易畅通、资金融通和民心相通，这是共建"一带一路"的合作重点。详情请参见朱瑞庭（2017：17）。

跨国零售企业在进入东道国前的市场调研，与企业自身的经营优势的确定，对参入时以标准化还是本土化的经营方式选择至关重要。在当时我国零售领域对外开放的初期，永盛集团与当地以采取对面柜台销售的传统百货店、供销社相比，从商品陈列方式、营销服务到经营管理、经营理念等方面都具有极大的竞争优势，在此背景下，结合在东南亚市场的跨国经营经验，以标准化的经营方式进入我国市场，并取得巨大成功。

但即便是同一城市或区域的市场环境也可能存在较大差异，会导致同一企业同一经营方式截然不同的经营结果。如永旺集团在青岛市的新城区东部店、老城区的辽宁路店及开发区的黄岛店，就因市场环境的差异而出现成功与关店、经营业绩不振的鲜明对比局面。这要求跨国零售企业明确如何使竞争优势适应东道国的商业环境。永旺集团根据青岛市场环境的差异而动态调整标准化与本土化的经营方式，并逐渐形成新的标准化经营模式并将其固定化，以连锁经营的方式实现了快速的多店铺规模扩张。在经营模式的动态演进中固化，能为跨国零售企业向市场特征相近的国家或地区的扩张提供依据，便于最大化地发挥出企业的专业技能优势。这对向"一带一路"沿线的众多国家扩张经营来说，显得尤为重要，不仅能节约企业进驻后的时间成本，而且可以实现短时间的多店铺规模扩张，达到规模效用。

（三）本土化人才的吸纳与管理团队的培养

永旺集团在青岛市场上的辽宁路店关店与黄岛店初期经营业绩不振的背景下，开始注重本土人员的采纳与管理人才的运用，其经验表明，跨国零售企业进入东道国市场后，经营方式的标准化向本土化调整中，管理者能否有效地将企业竞争经营优势发挥出来至为关键。本土管理人员的地缘优势有助于其正确地识别东道国的市场环境特点，从而对于零售技能是否需要调整以及如何调整有着更为深刻的认识（汪旭晖、卢余和张其林，2014）。由此可见，本土人才及管理团队的培养与运用，对跨国零售企业进入东道国后，结合当地市场特点来制定企业经营策略及运营管理，乃至在东道国立足后向周边区域或国家的扩张，都显得尤为重要。

"一带一路"沿线国家众多，将民俗风情、市场环境相同或相近的国家或地区进行分类，针对不同市场特征的国家吸纳当地人员，使其参与到企业的经营管理中来，适度赋予本土管理人员一定的运营权利，建立合理的激励机制，激发其工作积极性，可为企业迅速立足于东道国市场的发展提供有效保障。

（四）灵活运用空间扩张战略，以连锁方式规模经营

跨国零售企业的空间扩张战略可分为跳跃式、渗透式和渗透跳跃结合式三种类型。从空间扩张战略选用的经验来看，跨国零售企业在这三种扩张战略的选择

上并没有明显的偏向性。永旺集团在进入中国市场的初期阶段采取跳跃式的参入方式，确定以标准化的经营方式，选取广州、上海和青岛等主要城市建立旗帜店。其后，根据东道国市场的消费特征，不断调整优化"标准化——本土化"的经营策略，进而形成新的标准化模式，并将其固定化，以灵活的渗透式，在某一个城市如青岛市为中心，在新开店铺不影响原店的基础上，以连锁方式进行多业态、多店铺的扩张，实现规模经济效用。

我国零售企业在向"一带一路"沿线国家空间扩张时，可借鉴永旺集团在我国市场上的空间扩张方式，根据"一带一路"沿线不同国家的市场环境及特点，灵活地运用这三种空间战略，并在某一国家立足后，深耕细分各国市场，将固化的"再标准化"经营模式以连锁方式来规模扩张，以此达到企业经济效益的最大化，发挥"一带一路"的"五通"中的贸易融通作用，反过来充实和完善"一带一路"建设的内涵。

参考文献

［1］陈立平. 零售国际化中营销标准化与适应化互动机制研究［J］. 经济与管理研究，2012，12：109-118.

［2］金成洙. 韓国におけるグローバルリテーラーの成功要因と失敗要因［J］. 專修大学北海道短期大学紀要，2009，42：1-21.

［3］金成洙. グローバル・マーケティング［M］. 宮澤永光編著『現代マーケティング』ナカニシヤ出版，2009.

［4］金成洙. グローバルリテーラーの東アジアへの成功要因と失敗要因：経済発展の段階と適応化-標準化戦略を中心に［J］. 專修大学社会科学研究所月報，2015，628：1-17.

［5］白貞壬. グローバル・リテーラーの現地適応化過程とその段階的解明-トイザイらスとカルフールの日本進出を事例として-［J］. 流通研究，2003，6（2）：35-51.

［6］向山雅夫. ピュア・グローバルへの着地―もの作りの深化プロセス探求―［M］. 千倉書房，1996.

［7］包振山. 中国の流通業における対外開放［J］. 現代社会文化研究，2013，57：53-70.

［8］包振山. 中国における日系大手小売企業の進出に関する研究-ジャスコ（現イオン）の青岛市進出を中心に-［J］. 環東アジア研究（旧誌名：環東アジア研究センター年報），2015，9：51-69.

［9］矢作敏行. 小売国際化プロセス―理論とケースで考える［M］. 有斐閣，2007.

［10］朱瑞庭. 中国零售企业"走出去"如何对接"一带一路"［J］. 商业研究，2017（4）：17-24.

［11］汪旭晖，卢余，张其林. 零售商海外扩张中专业技能标准化与本土化的动态演进——基于大润发和麦德龙的案例分析［J］. 学习与实践，2014（3）：19-28.

Dynamic evolution and Enlightenment of standardization and localization of multinational retail enterprises in China
—Based on the case analysis of the Japanese AEON group

Bao Zhenshan

Abstract: In the process of modernization and internationalization of China's retail trade Japanese retail enterprises have played a great role as a tutor. AEON group is Japan's retail firms, foreign retail enterprises is also the first to enter the Chinese market, expanding with great competitive advantages of standardized management, but there are some shops closed phenomenon. This will force enterprises standardized management mode adjustment to adapt to the local market characteristics. This study uses analysis method of standardization, localization to AEON group as the research object, to study it in the Chinese market management strategy. The study found that in the process of retail enterprises to expand overseas, with changes in the host country market environment and continuously adjust and optimize business strategy, and the formation of local characteristics of the "standard" mode of operation, by way of chain expansion, is a common pathway to play and construct the retail business advantage. This can not only for foreign retail enterprises to develop and provide the reference to adjust business strategy in China, but also with the "The Belt and Road" national initiative "going out" of China's retail enterprises to expand overseas development can also provide great reference and inspiration.

Key words: ransnational retail enterprise; Aeon group; managementstrategy; Standardization − localization; The empirical research

加工贸易、出口学习效应和企业生产率

蒋银娟

摘　要：本文参考内生技术进步理论，构建贸易关系内生化模型，分析在不同类型贸易方式下，企业在出口过程中与贸易伙伴交流互动，学习技术和经验对其生产率的影响。模型表明，加工贸易方式对企业生产率的提升效果低于一般贸易方式。利用2000—2006年工业企业数据库和海关数据库匹配信息，采用广义倾向得分匹配法分析验证加工贸易方式对企业生产率的影响。研究发现：当加工贸易关系强度较低时，大部分贸易关系是以一般贸易方式完成，则企业生产率较高。当加工贸易关系强度较高时，大部分贸易关系是以加工贸易方式完成，则企业生产率较低。而当加工贸易关系强度适中时，同时具有大量加工贸易和一般贸易关系时，则会对企业生产率产生非线性影响。

关键词：贸易方式　加工贸易关系强度　出口学习效应　企业生产率

一、引言和文献综述

中国经济对外开放初期，外国对华直接投资常常以加工贸易方式进行。这确实给关闭国门许久的中国带来了活力和生机。中国经济逐渐融入国际化的世界经济，企业也积极参与全球价值链分工。然而，当学者们探讨企业参与国际贸易的

作者简介：蒋银娟（1988—），女，湖南衡阳人，湖南农业大学讲师，研究方向：贸易和发展经济学。

利得时，发现加工贸易的出口企业所获甚少。

许多研究发现加工贸易方式对企业利润、全要素生产率的增加作用十分有限，其生产率明显低于一般贸易企业与非出口贸易企业[3][12]。有研究认为是由于加工贸易出口企业的学习能力低于一般贸易出口企业，并且，加工贸易出口企业较少进行研发创新，直接进口中间品的加工贸易模式会抑制其自主创新和生产率提升[5][15]。相比于一般贸易方式，"两头在外"的加工型贸易在学习模仿、自主研发创新等方面均存在劣势。这些弊端逐渐凸显，成为加工贸易企业低生产率现象的成因，从而可能导致部分出口企业生产率反而低于非出口企业悖论的出现。

这些研究文献的关注点都在加工贸易和一般贸易两种贸易类型上。但是，仅仅按照一般贸易和加工贸易两类贸易方式进行企业区分是具有明显局限性的。事实上，除了部分的纯一般贸易企业和纯加工贸易企业，还有大量企业同时存有两种贸易方式，这类企业被称为混合贸易企业。目前，只有少量文献关注到混合贸易企业以及其生产率[7][12]。如果相比于一般贸易方式，加工贸易作为一种贸易方式在促进进口企业生产率提升上具有明显的劣势，那么，混合贸易企业兼具两种类型的贸易方式，是否从中获益有助于生产率增加呢？

本文希望对此进行深入研究，因此，构建了考虑贸易关系差异性的理论模型，将出口学习效应进一步分解落实到具体每种企业出口贸易关系上，进而分析不同类型贸易关系对企业层面生产率的影响。企业主要通过与贸易伙伴建立贸易关系来接触了解外国市场的需求、标准和技术，贸易关系成了承载企业出口中学习、获得技术扩散溢出的重要形式，贸易关系的贸易类型差异也就成了影响出口学习中获益多寡的重要因素。因此，本文将研究不同贸易方式通过学习效应对企业生产率的影响。

与本文研究相关的文献主要集中在以下两个方面：其一，有关出口学习效应的文献。大部分研究分别利用发达国家和发展中国家企业数据进行分析，发现存在出口学习效应[20][23][21][24][22]。

许多针对中国企业的经验研究也发现，企业进入出口市场后，与国外进口商贸易时学习对方的管理经验和先进技术，会增加研发投入从而吸收技术溢出，从而获得生产率的提升[10][16][15][3][13]。Ranjan（2011）发现企业参与出口后通过学习和模仿，技术水平、管理水平、产品与服务质量得到提升，带来企业生产成本的降低和生产效率的提高[27]。邱斌等（2012）研究证实了出口学习效应的存在，并且发现不同规模企业获得该效应存在明显差异[11]。胡翠等（2015）研究发现在出口额相同的情形下，一般贸易方式出口产品种类越多，越有利于企业生产率的提高。这也说明出口学习效应受到企业异质性影响具有不同的效果[5]。

也有一部分研究认为中国企业不存在"出口学习效应"[18][8][1]，这是由于加工贸易企业在出口企业中大量存在，并且加工贸易本身技术含量不太高所导致。两类实证研究结果有所不同，这也引发本文在上述研究的基础上进一步进行分析。本文在理论模型中假定加工型贸易关系和一般型贸易关系都能获得出口学习效应，而前者的效果小于后者，试图将两类贸易类型结合起来分析。本文将理论模型和实证分析相结合。

其二，关于贸易方式与企业生产率的相关文献。大多数研究认为一般贸易相比于加工贸易对企业生产率作用更大。戴觅等（2014）实证分析发现加工贸易企业的生产率明显低于一般贸易企业与非出口企业[4]。尹翔硕和陈陶然（2015）在分析不同贸易方式下出口企业的生产率时，发现控制了其他因素后，从事加工贸易出口企业的全要素生产率低于非加工贸易出口企业[14]。曾卫锋（2008）发现从单位进口额来看，非加工贸易比加工贸易具有更显著的国际知识溢出。不同的贸易方式体现了参与贸易的企业具有不同的知识接受能力[19]。也有少量研究发现加工贸易对企业生产率具有微弱的正向影响。逯宇铎等（2015）也采用倾向得分匹配法分析了加工贸易活动对企业自身利润率和生产率的影响，发现加工贸易对企业利润率、生产率具有微弱的正向影响效应，该正向影响出现先增强后减弱的趋势[7]。以上文献主要使用实证方法验证企业贸易方式对生产率的影响，较少详细涉及出口贸易方式对企业生产率提升的理论原理，而本文构建的理论模型将贸易方式和出口学习效应结合起来分析。

在已有研究的基础上，本文考虑了加工贸易、一般贸易在出口学习中的差异性，从而分析企业贸易方式影响出口学习效应进而影响企业生产率。本文可能的创新之处在于：其一，构建了以贸易关系为状态变量的动态内生化理论模型，具体地说明企业内生化建立贸易关系的过程，并且这些贸易关系可能在加工贸易、一般贸易两类贸易模式下进行。这便于说明依存于贸易关系的出口学习效应是如何受到贸易方式影响从而对企业生产率产生作用。其二，构建的理论模型区分了一般贸易企业、加工贸易企业、混合贸易企业，对以往研究贸易方式的文献在理论上进行补充。并且，实证分析上采用加工贸易关系数占贸易关系总数量之比来反映加工贸易关系强度，该法同时适合于分析一般贸易、混合贸易的贸易关系强度。通常以贸易额占比来反映贸易强度，而该方法往往不能反映出企业获得出口学习效应的过程。贸易关系数量越多，企业往往更能接触多样化的客户和市场，从而获得较强的出口学习效应。

二、理论模型

由于本文主要分析企业从不同贸易方式中获得出口学习机会从而获得生产率提升的差别，因此，本文在内生增长的框架下进行分析，将从出口贸易关系中学习技术视为除研发创新以外另一种提升生产率的途径。企业贸易关系数量的差异性也是构成企业异质性的因素。

首先，本文假设经济体各企业的产品是垄断竞争的，各企业产品组合构成最终产品，而最终产品的生产函数如下：

$$Y(t) = \left[\int y(j,t)^{\frac{t-1}{t}} \mathrm{d}j \right]^{\frac{t}{t-1}} \tag{1}$$

其中，$y(j,t)$ 代表企业 j 在 t 时刻的产出，ε 代表不同企业产品之间的替代弹性。代表性企业 j 的生产函数如下：

$$y(j,t) = A(j,t) \sum_{i \in I(j,t)} \left[\varphi_i(j,t)(l_i(j,t))^\delta \right] \tag{2}$$

其中，$I(j,t)$ 代表 t 时刻企业 j 所有贸易关系的集合。企业 j 通过多种贸易关系出口销售自身产品。$\varphi_i(j,t)$ 表示企业在第 i 种贸易关系中获得自身效率提升的部分，因为企业可以从贸易关系中学习目标市场的技术标准、贸易伙伴管理经验，这也反映了出口学习带来成本降低、生产效率提高。$A(j,t)$ 代表企业层面的生产效率。$l_i(j,t)$ 表示企业生产第 i 种贸易关系产品时所用的劳动力数量。$A(j,t)\varphi_i(j,t)(l_i(j,t))^\delta$ 表示第 i 种贸易关系中企业的销量。假定企业劳动要素规模报酬递减，$\delta < 1$。

如果第 i 种贸易关系是加工贸易型，那么 $\varphi_i(j,t) = 1$；如果第 i 种贸易关系是一般贸易型，则 $\varphi_i(j,t) = \alpha$，$\alpha > 1$。相比于一般贸易，加工贸易"两头在外"被动地参与贸易，吸收知识和技术的能力更弱，并且考虑其存在研发抑制因素，因此，出口学习效应代表参数也更小。曾卫锋（2008）也认为中国非加工贸易比加工贸易具有更显著的国际知识溢出效应[19]。

值得注意的是，由于出口贸易关系本身就是承载企业获得技术溢出或者竞争压力下成本优化的途径，本文认为出口学习效应是从每一种具体的贸易关系互动中得到受益，而以往文献认为企业进入出口市场从而获得出口学习效应。因此，本文认为出口学习效应源于具体细微的出口贸易关系，而非粗略归因于进入出口市场本身。这也便于从模型上更清晰地刻画贸易方式不同导致出口学习效应差异从而影响到企业层面生产率。

假设企业总共拥有 $n(j,t)$ 种贸易关系，其中，$k(j,t)$ 种贸易关系是一般贸易型，n(j,t) - k(j,t) 种贸易关系是加工贸易型①。每种一般贸易关系的产品生产需要的劳动力为 $l_g(j,t)$ ，每种加工贸易关系的产品生产需要的劳动力为 $l_p(j,t)$ ，则企业生产函数变为：

$$y(j,t) = A(j,t)\left[(n-k) l_p(j,t)^\delta + k\alpha l_g(j,t)^\delta \right] \tag{3}$$

该企业劳动力总量 $l(j,t) = (n-k) l_p(j,t) + kl_g(j,t)$ 。企业最优产量时的劳动力投入 $l_g(j,t)$ 和 $l_p(j,t)$ 有如下关系式：

$$\frac{l_p(j,t)}{l_g(j,t)} = \alpha^{\frac{1}{\delta-1}} \tag{4}$$

由于经济体中所有企业都是垄断竞争的，每个企业面临的需求函数如下：

$$y(j,t) = Y(t)p(j,t)^{-\varepsilon} \tag{5}$$

其中， $p(j,t)$ 为企业 j 的产品价格。假定企业产品以相同的价格出售，则企业 j 的利润函数为：

$$\pi(j,t) = y(j,t)p(j,t) - w * l(j,t) \tag{6}$$

通常大部分企业在持续出口两三年后就会结束[2]，因此，本文考虑贸易关系会受到不确定性冲击而结束。假定外部冲击是服从达到率为 γ 的泊松分布，即单位时间内贸易关系结束的平均概率为 γ 。另外，由于贸易伙伴的搜寻、匹配需要支付沉没成本而且具有较多的不确定性，本文也考虑了建立新贸易关系的不确定性。

假定潜在进入企业建立第一种一般贸易关系需要投入 κL 单位的成本， $Z_j(0) = \kappa L$ ， L 代表经济体劳动力总量，成功建立的概率为 η 。假定存在自由进入条件，建立单位一般贸易关系的收益等于成本，则企业单位一般贸易关系的价值为 $V(1) = \frac{\kappa}{\eta} L = v$ 。参考 Koren 和 Tenreyro(2013) 文中对于内生技术种类投入成本的假设[26]，假定 $\lambda(n) = F[Z(n)/L, n^*]/n^*$ ， $F(.,.)$ 是一次齐次函数。 $\lambda(n)$ 表示企业成功建立新贸易关系的强度。 $n^* = (n-k)\alpha^{\frac{1}{\delta-1}} + k$ ， n^* 代表贸易关系加权数，企业现有的贸易关系会为后续建立新贸易关系提供经验借鉴，已有的贸易关系数越多则越有利于建立新贸易关系。假设不同贸易方式给企业带来借鉴程度有所差异，一般贸易关系和加工贸易关系分别对应的权重为 1 和 $\alpha^{\frac{1}{\delta-1}}$ ，加工贸易更依赖外商的销售渠道和原材料供应，根据已有经验建立新贸易关系时的参考价值较低，其权重更低。因此，投入建立新贸易关系的成本函数如下：

$$Z(n) = g(\lambda)L\left[(n-k)\alpha^{\frac{1}{\delta-1}} + k \right] \tag{7}$$

---

① 后文为了简便将分别记为 n 和 $n-k$ 。

其中，$g(\lambda)$ 是 $F(.,1)$ 的反函数。n 代表企业拥有的贸易关系数量，是企业状态变量。整个经济体劳动力总量越大，竞争也越激烈，企业需要投入更多成本去建立新贸易关系。

于是，企业利润最大化问题的贝尔曼方程如下：

$$\rho V(n) = \max_{\{p,z\}} \{\pi(p,n) - Z + \lambda n^*[V(n+1) - V(n)] + \gamma n^*[V(n-1) - V(n)]\}$$

$$(8)$$

其中，企业价值的时间机会成本是获得的净利润流的回报 $(\pi - Z)$ 和净资本报酬。新增一种贸易关系成功的概率为 λ。$V(n+1) - V(n)$ 反映的是企业增加一种一般贸易关系的价值变化。相应的，$V(n-1) - V(n)$ 反映遭受外部冲击从而减少一种一般贸易关系的企业价值变化。对贝尔曼方程分别求价格 $p(j,t)$ 和建立贸易关系成本 $Z(n)$ 的一阶导数得：

$$p(j,t) = \left[\frac{w\varepsilon}{\rho(\varepsilon-1)}\right]^{\frac{\delta}{\Delta}} Y(t)^{\frac{1-\delta}{\Delta}} \left[\frac{1}{A(j,t)\alpha}\right]^{\frac{1}{\Delta}} n^{*\frac{\delta-1}{\Delta}}$$

$$(9)$$

$$g'(\lambda)L = V(n+1) - V(n)$$

$$(10)$$

其中，$\Delta = \delta + \varepsilon - \delta\varepsilon$，$\Delta > 0$。工资 w 由劳动力市场决定，下面接着考察劳动力市场出清时的情形：

$$L = \int l_j dj = Y(t)^{\frac{1}{\Delta}} \left[\frac{w\varepsilon}{\delta(\varepsilon-1)}\right]^{\frac{-\varepsilon}{\Delta}} \int \left[(n-k)\left(\frac{1}{A}\right)^{\frac{1}{\delta-1}} + k\frac{1}{A\alpha}\right)^{\frac{1}{\delta-1}}\right]^{\frac{(\delta-1)(1-\varepsilon)}{\Delta}} dj \quad (11)$$

令 $\int \left[(n-k)\left(\frac{1}{A}\right)^{\frac{1}{\delta-1}} + k\left(\frac{1}{A\alpha}\right)^{\frac{1}{\delta-1}}\right]^{\frac{(\delta-1)(1-\varepsilon)}{\Delta}} dj = N$，代表整个经济体的加权对外开

放程度和技术水平。令 $(n-k)\left(\frac{1}{A}\right)^{\frac{1}{\delta-1}} + k\left(\frac{1}{A\alpha}\right)^{\frac{1}{\delta-1}}$ 表示代表性企业加权的对外贸易

开放度，化简后可得整个经济体劳动力总量和最终产品产出，如下：

$$L = \left[\frac{\varepsilon w}{\delta(\varepsilon-1)}\right]^{\frac{1}{\delta-1}} N^{\frac{\Delta}{(\delta-1)(1-\varepsilon)}}$$

$$(12)$$

由此可得均衡时代表性企业的利润：

$$\pi(j,t) = L^{\delta} N^{\frac{2-\varepsilon}{\varepsilon-1}} \left(\frac{\Delta}{\varepsilon}\right) \left[(n-k)\left(\frac{1}{A}\right)^{\frac{1}{\delta-1}} + k\left(\frac{1}{A\alpha}\right)^{\frac{1}{\delta-1}}\right]^{\frac{(\delta-1)(1-\varepsilon)}{\Delta}}$$

$$(13)$$

（13）式表明企业利润会受到贸易关系数量 n 的影响。n 越大，则企业利润越大。企业贸易关系均为一般贸易型关系时的利润大于其贸易关系均为加工贸易时的利润。这也反映了一般贸易企业的利润更大。从（10）式可知，均衡时一般贸易关系的单位价值与企业拥有的贸易关系数量 n 没有关系。于是，企业的价值等于一

般贸易关系的单位价值乘以加权贸易关系数量 n^*。如下：

$$V(n) = n^* v \tag{14}$$

假定 $\bar{\pi}$ 代表企业拥有每种贸易关系的人均利润，企业拥有的贸易关系可能既有一般贸易型贸易关系，也有加工贸易型贸易关系，所以 (15) 式中分子是加权贸易关系数量 n^*。

$$\bar{\pi} = \pi(n)/n^* L \tag{15}$$

根据 (8) 式可知，$\rho V = \bar{\pi} L n^* - g(\lambda) L n^* + \lambda n^* (V(n+1) - V(n)) + \gamma n^* (V(n-1) - V(n))$。将 (13) 式代入可得：

$$\bar{\pi} = (\rho - \lambda + \gamma)\frac{\kappa}{\eta} + g(\lambda) \tag{16}$$

由 (16) 式可知，均衡时每种一般贸易关系的人均利润为常数。于是将 (13) 式变形得到关于均衡时企业层面的生产效率如下：

$$A(j,t) = \bar{\pi}^{\frac{\Delta}{\varepsilon-1}} L^{\frac{(1-\delta)\Delta}{\varepsilon-1}} N^{\frac{(\varepsilon-2)}{(\varepsilon-1)^2}} \left(\frac{\varepsilon}{\Delta}\right)^{\frac{\Delta}{\varepsilon-1}} \alpha^{-1} \left[(n-k)\alpha^{\frac{1}{\delta-1}} + k\right]^{\frac{1}{\varepsilon-1}} \tag{17}$$

(17) 式表明，企业层面的生产率受到企业贸易关系总数量 n、一般贸易型贸易关系数 k、经济体整体贸易开放程度和技术水平的因素 N 的影响。令 $\bar{\pi}^{\frac{\Delta}{\varepsilon-1}} L^{\frac{(1-\delta)\Delta}{\varepsilon-1}} N^{\frac{(\varepsilon-2)}{(\varepsilon-1)^2}} \left(\frac{\varepsilon}{\Delta}\right)^{\frac{\Delta}{\varepsilon-1}} \alpha^{-1} = B$，当 $k=0$ 时，即企业贸易关系均为加工贸易型时，企业层面生产率为 $B\left[n\alpha^{\frac{1}{\delta-1}}\right]^{\frac{1}{\varepsilon-1}}$；当 $k=n$ 时，即企业贸易关系均为一般贸易型，企业层面生产率为 $Bn^{\frac{1}{\varepsilon-1}}$。由于 $Bn^{\frac{1}{\varepsilon-1}} > B\left[n\alpha^{\frac{1}{\delta-1}}\right]^{\frac{1}{\varepsilon-1}}$，可知，所有贸易关系为一般贸易型的企业生产率高于所有贸易关系均为加工贸易型的企业生产率，即一般贸易企业生产率高于加工贸易企业。当 $0 < K < n$ 时，企业同时既有加工贸易关系，也有一般贸易关系，这类企业是混合贸易企业。

由此可以得到如下推论：由于 $A(j,t) = B\left[n\left(\frac{k}{n}(1-\alpha^{\frac{1}{\delta-1}}) + 1\right)\right]^{\frac{1}{\varepsilon-1}}$，企业加工贸易关系数量 $\frac{n-k}{n}$ 占比越大，则越不利于企业层面生产率的提高。

三、实证方法、数据处理和描述性统计

由上述理论模型可知，企业以加工贸易方式出口，从出口中学习到外国贸易伙伴的管理和技术溢出较少，不利于提高企业层面生产率。同时，由于企业也面临着不同层次的出口门槛，生产率更高的企业才能通过一般贸易方式在激烈的外国市场上占据市场份额。加工贸易中销售终端渠道由外国企业负责，生产率偏低的企业往往可能选择加工贸易方式进行出口。贸易方式既可能通过出口学习效应来影响企业生产率，也可能由于企业生产率的异质性导致企业选择不同的贸易方式。这种双向因果增加了分析加工贸易方式对生产率影响的难度。为了更准确地分析贸易方式对企业生产率的因果效应，本文利用广义倾向得分匹配法进行分析。

广义倾向得分匹配法（GPS）适用于分析不同程度处理强度下潜在产出结果的差异性[25]。根据上述推论假说可知，企业加工贸易关系数量占比越大，加工贸易关系强度越大，则企业从出口中获得的收益越小，生产率越低。以往文献主要分析加工贸易方式对企业生产率提升的影响[7]。事实上，仅仅以加工贸易和一般贸易两种贸易方式来区分出口企业贸易类型是有缺陷的，大量出口企业同时存在一般贸易关系和加工型贸易关系[14][4]。

上述理论模型中刻画了企业每种贸易关系的贸易方式以及从该贸易关系中获得学习效应，该理论模型也适合用于分析混合贸易企业生产率。当 $k = 0$ 时，企业所有贸易关系均为加工贸易型，则为加工贸易企业。当 $k = n$ 时，企业所有贸易关系均为一般贸易型，则为一般贸易企业。当 $0 < k < n$ 时，即 $0 < \dfrac{n-k}{n} < 1$ 时，企业存在两种出口贸易方式，为混合贸易企业。加工贸易关系强度 $\dfrac{n-k}{n}$ 是位于 $[0, 1]$ 之间连续型处理变量，适合采用广义倾向得分匹配法进行分析。

按照 Hirano 和 Imbens（2004）中步骤[25]，本文将进行如下分析：

第一步，在给定匹配变量 X 的情形下，估计处理变量的条件概率密度分布，即估计出口广义倾向匹配得分值。

第二步，用处理变量加工贸易关系强度 D 和上一步估计得到广义倾向得分值 $\hat{R}$ 构建模型，计算出结果变量企业生产率 Y_i 的条件期望。具体公式如：

$$E(Y_I \mid D_i, \hat{R}) = \alpha_0 + \alpha_1 D_i + \alpha_2 D_i^2 + \alpha_3 \hat{R} + \alpha_4 \hat{R}^2 + \alpha_5 \hat{R} * D_i \qquad (18)$$

第三步，将上一步得到的回归结果代入到下面的方程中，

$$\hat{E}(Y(t)) = \frac{1}{N} \sum_{i=1}^{N} \alpha_0 + \alpha_0 \hat{D}_1 + \alpha_2 \hat{D}_1^2 + \alpha_3 \hat{R} + \alpha_4 \hat{R}^2 + \alpha_5 \hat{R} * \hat{D}_1 \qquad (19)$$

匹配向量 X 首先必须满足条件独立性假设，参考了逯宇铎等（2015）和汤学良等（2016）[7][13]，本文选取企业生产率水平的滞后一期、企业年龄、企业规模、资产负债率、资本密集度、员工平均工资作为匹配变量。考虑贸易方式影响的时间滞后性，本文的结果变量为企业生产率未来一期。

本文所用数据来自 2000—2006 年中国工业企业数据库，该数据由国家统计局每年对所有国有企业和销售额在 500 万以上的非国有企业进行统计得到。由于样本

数据量庞大，存在部分统计错误[9]，本文删除了变量明显不符合遗漏了关键变量
的企业样本①。出口贸易相关数据来自 2000—2006 年中国海关数据库。根据企业
名称将海关数据和工业企业数据进行匹配，匹配后的样本数量如表 1。

表 1　　　　　　　　　　　海关数据和工业数据库匹配结果

年份	2000	2001	2002	2003	2004	2005	2006
匹配后样本数	15 855	18 600	21 455	25 385	37 565	35 062	47 574
海关样本数	54 441	58 911	65 507	77 472	91 024	97 161	125 304
占比	29%	31.6%	32.8%	32.8%	41.3%	36.1%	37.97%

　　本文定义一种贸易关系为本年内企业以同一种贸易方式（一般贸易或加工贸
易）出口同一种产品种类（以 HS6 位数编码识别）到同一目的地市场。由此计算
得出企业每年的贸易关系总数和加工贸易方式贸易关系数量。加工贸易关系强度
以出口企业中加工贸易关系数占贸易关系总数之比来衡量，反映了出口企业以加
工贸易型贸易方式参与出口的程度。加工贸易关系强度越高，则说明出口企业参
与出口市场程度越高。当加工贸易关系强度取值为 0 时，这说明出口企业所有的贸
易关系都不是加工贸易型的，即所有的贸易活动都是在一般贸易方式下进行②。当
加工贸易关系强度取值为 1 时，这说明出口企业所有的贸易关系都是加工型贸易关
系。当加工贸易关系强度取值为（0，1）之间时，这说明出口企业一部分贸易是
以加工贸易方式进行，另一部分是以一般贸易方式进行。

　　样本企业中出口企业 105 110 个观察值取值为 0，即完全以一般贸易方式进行
出口；30 743 个观测值取值为 1，即完全以加工贸易方式进行出口；65 643 个观测
值取值在 0 和 1 之间，即采用混合贸易方式进行出口。以往文献中往往将加工贸易
作为二值变量来处理，这样容易忽略混合型贸易企业样本，不利于考察不同的加
工贸易关系强度上对企业生产率的影响。本文中加工贸易关系强度是连续型变量，
弥补了该不足。

　　图 1 是 2000—2006 年出口企业加工贸易关系强度的分布状况。由图 1 可知，
出口企业的加工贸易关系强度呈现出明显的偏态分布，大部分样本集中在 0 和 1 两

---

　　① 删除了企业员工数低于 8 人的企业样本，并且删除固定资产合计大于资产总计、流动资产合计大于
资产总计等明显不符合财务准则的样本记录。另外，删除了关键变量遗漏的样本，例如，工业总产值现值、
工业增加值、从业人数、固定资产合计等数值为 0 的企业样本。

　　② 本文只考虑了两种主要的贸易方式即一般贸易和加工贸易，边境贸易等贸易方式金额规模很小，本
文进行忽略。

头端点上，说明出口企业中大部分是仅仅以一般贸易方式进行出口，其次是仅仅以加工贸易出口的企业。图 2 是 2004 年出口企业加工贸易关系强度的分布情况。由图 2 可知，出口企业加工贸易关系强度仍然主要集中在 0 和 1 两头的端点上。由此可知，无论是分年度样本还是 2000—2006 年样本，出口企业加工贸易关系强度都呈现出两端凸起的分布形状。

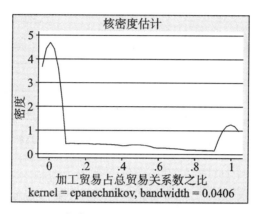

图 1　2000—2006 年出口企业中加工贸易占贸易关系总数之比

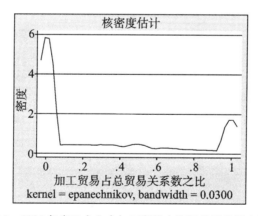

图 2　2004 年出口企业中加工贸易占贸易关系总数之比

本文再将企业分为加工贸易关系强度为 0、1 的两组样本。当加工贸易关系强度为 0 时，该组企业是一般贸易型企业，当加工贸易关系强度为 1 时，该组企业是加工贸易型企业。图 3 反映了 2000—2006 年加工贸易企业和一般贸易企业劳动生产率均值和全要素生产率均值的趋势图。由图 3 可知，一般贸易企业的劳动生产率高于加工贸易企业的劳动生产率，两者在时间上具有相似的趋势。一般贸易企业的全要素生产率高于加工贸易企业的全要素生产率，并且具有相似的趋势。这说明可能存在宏观经济因素导致两种类型企业的生产率都得到了提升。

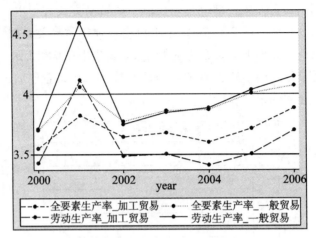

图 3　2000—2006 年加工贸易和一般贸易企业劳动生产率和全要素生产率

企业生产率是重要的被解释变量，于是本文采用了全要素生产率来衡量企业生产率，利用 OP 法估计得到，并且将企业劳动生产率作为参考。本文还删去了劳动生产率和全要素生产率两端极端值的样本。表 2 是文中主要变量的描述性统计。

表 2　　　　　　　　　　变量描述性统计

变量	计算方式	均值	标准差	最小值	最大值
加工贸易关系强度	加工贸易关系数占比	0.280	0.379	0	1
劳动生产率	工业增加值/员工数，取对数	3.917	1.052	0.151	10.206
全要素生产率	据 OP 法估算得到	3.915	0.848	1.477	6.315
企业规模	销售收入取对数	10.571	1.269	2.996	18.872
资本密集度	固定资产净值/员工数，取对数	3.666	1.361	0.007	11.759
平均工资	(工资总额+福利总额)/员工数	7.302	1.234	0	14.461
企业年龄	当年-成立年份+1	9.644	16.230	1	100
资产负债率	负债总额/资产总额	0.547	0.270	0	1

四、回归结果

（一）加工贸易关系强度对企业全要素生产率的影响分析

首先，本文利用 GPS 法估计影响加工贸易关系强度的因素。由表 3 可知，全要素生产率的滞后一期、资本密集度、企业规模、企业年龄、资产负债率以及企业平均工资的系数都十分显著，这说明选取的匹配变量是有效的。全要素生产率滞后一期的系数为负，说明企业全要素生产率越高，则企业加工贸易关系强度越低，即企业通过加工贸易方式出口的倾向越低，这也和以往文献中的结论相似。企业规模和年龄的系数为负，这说明企业规模和年龄越大，企业成长更成熟，更可能以一般贸易方式参与国际市场的竞争。资本密集度和平均工资的系数为正，这与以往研究有所不同，这可能是由于本文还考虑了混合贸易企业。混合贸易企业可能具有较高的资本密集度和平均工资水平，从而导致估计得到的系数为正。

表3   估计结果

变量	系数	标准差
全要素生产率滞后一期	−0.004***	0.001
资本密集度	0.002***	0.001
企业年龄	−0.001***	0.001
企业规模	−0.011***	0.001
资产负债率	−0.054***	0.002
平均工资	0.040***	0.001
年份虚拟变量	是	
行业虚拟变量	是	
观测值	102 026	102 026

注：***、**和*分别表示10%、5%和1%的显著性水平。

得到表3的估计结果之后，进一步测算得到企业全要素生产率的条件期望值。表4结果表明，加工贸易关系强度的一次项以及加工贸易关系强度与倾向得分值的交互项在5%的显著性水平上异于零。加工贸易关系强度二次项以及倾向得分值一次项、二次项均在1%的显著性水平上异于零。这也说明本文选取的函数形式较好地拟合了全要素生产率的条件期望值。

表4   处理效应估计结果

变量	系数	标准误差	T值
D	−0.187**	0.076	−2.47
D^2	−0.194***	0.041	−4.71
R	−0.316***	0.065	−4.88
R^2	0.113***	0.023	4.96
D * R	0.088**	0.040	2.19
常数	4.263***	0.050	86.00

注：***、**和*分别表示10%、5%和1%的显著性水平。

在前文测算的基础上，将处理变量按照取值从低到高的百分位数分为 10 个子区间。在每个子区间上估计加工贸易关系强度对企业全要素生产率的因果效应，并由此得因果效应函数，具体见图 4。由表 5 可知，当加工贸易关系强度为 0.4 和 0.7 时，处理效应的系数分别为 0.057 和 0.024。而当加工贸易关系强度为其他值时，处理效应的系数为负，取值大约为 -0.001 至 -0.158。这说明整体上而言，企业加工贸易关系强度增加将不利于企业全要生产率的提高，即企业拥有的加工贸易关系数量占贸易关系总数量越多，则越不利于企业从对外贸易活动中学习贸易伙伴的经验和技术。

表 5　　　　　　　　加工贸易关系强度对全要素生产率影响效果估计

百分比	剂量反应	处理效应	百分比	剂量反应	处理效应
10%	5.887***	-0.024***	60%	3.592***	-0.001***
	(0.080)	(0.001)		(0.011)	(0.007)
20%	5.640***	-0.026***	70%	3.827***	0.024***
	(0.068)	(0.001)		(0.017)	(0.002)
30%	5.009***	-.158***	80%	3.892***	-0.012***
	(0.069)	(0.011)		(0.011)	(0.001)
40%	3.843***	0.057***	90%	3.692***	-0.027***
	(0.015)	(0.006)		(0.015)	(0.001)
50%	4.210***	-0.073***	100%	3.406***	-0.030***
	(0.080)	(0.003)		(0.021)	(0.001)

注：*** 、** 和 * 分别表示 10%、5% 和 1% 的显著性水平。

从图 4 可知，随着加工贸易关系强度的增加，未来一期全要素生产率的期望值随之不断下降，只是在 0.4~0.5 和 0.6~0.8 的区间内出现小幅上升，呈现出非线性的"W"形趋势，整体上仍然呈现出下降的趋势。另外，整体上处理效应函数值是处于零值的下方，这说明加工贸易关系强度增加将会导致企业全要素生产率下降。

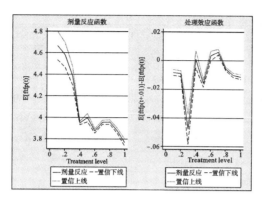

图 4　加工贸易关系强度对全要素生产率的剂量反应函数和处理效应函数

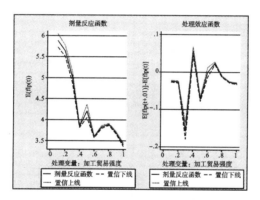

图 5　加工贸易关系强度对劳动生产率的剂量反应函数和处理效应函数

　　另外，为了分析加工贸易关系强度对劳动生产率的影响效果，本文根据处理变量大小将样本区分为 10 个子样本区间，得到的估计结果见表 6。由表 6 可知，当加工贸易关系强度为 0.4、0.6 和 0.7 时，处理效应的系数是显著性为正，其绝对值较小。当加工贸易关系强度为其他值时，处理效应的系数显著为负。这说明加工贸易关系强度增加，企业劳动生产率也随之降低。另外，由图 5 可知，剂量反应函数和处理效应函数的趋势和图 4 中的趋势相似，这说明无论是从全要素生产率还是劳动生产率来衡量企业生产率，整体上而言，加工贸易关系强度增加不利于提高未来一期的企业生产率。

表 6　　　　　　　　　加工贸易关系强度对劳动生产率影响效果估计

百分比	剂量反应	处理效应	百分比	剂量反应	处理效应
10%	4.667 ***	−0.008 ***	60%	3.874 ***	0.003 ***
	（0.067）	（0.001）		（0.010）	（0.001）

表6(续)

百分比	剂量反应	处理效应	百分比	剂量反应	处理效应
20%	4.580***	−0.009***	70%	3.954***	0.006***
	(0.058)	(0.001)		(0.010)	(0.001)
30%	4.386***	−0.048***	80%	3.957***	−0.006***
	(0.044)	(0.005)		(0.010)	(0.001)
40%	3.947***	0.001***	90%	3.876***	−0.010***
	(0.008)	(0.003)		(0.012)	(0.001)
50%	3.997***	−0.016***	100%	3.768***	−0.011***
	(0.020)	(0.001)		(0.017)	(0.001)

(二) 稳健性分析

由前文分析可知，随着加工贸易关系强度的增加，整体上而言，企业生产率水平不断降低。加工贸易关系强度越接近零，企业生产率越高。一般贸易型企业的生产率水平最高，其次是混合贸易企业，而加工贸易型企业的生产率水平最低。这说明企业一般贸易出口能够学习管理和技术，对生产率增加作用最大，其次是混合贸易方式，最后才是加工贸易方式。

为了使结论更具有稳健性，本文将从一般贸易关系强度的角度对该问题进行分析，从侧面反映加工贸易方式对企业生产率的影响作用。本文定义一般贸易关系强度为一般贸易关系数占贸易关系总数之比。仍然按照广义倾向得分匹配法的步骤，估算得到剂量反应函数和处理效应函数的期望值，结果见图6。由图6可知，剂量反应函数呈现出"N"形趋势，说明随着一般贸易关系强度的增加，企业全要生产率呈现出先上升、然后下降、再上升的趋势。当一般贸易关系强度为0.4-0.8时，企业生产率呈现出下降的趋势。这说明一般贸易关系强度越接近零，绝大部分贸易关系均是加工型贸易时，企业全要素生产率越低。随着一般贸易关系强度增加，企业以混合贸易方式来出口产品时，全要素生产率有所提高。混合贸易企业随着一般贸易关系强度的增加，全要素生产率具有"先升后降"的非线性趋势。随着一般贸易关系强度进一步增加，当绝大部分贸易关系是一般贸易时，全要素生产率持续提高。从图6上看，处理效应函数曲线均位于零值上方，这说明一般贸易关系强度的处理效果显著为正。

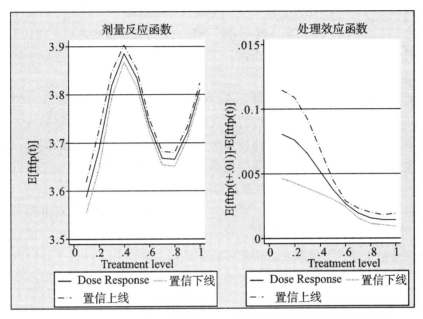

图6　一般贸易关系强度对全要素生产率的剂量反应函数和处理效应函数

五、结论和政策启示

本文参考内生技术进步理论模型构建了内生化贸易关系的理论模型，分析不同贸易方式导致不同的出口学习效应，从而对企业生产率产生不同影响。贸易关系承载着两国贸易商交流往来是企业出口学习的载体。不同类型贸易关系下企业获得出口学习效应、生产率提升效果存在差异性。模型表明，企业贸易关系中加工贸易关系占比越大，则越不利于提升企业层面生产率。企业贸易关系中一般贸易关系占比越大，则越有利于提高企业层面生产率。

本文利用广义倾向得分匹配法来避免"自选择效应"带来的困扰。从加工贸易关系强度角度进行分析，发现加工贸易关系强度越高，企业劳动生产率和全要素生产率越低。在控制其他因素的情形下，加工贸易关系强度越低，绝大部分贸易关系是一般贸易型，企业从出口中获得学习效应、提高自身生产率的效果越明显。加工贸易关系强度越高，绝大部分贸易关系都是加工贸易型，企业从贸易关系中获得学习效应、提升生产率的效果越弱小。

此外，混合贸易企业的加工贸易方式对企业层面生产率呈现出非线性的趋势。总体而言，加工贸易关系强度越高，则对企业生产率增长的阻碍越大。而加工贸易关系强度越低，则越有利于企业生产率增长。随着加工贸易关系强度增加，混合贸易企业生产率有明显的非线性趋势。当加工贸易关系强度为 0.4 和 0.7 时，贸易方式对企业生产率具有微弱的正向处理效应，这说明混合贸易企业中加工贸易的作用是复杂的。

由此相关政策启示，一般贸易企业的生产率最高，纯加工贸易企业的生产率最低，而混合贸易企业生产率居中。政府应该充分意识到纯加工贸易方式对我国外贸企业作用的局限性。政府应保持出口导向政策大政方针不变的同时，逐步修订相关政策，减少对加工贸易企业的优惠补贴；不宜过度鼓励企业仅仅以加工贸易方式参与到国际市场，以致企业被动地陷于全球价值链的低端。

混合贸易企业是普遍存在的，同时经营一般贸易和加工贸易对生产率增长的影响大于仅仅进行加工贸易。因此，对于目前已是纯加工贸易企业来说，骤然转为一般贸易企业显然困难重重。企业可以尝试将部分产品冠以自主品牌以及一般贸易方式出口，兼而经营两类贸易方式，逐步转化升级，沿着国际生产价值链上升，实现对外贸易方式优化升级。

参考文献

［1］包群，叶宁华，邵敏. 出口学习、异质性匹配与企业生产率的动态变化［J］. 世界经济，2014（4）：26-48.

［2］陈勇兵，李燕，周世民. 中国企业出口持续时间及其决定因素［J］. 经济研究，2012（7）：48-60.

［3］戴觅，余淼杰. 企业出口前研发投入、出口及生产率进步——来自中国制造业企业的证据［J］. 经济学（季刊），2012（1）：211-230.

［4］戴觅，余淼杰，Madhura Maitra. 中国出口企业生产率之谜：加工贸易的作用［J］. 经济学（季刊），2014，13（2）：676-697.

［5］胡翠，林发勤，唐宜红. 基于"贸易引致学习"的出口获益研究［J］. 经济研究，2015（2）：172-186.

［6］吕大国，耿强. 出口贸易与中国全要素生产率——基于二元外贸结果的视角［J］. 世界经济研究，2015（4）：72-79.

［7］逯宇铎，戴美虹，刘海洋. 加工贸易是中国微观企业绩效的增长点吗——基于广义倾向得分匹配方法的实证研究［J］. 国际贸易问题，2015（3）：27-36.

［8］李春顶，赵美英. 出口贸易是否提高了我国企业的生产率？——基于中国 2007 年制造业企业数据的检验［J］. 财经研究，2010（4）：14-24.

［9］聂辉华，江艇，杨汝岱. 中国工业企业数据库的使用现状和潜在问题［J］. 世界经济，2012（5）：142-158.

［10］钱学锋，王菊蓉，黄云湖，等. 出口与中国工业企业的生产率——自我选择效应还是出口

学习效应？[J]. 数量经济技术经济研究, 2011 (2): 37-50.

[11] 邱斌, 刘修岩, 赵伟. 出口学习抑或自选择: 基于中国制造业微观企业的倍差匹配检验 [J]. 世界经济, 2012 (4): 23-40.

[12] 陶攀, 刘青, 洪俊杰. 贸易方式与企业出口决定 [J]. 国际贸易问题, 2014 (4): 33-45.

[13] 汤学良, 吴万宗, 周建. 出口、研发与企业生产率演化——基于我国制造业企业数据的研究 [J]. 国际商务, 2015 (4): 123-133.

[14] 尹翔硕, 陈陶然. 不同贸易方式出口企业的生产率与利润——基于异质性企业理论的微观实证分析 [J]. 世界经济文汇, 2015 (4): 44-60.

[15] 易靖韬, 傅佳莎. 企业生产率与出口: 浙江省企业层面的证据 [J]. 世界经济, 2011 (5): 74-92.

[16] 张杰, 李勇, 刘志彪. 出口促进中国企业生产率提高吗？——来自中国本土制造业企业的经验证据: 1999—2003 [J]. 管理世界, 2009 (12): 12-25.

[17] 张杰. 进口行为、企业研发与加工贸易困境 [J]. 世界经济研究, 2015 (9): 22-36.

[18] 张礼卿, 孙俊新. 出口是否促进了异质性企业生产率的增长: 来自中国制造企业的实证分析 [J]. 南开经济研究, 2010 (4): 110-122.

[19] 曾卫锋. 国际 R&D 溢出、贸易方式与中国的经济增长 [J]. 财贸经济, 2008 (8): 73-77.

[20] Aw, B. Y., Chung, S., Roberts, M. J.. Productivity and turnover in the export market: micro-level evidence from the republic of Korea and Taiwan (China) [J]. The World Bank Economic Review, 2000, 14 (1): 65-90.

[21] Alvarez, R., Lopez, R. A.. Exporting and performance: evidence from chilean plants [J]. Canadian Journal of Economics/Revue canadienne d'économique, 2005, 38 (4): 1384-1400.

[22] Cruz, A., Newman, C., Rand, J., & Tarp, F. (2014). Learning by exporting [R]. 2014, WIDER Working paper

[23] Girma, S., Greenaway, D., Kneller, R.. Does exporting increase productivity? a microeconometric analysis of matched firms [J]. Review of International Economics, 2004, 12 (5): 855-866.

[24] Hahn, C. H., Park, C. G.. Learning-by-Exporting and plant characteristics: evidence from Korean plant-level data [J]. Korea and World Economy, 2010, 11 (3): 459-492.

[25] Hirano K, Imbens G W. The propensity score with continuous treatments [J]. Applied Bayesian modeling and causal inference from incomplete-data perspectives, 2004, 226164: 73-84.

[26] Koren, M., Tenreyro, S.. Technological diversification [J]. The American Economic Review, 2013, 103 (1): 378-414. 21

[27] Ranjan P, Raychaudhuri J. Self-selection vs learning: evidence from Indian exporting firms [J]. Indian Growth and Development Review, 2011, 4 (1): 22-37.

Processing Trade Pattern, Learn by Exporting and Firm Productivity

Jang Yinjuan

Abstract: Under the framework of a theoretical model of technological progress, a theoretical model is build to analysis enterprises establish diversify trade relationships, learn by exporting and improve their productivity. Model suggests the establishment of processing trade to improve trade relations firm productivity effect is lower than the general trade. Chinese Industrial Enterprise Databases and Customs Database 2000—2006 matched information and generalized propensity score matching method are used to verify the effects of different intensity of processing trade firm on productivity. The result shows that the company' processing trade intensity is lower, most trade relationships are general trade relationships, the firm productivity is higher. When processing trade intensity is higher, most trade relationship is processing trade relationships, the firm productivity is lower. When firm both have large number of processing trade and general trade relationship, it will have non-linear effects on firm productivity.

Key words: Trade pattern; Processing trade intensity; Learn by exporting; Firm productivity

集聚经济、创新外部性与
长三角城市群创新能力

高丽娜　华冬芳

摘　要： 城市群是推进我国新型城镇化发展的空间主体形态，其创新能力提升是有效融合创新战略与空间战略的重要途径。本文选取长三角城市群2005—2015年面板数据，分析集聚经济与创新外部性等因素对城市群创新能力的影响。实证结果表明：人口集聚、国内外资本集聚程度对城市群创新能力存在显著性不同的负向影响，市场集聚水平产生显著正向影响；创新过程中组织间、空间维度的外部性发挥差异化影响，产学研的溢出作用不明显，而外资进入产生的国际溢出、空间溢出影响显著。因此，应从创新生态环境、强化集聚、缩短城市间时空距离、完善创新收益共享机制等方面提出城市群协调发展建议。

关键词： 集聚经济　创新外部性　创新能力　长三角城市群

伴随交通、通信快速化、网络化及经济全球化进程的加速与深化，城市集群化发展是世界城市化发展的高级形态，成为全球化背景下参与国际劳动分工、区域竞争的重要功能区域。城市群战略在"十一五"规划中首次出现后，逐渐成为推进我国新型城镇化发展的空间主体形态，也是新常态背景下拓展国民经济发展空间、助推发展动能转换的重要载体。中国综合发展指数前20位城市中，长三角

作者简介： 高丽娜（1982—），女，江苏徐州人，南京中医药大学卫生经济管理学院副教授、博士，主要研究方向：区域创新发展。

基金项目： 国家自然科学基金青年项目（71603133）。

城市占 6 席，珠三角 3 席，京津冀 2 席，其他皆为成渝、长江中游等城市群核心城市[3]，在国民经济发展中发挥着重要作用。国家"十三五"规划纲要强调打造 19 个具有不同等级、规模与异质化特征的城市群，其中多个跨省级行政区域，从而构筑"两横三纵"新型城镇化主体框架，转变长期存在的由沿海到腹地的单一、线性层级空间格局对区域经济发展效率的制约。城市群一体化发展内在形成机制是多样化的，本质在于要素市场流动性日益增强条件下，城市间形成产业、空间关联，不断强化自组织演化动力。现代经济发展，创新能力高低在很大程度上直接影响城市群竞争力，也是新阶段发展的内在要求与必然结果。随着区域间产业链分工的日益深化，区域分工由传统的投入-产出分工模式为基础逐渐向基于价值链的协同创新网络形成的创新分工演化[4]。

一、集聚经济、创新外部性与城市群创新能力的关联机理

城市群，从本质上来说，是集聚经济的产物，要素与产业集聚为城市群创新过程提供了专业化部门与多样化知识源，而市场规模是创新产生的重要需求要素。目前关于创新能力影响因素的研究成果较多，研究主线多从企业、产业、单个城市或区域层面加以分析，从跨区域层面分析创新能力影响因素的研究则相对较少，而城市群经济并非是企业、产业经济的简单叠加，其整体性、系统性特征更明显，具有自身的独特性，强调主体在系统内的相互作用以及空间依赖形成自组织发展机制，表现为城市间差异化的集聚效应与溢出效应并存，而且一旦形成往往具有典型的自我强化特征，这反过来又会对微观经济主体的行为产生直接影响，形成循环累积因果效应，进而强化区域发展路径依赖。

城市群中城市的核心职能处于动态演化中，工业化经济阶段强调规模化、标准化经济，较多表现为生产与消费维度，城市地位由其在全球化供应链网络中的位置决定。而当前处于工业化经济向信息化经济转化阶段，创新中心是城市群尤其是系统内核心城市的中枢功能，日益成为新技术、新知识、新创意的"孵化器"，对多元化、差异化要素要求提升，以不断适应个性化、定制化、小众化市场需求变化，对创新速度和能力提出更高要求。现代产业链分工的深化，使企业的价值网络日益复杂化、系统化，其在空间分布的异质性，给集聚中差异化主体带来多样化知识源，现代技术发展的高投入、高风险、高度复杂性等特征都强化了创新过程的不确定性，这种创新内外环境变化促使企业形成日益开放化、网络化

的创新系统。而企业对内外部信息、知识的获取与整合效率不仅取决于自身吸收能力，而且直接受所处创新系统创新要素禀赋、创新环境、开放度、相关政策战略导向等因素的制约，进而直接影响企业、城市、城市群创新效率。由此，城市间竞争与合作的结果并非实现最优均衡，而是始终处于动态演化过程中，形成稳定的"生物群落"——城市群[5]，是地理空间与经济空间耦合作用发挥的过程与阶段性成果，进而驱使城市群系统创新空间联系增强，并反过来强化系统创新能力，对城市、城市群空间经济联系形式与内容、作用机制产生直接影响，城市群系统功能随之演化。从某种意义上说，城市群一体化过程也是企业价值网与区域要素实现空间耦合的过程。企业组织结构逐步趋向网络化、扁平化组织结构转变的趋势，与工业化经济阶段存在显著差异，动态分工和知识共享是突出特征[6]。企业可以通过创新网络获取互补性资源，使资源价值达到最大化[7]。

集聚经济包括地方化经济和城市化经济，是要素地理集中的表现，反映在人口集聚力、资本集聚力、市场集聚等方面。城市集聚经济规模在很大程度上决定着系统要素多样化程度，直接影响着城市间创新分工模式与功能定位，如在高技术产业区发展过程中，科学家与工程师等要素的空间分布结构与流动模式影响创新的空间分布[8]。由于企业 R&D 部门、高校与研究机构和各类人力资本、风险资本等具有城市化偏好，创新要素空间分布格局与创新地理具有极强的耦合性，并形成正反馈机制，城市群成为创新集聚空间载体具有内在必然性。地方化经济导致同一产业的企业集聚，即形成专业化外部性，而城市化经济则使得不同行业的企业形成集聚，即形成多样化外部性[9]。产业集聚从两个方面作用于企业、区域创新过程：一是专业化企业集聚可以共享专业化要素市场，形成专业化知识共享，产业集聚过程中企业间知识溢出对创新效应的影响明显[10]；二是多样性产生的空间外部性，知识不仅形成产业内溢出，而且实现互补产业间的溢出，互补性知识的传递与吸收能有力地促进创新搜寻。不同层面高效的知识溢出可有效降低企业研发活动及其商业化过程的成本，因此，企业创新集聚程度取决于区域创新要素集聚力，要素集聚力又取决于以往创新生产过程积累的成功经验[11]，因为创新过程大多具有路径依赖性，而且循环累积因果效应较为明显。促成创新要素流动的影响因素是多元的，其中区域创新系统包容性和开放性是正向促成创新要素集聚的重要因素[12]，而集聚经济又在很大程度上影响区域创新过程中创新需求空间结构与创新生产的相互作用模式，是不可忽视的因素[13]。因此，集聚经济形成的外部性，将有力促进区域创新要素集聚与创新能力提升。

创新外部性影响的存在，主要源于知识溢出。在全球化背景下，知识溢出效应使得城市的全球联系程度对城市的创新能力有重要影响[14]。从社会经济特征和地理特征两方面来看，创新的产学研合作内溢、FDI外溢及空间溢出效应存在明显差异[15]。对于企业来说，网络开放度与网络功能的交互作用、自身吸收能力为开放式创新形成及其作用发挥提供中介条件与调节机制[16]，进而强化对企业创新能力的影响。创新溢出因素的作用既与城市群内各城市微观组织的创新模式有关，又具有系统化特征。创新能力提升的区域分异推动城市群系统内部各城市功能及系统定位的变迁，创新系统的开放度与深度通过影响创新主体从组织间、区域间获取创新要素的种类、规模、合作强度等，进而影响企业创新过程和城市群系统创新能力。空间依赖性也进一步促成技术扩散中的地方化特征[17]，形成地方化技术市场。由于地理临近，更利于组织间学习效应和知识共享过程的实现、降低创新过程不确定性产生的交易成本，尤其有利于建立隐性知识传递的信任基础，是推动城市群协同创新系统形成的重要先决机制。隐性知识传递过程中明显的空间依赖是全球创新过程"大扩散，小集聚"现象形成的决定因素之一。创新产出的空间自相关性和依赖性明显，专利创新存在空间邻近局域集群效应，而新产品创新存在空间邻近局域溢出效应，对提升区域协同创新能力具有重要意义[18]，区域技术发展形成明显的"俱乐部"收敛，城市群内不同区域板块在系统内相互作用产生动态联动效应[19]。

二、集聚经济、创新外部性对长三角城市群创新能力影响的实证检验

（一）模型设定

基于创新产出是创新投入函数的基本假设，根据 Griliches 和 Jaffe 在"C–D"函数基础上提出的 R&D 投入与产出间关系的知识生产函数模型，建立城市群创新生产函数的基本模型：

$$innov_i = A_i\,(input_i)^\beta$$

其中，$innov_i$ 表示城市 i 的创新产出；i 为城市观察单位；A 为系数；$input_i$ 表示城市创新投入因子，包括经费投入（rdk）与人力资本投入（rdl）；β 为城市创新投入的产出弹性。将城市科技中介服务（tec）、金融服务（fin）、工业化水平（$indus$）等因素也考虑进去，构建基础模型。

（二）变量定义与数据描述

因变量为城市创新能力（$innov_i$），现有研究对创新能力的衡量有多种方法，

或使用单一指标，或使用多指标，如李光泗、沈坤荣（2011）使用新产品开发创新数、三项专利申请数和发明专利申请数作为衡量指标[20]。综合来看，专利数指标是衡量区域创新能力高低的最常用且简单有效的测量指标，因此，本文以国内专利申请授权数衡量被解释变量。

控制变量：城市经费投入（rdk_{it}）与人力资本投入（rdl_{it}）、科技中介服务（tec）、金融服务（fin_{it}）、工业化水平（$indus_{it}$）等因素是反映城市创新投入特征的基本变量，人力资本的存量与水平不仅影响城市创新产出，而且通常是城市吸收能力高低的重要影响因素，而城市工资水平的高低在很大程度上影响着城市对人力资本的吸引力，使用城市平均工资水平加以衡量；经费投入是创新过程不可或缺的关键因素，用城市科学事业费支出指标加以衡量；城市提供的科技中介服务、金融服务是构成城市创新环境的重要变量，城市金融产业发展状况一定程度上能反映创新活动开展过程中关键要素——资本的区域支持状况，是创新能力的重要影响因素，分别使用城市科研综合技术服务业从业人员数、金融保险业产业人员数加以衡量。而城市工业化发展水平是制约创新能力的重要因素，以城市第二产业增加值比重衡量。

集聚经济因子：侧重于考量城市要素集聚程度，使用城市人口密度（$peoden_{it}$）、资本投入强度（$capden_{it}$）、市场规模因子（$markden_{it}$）、外资投入强度（$fdiden_{it}$）等指标加以衡量，主要反映城市人口集聚、资本集聚、产业集聚、市场集聚的程度。

创新外部性因子：根据外部性的来源分为组织间溢出与空间溢出两个方面。组织间创新溢出可以从国内与国际两个维度加以考察，从区内来看，产学研（$spill-ihd_{it}$）之间的密集沟通，易于实现知识传递，与本区域自身创新要素禀赋有关，本文使用高等学校在校生数加以衡量；在对外开放过程中，外资企业的进入成为区内主体实现与国际市场接轨的重要渠道，主要反映对外开放过程中产生的创新溢出（$spill-fdi_{it}$），对于长三角城市群来说，不同城市对外开放度存在显著差异，文中使用城市实际利用外商投资额来衡量。空间维度的溢出效应，是在区域创新要素流动基础上形成的从创新中心向外围区域的扩散过程，城市群发展呈现出多中心极化与扩散特征，长三角城市群发展已进入较高阶段，逐渐形成不同区域板块，上海以外的外围地区对毗邻中心城市的技术依赖性逐渐增强，而对区域首位中心城市的技术依赖性开始下降[21]。空间溢出强度取决于创新中心的空间距离及创新中心自身创新能力的强弱，在其他因素一定的情况下，创新溢出强度与空间距离成反相关关系，而与创新中心创新能力强弱成正相关关系。距离因素从各城市与上海（$spill-dis_{ih}$）、区域中心（南京、杭州）（$spill-dis_{ip}$）间远近两个角度分别衡量，后者取各城市至本省行政中心距离，这里的距离并非空间直线距离，而是侧重于考虑通达性因素，由于长三角城市群基础设施建设相对完善，长江等地理因素的阻隔作用虽减弱但仍有影响，取城市间最短交通时间来衡量，突出高铁发展状况对城市群一体化进程的影响，对于南通等城市与上海之间的距离则取公路交通与高铁复合计算交通时间，原则是取最短时间，数据源于铁路12306及相关城市汽车运行时刻查询系统中的数据。创新中心创新能力（$spill-spa_{it}$）则按省建制加以划分，分别取上海、南京、杭州三市滞后一期专利授权数来衡量。

本文数据主要来源于《中国城市统计年鉴》（2006—2016年），专利数据来源于相关年份的《上海统计年鉴》《江苏统计年鉴》及《浙江统计年鉴》。长三角城市群内城乡一体化进程快于全国水平，而且县域经济发展是市域经济重要构成板块，因此本文研究的城市是行政和统计意义上的城市概念，包括市辖县，即《中国城市统计年鉴》中的"地区"范围。

在对模型加以估计之前，首先对面板数据进行单位根检验，以判定数据的平稳性是否满足面板数据模型拟合要求。通过 LLC 检验序列是否含有单位根，在5%的显著性水平下，tec_{it}、$peoden_{it}$、$spill-spa_{it}$ 等变量为非平稳序列，分别取一阶差分后检验为无单位根的平稳序列，其他变量均为平稳序列。采用广义最小二乘法对面板模型加以估计，相关结果如表1所示。

（三）实证结果分析

首先，从城市内生创新努力角度来看，根据变量经费投入（rdk_{it}）、劳动力要素投入（rdl_{it}）等因素设立基准模型统计结果表明（见表1），劳动力成本和经费投入模型系数为正且统计显著，弹性系数分别为0.528与0.847，表明对创新能力具有显著的正向促进作用，这与理论及经验观点相符。创新的经费投入是影响创新能力的关键因素之一，是新知识、新技术产生的先决条件，尤其是随着现代技术复杂程度的提高，高投入特征日益明显，许多研究的实证结果都证实经费投入与创新能力成正相关关系。劳动力成本的上升，对于技术密集型产业来说作用表现为相反的两方面，表面上看提高了企业用工成本，但高工资有利于人力资本集聚，相对产出增长来说，可能形成相对成本的下降，从而有利于提高创新产出。而从创新支撑环境来说，金融服务因素、工业化水平因素都在1%水平产生显著影响，说明城市融资服务、工业化水平因素显著影响创新能力变化。科技服务呈不显著负相关，说明科技中介服务优势尚未发挥出来，没有像理论预期那样对创新能力产生促进作用。

表 1   集聚经济、创新外部性与长三角城市群创新能力关系 GLS 估计结果

变量	模型 1	模型 2	模型 3	模型 4
c	-5.894^{***} （2.078）	-44.199^{***} （2.809）	-42.762^{***} （3.605）	-43.888^{***} （3.102）
rdk_{it}	0.528^{***} （0.054）	0.146^{***} （0.042）	0.170^{***} （0.042）	0.109^{***} （0.032）
rdl_{it}	0.847^{***} （0.235）	2.562^{***} （0.170）	2.271^{***} （0.283）	0.569^{**} （0.284）
tec_{it}		-0.032 （0.070）	0.013 （0.077）	-0.237^{***} （0.088）
fin_{it}		0.871^{***} （0.095）	0.864^{*} （0.114）	0.297^{***} （0.107）
$indus_{it}$		5.929^{***} （0.420）	6.145^{***} （0.513）	2.724^{***} （0.481 8）
$peoden_{it}$			-0.205 （0.130）	1.194^{***} （0.168）
$capden_{it}$			-0.105 （0.221）	0.480^{***} （0.182）
$fdiden_{it}$			-0.110^{*} （0.065）	-1.597^{***} （0.147）
$markden_{it}$			0.336 （0.245）	0.942^{***} （0.204）
$spill-ihd_{it}$				-0.292^{***} （0.074）
$spill-fdi_{it}$				1.600^{***} （0.136）
$spill-dis_{ih}$				0.068 （0.087）
$spill-dis_{ip}$				-0.123^{*} （0.068）
$spill-spa_{it}$				0.178^{**} （0.070）

注：显著性水平：*** 是 1%、** 是 5%、* 是 10%；括号内为 z 值。

当考虑了集聚经济效应后，人力资本（rdl_{it}）、经费投入（rdk_{it}）对创新能力的影响统计上显著；金融服务（fin_{it}）、工业化水平（$indus_{it}$）亦发挥显著影响，而科技中介服务因子（tec_{it}）作用不显著。从集聚经济看，城市人口集聚（$peoden_{it}$）、市场集聚（$markden_{it}$）、国内资本集聚（$capden_{it}$）发挥着不显著的影响，说明尚未成为推动区域创新的内在动力，这可能与现阶段国内需求特征有关。外资集聚强度（$fdiden_{it}$）在10%水平上对城市创新能力产生显著负影响，说明现阶段外资投入强度不能对城市创新能力发挥正向促进作用。由于金融危机的冲击，长三角城市群除了上海、杭州、南通及嘉兴外，其余城市2012年前后实际外商直接投资均经历了先增后降的变化，外资投入强度变化特征与此相似。从城市化经济的影响来看，城市人口集聚力（$peoden_{it}$）对创新能力产生不显著的负向作用，说明目前城市化进程中所推动的城市人口集聚尚未对创新产出形成正向促进作用，这可能源于目前人口集聚仍以生产型人口为主，虽然总量增加，但对创新能力无法形成积极影响；城市固定资本投入强度（$capden_{it}$）对创新能力产生不显著的负影响，这与预期有出入，可能是由于当前阶段固定资产的持续强化对城市创新能力无法发挥积极推动作用。

从创新外部性因子的影响来看，组织维度上，产学研溢出（$spill-ihd_{it}$）发挥显著负影响，说明对于创新系统来说，产学研合作有待深化，推动科技与经济的深度融合发展、增强城市创新能力。由对外开放形成的国际溢出（$spill-fdi_{it}$）在1%水平上对城市创新能力产生显著正向影响，说明外资进入的示范、竞争与产业关联效应等正向促进区域内其他企业的生产效率提升和技术进步，是城市吸收国际知识溢出的重要渠道，也与相关实证研究的结果相一致。2005年，上海、苏州、宁波、无锡、杭州五市吸引外资占长三角城市群总量的68%；2015年，上海、杭州、苏州、宁波、南京五市吸引外资占长三角城市群总量的78%，外资投放的空间集中程度进一步提高，与金融危机后投资风险、不确定性增加紧密相关，尤其是杭州市，所吸收外资比重由2005年的6.5%提高到2015年的13.1%，增长迅速。从空间维度来看，城市群系统层面，距离上海的远近对城市创新能力的影响整体上不显著，而与区域创新中心间距离及其创新能力强弱具有显著关联，但两者作用方向相反，即距离区域中心越近，创新中心创新能力越强，越有利于城市创新能力提升，验证了之前的理论分析。考虑了创新外部性因子后，固定资本投入强度的作用发生了变化，在1%水平上发挥显著正向影响，2010年前后经历了较为普遍的快速上升过程，对创新产生显著正向影响。

三、结论与政策启示

本文利用长三角城市群2005—2015年面板数据，选取创新环境、集聚经济、创新外部性等三大因素十四个指标，实证分析各因素对城市群创新能力的影响，得出以下主要结论：对城市创新能力有显著影响的因素存在差异化影响，优良的内外融资环境、工业基础、人口集聚、创新区位等都对创新能力产生正向影响，而科技服务、外资强度、与创新中心间距离等产生消极影响。综合来看，城市群集聚经济因素作用有待强化，创新外部性因素作用明显，同时也验证了距离衰减效应的存在，对城市群创新效率差异的解释力较强，对这一分析框架的深化研究对城市群协调发展有重要的政策意义。新常态下，只有持续提升创新能力，才能保持城市群竞争力，而创新能力提升受到多种因素的共同影响，是一复杂系统，需要多主体、多方面协同。

首先注重完善创新支持的生态环境，降低企业等创新主体创新过程的交易成本，尤其是要完善政府创新支持政策的作用方式，避免利益导向下的创新主体行为异化。政府在激励创新及不同创新主体合作的同时，因囿于行政区利益最大化的内在约束，使推动与制约创新要素流动的力量并存。地方政府对区域要素的各类隐性的、差异化的市场分割，阻碍国内统一市场的形成，扭曲要素价格的同时，导致要素低效配置和产出损失[22-23]。因此，受长期行政区经济运行方式的影响、"边界效应"的存在[24]，创新要素市场出现程度不同的碎片化、创新要素空间分布与行政区层级体系相耦合、区域市场化进程的时空差异等多因素综合作用，使创新要素产业、空间组合方式与效率呈现出异质性，在此基础上形成创新能力差异明显的城市创新系统，进一步形成企业开放式创新环境需求的差异化匹配。由此，城市创新系统发展阶段特征的空间异质性，是创新系统分工与空间关联产生及其独特性形成的微观基础，也是相关扶持政策体系设计的现实依据，即要遵循空间异质性前提下，因地制宜制定创新政策，形成合理的创新分工。

其次，注重集聚经济因素的作用，我国城市化进程发展到当前阶段，摊大饼式发展思维的主导性明显，城市对人口、产业、创新等的有效集聚仍不足，尚未凸显规模经济效应，而土地城市化进程快于人口、经济的城市化，使得集聚尚未完成，而土地成本上升过快问题凸显，对城市群可持续发展产生消极影响，不利于创新能力提升。

再次，距离衰减规律的存在，凸显缩短城市间时空距离的必要性。长三角城市群基础设施建设上全国领先，但从系统内部看，仍存在着制约性因素，尤其是长江的天然阻隔作用，使江苏省扬州、泰州、南通三市强化与核心城市空间经济联系、获取创新溢出等方面存在一定障碍，同时也不利于创新要素统一市场形成，难以发挥城市群一体化产生的成本节约效应和创新溢出效应，降低协同发展效果。因此，政策导向上应有针对性地降低空间通达性给部分城市带来的负面影响，尤其是在长三角城市群规划制定中，应关注城际次级区域通达性问题，进一步完善区域快速交通网络体系，也为产业结构升级拓展空间。

最后，积极探索城市群创新收益共享机制。创新过程各阶段始终处于利益相关者自身利益最大化目标考量之下，因此，对于城市群系统来说需要合理地创新收益共享机制，才能最终实现提高城市群创新能力目标。"协同红利"能否惠及主要利益相关者、甚至为部分利益受损群体带来补偿性收益，都有赖于创新政策为主体的环境支撑机制的完善。充分把握各类型城市群创新系统特征及其关键约束要素，提出有针对性的优化政策，侧重点在于通过目标优化、长效机制的建立，变直接创新产出增长的目标导向为间接、长期区域协同发展的目标导向，是相关研究需要着力破解的难题。

另外，由于发展内涵的多维度性，区域创新能力的评价不能仅停留于效率层面[25]，也就是说，在后续研究中，对于创新能力内涵的理解应不局限于创新效率的提升。由于区域创新能力的提升最终落脚于区域发展能力的增强，所以，区域创新系统还应考虑包容性创新问题，即从国家、城市群创新系统层面来说，需兼顾协调发展的问题。对于内部发展差异往往较大的城市群系统来说，也存在不同程度城际、城乡等发展协调问题。要在推动系统整体经济发展的背景下，解决经济发展区际与城乡失衡问题、推动中低收入群体社会福利的增长[26]。因此，在相关政策制定过程中，应充分考虑多维目标的协同。

参考文献

［1］王红领，李稻葵，冯俊新. FDI 与自主研发：基于行业数据的经验研究［J］. 经济研究，2006（2）：44-56.

［2］刘爱君，晏敬东. 基于交流演化的城市群创新主体协同博弈研究［J］. 科技进步与对策，2015，32（14）：47-50.

［3］国家发展和改革委员会发展规划司. 中国城市综合发展指标 2016—大城市群发展战略［M］. 北京：人民出版社，2016：21.

［4］高丽娜，张惠东. 集聚经济、创新溢出与区域创新绩效［J］. 工业技术经济，2015（1）：70-77.

［5］邓元慧，欧国立，邢虎松. 城市群形成与演化：基于演化经济地理学的分析［J］. 科技进步与对策，2015，32（6）：45-50.

［6］党兴华，张首魁. 模块化技术创新网络结点间耦合关系研究［J］. 中国工业经济，2005（12）：85-91.

［7］叶斌，陈丽玉. 基于网络 DEA 的区域创新网络共生效率评价［J］. 中国软科学，2016（7）：100-108.

［8］MALECKI E J. Technology and economic development：The dynamics of local，regional，and national competitiveness［M］. Longman（Essex，England），1997.

［9］赖永剑.集聚、空间动态外部性与企业创新绩效［J］.产业经济研究，2012（2）：9-17.

［10］杨蕙馨，刘春玉.知识溢出效应与企业集聚定位决策［J］.中国工业经济，2005（12）：85-93.

［11］FELDMAN M P. The new economics of innovation, spillovers and agglomeration［J］. Economics of Innovation and New Technology, 1999（8）：5-25.

［12］BOSCHMA R A., FRITSCH M. Creative class and regional growth：Empirical evidence from seven European countries［J］. Economic Geography, 2009, 85（4）：391-423.

［13］齐亚伟，陶长琪.环境约束下要素集聚对区域创新能力的影响—基于 GWR 模型的实证分析［J］.科研管理，2014，35（9）：17-24.

［14］倪鹏飞，白晶，杨旭.城市创新系统的关键因素及其影响机制［J］.中国工业经济，2011（2）：16-25.

［15］刘和东.区域创新内溢、外溢与空间溢出效应的实证研究［J］.科研管理，2013，34（1）：28-36.

［16］张振刚，陈志明，李云健.开放式创新、吸收能力与创新能力关系研究［J］.科研管理，2015，36（3）：49-56.

［17］BRESCHI S., LISSONI F. Mobility of skilled workers and co-invention networks：an anatomy of localized knowledge flows［J］. Journal of Economic Geography, 2009, 9（4）：1-30.

［18］吴玉鸣.工业研发、产学合作与创新绩效的空间面板计量分析［J］.科研管理，2015，36（4）：118-127.

［19］沈能.区域一体化与技术水平的"俱乐部"收敛性研究［J］.科学学与科学技术管理，2009（1）：108-114.

［20］李光泗，沈坤荣.中国技术引进、自主研发与创新绩效研究［J］.财经研究，2011，37（11）：39-49.

［21］洪银兴，吴俊.长三角区域的多中心化趋势和一体化的新路径［J］.学术月刊，2012，44（5）：94-100.

［22］谢攀，林致远.地方保护、要素价格扭曲与资源配置［J］.财贸经济，2016（2）：71-84.

［23］傅勇.财政分权、政府治理与非经济性公共物品供给［J］.经济研究，2010（8）：4-16.

［24］吴俊，杨青.长三角扩容与经济一体化边界效应［J］.当代财经，2015（7）：86-97.

［25］颜莉.我国区域创新效率评价指标体系实证研究［J］.管理世界，2012（5）：174-175.

［26］吴晓波，姜雁斌.包容性创新理论框架的构建［J］.系统管理学报，2012（6）：736-747.

Agglomeration Economy, Innovation Externalities and Innovation Capability of Urban Agglomeration in Yangtze River Delta

GAO Lina   HUA Dongfang

Abstract: The urban agglomeration is the main form of promoting the development of new urbanization in China, and the promotion of its innovative ability is an important way to effectively integrate the innovation strategy and the space strategy. By using the panel data of the urban agglomeration in Yangtze River Delta from 2005 to 2015, this paper analysis the impact of agglomeration economy and innovation externalities on the innovation capability of urban agglomeration. The empirical results show that there are significant difference of the negative effects of population agglomeration and domestic and foreign capital agglomeration, and significant positive impact of market concentration; the influence of externalities are different in organization and space dimension. The spillover between Industry-University-Research institutions is not obvious, but the impact of international spillover by foreign direct investment and spatial spillover is significant. The paper put forward the countermeasures from the ecological environment of innovation, strengthening the agglomeration effects, shortening the distance between the cities, improving the sharing mechanism of the innovative returns for the coordinated development of the urban agglomeration.

Key words: Agglomeration economy; Innovation externality; Innovation capability; Urban agglomeration in Yangtze River Delta

武陵山片区旅游竞争力研究

张一舟　张　英

摘　要： 旅游业已成为武陵山片区的重要产业，提高武陵山片区的旅游竞争力已成为促进武陵山片区经济发展的重要内容。本文采用因子分析法对武陵山片区旅游竞争力进行分析，并就存在的问题提出：要提升武陵山片区旅游竞争力必须重视武陵山片区旅游一体化合作，重视旅游产业的创新发展，继续加强基础设施建设，提升旅游从业者的素质技能，以及加强对其他行业的带动作用。

关键词： 武陵山片区　旅游竞争力　因子分析

一、引言

武陵山片区是中国区域经济的分水岭和西部大开发的最前沿，是连接中原与西南的重要纽带。该区域集革命老区、民族地区和贫困地区于一体，是跨省交界面大、少数民族聚居多、贫困人口分布广的连片特困地区。

武陵山片区有着非常丰富的旅游资源，无论是绮丽的自然风光，还是独特的少数民族风俗和厚重悠远的民族文化，都在这一区域内汇集，十分有利于旅游业

作者简介： 张一舟（1991—），女，湖南吉首人，中南民族大学硕士研究生，研究方向：少数民族经济。张英（1966—），女，湖南张家界人，中南民族大学副院长，教授，研究方向：民族旅游经济。

基金项目： 中南民族大学大学生创新基金项目"武陵山片区旅游竞争力研究"。

的发展。目前武陵山区拥有 60 多处风景名胜区、20 多处 4A 国家级旅游景区、50 多个自然保护区、20 多个森林公园和 2 个国家地质公园，还有许多独具特色的少数民族村寨。但是武陵山片区各级政府在旅游开发过程中，没有充分地提炼武陵山片区的旅游资源和文化内涵，使得武陵山片区的资源优势没有得到很好的整合利用。同时，武陵山片区的区域位置相对封闭、经济基础薄弱、基础设施落后、高素质人才匮乏、区域内发展不平衡、区域之间缺乏合作等因素，使资源优势始终无法转化为产业优势，武陵山片区的旅游业始终无法实现快速发展并形成规模效应[1]。所以，整合资源优势，努力填补薄弱之处，提高武陵山片区旅游竞争力是武陵山片区旅游业发展的重中之重[2]。此次研究通过对武陵山片区内旅游竞争力研究提出量化性的数据支持，为武陵山片区旅游业的发展提出一些可供借鉴的观点。

二、武陵山片区旅游发展现状

（一）武陵山片区旅游发展情况总体分析

武陵山片区作为我国重要的少数民族聚居区域，拥有极为丰富的旅游资源以及政府的政策优惠，旅游业作为武陵山区这个相对贫困的多民族聚居地区的支柱产业之一，对武陵山片区经济发展有十分重要的作用[3]。近年来在武陵山片区，旅游业的发展一直维持着强劲的势头，在拉动当地经济发展和提高就业率方面是当之无愧的领头羊。

如表 1 所示，在武陵山片区的五个主要城市中，第三产业都在 GDP 中占了非常大的比例。除了怀化市以外，其他城市的旅游业在第三产业里的比例更是达到了 80% 至 90%。而其中张家界市的旅游业更是占了第三产业的 95% 以上，是实实在在的旅游城市。

表 1　　　　　　　　　　武陵山片区旅游发展情况

	旅游总收入（亿元）	旅游收入增长率	第三产业在 GDP 占比	旅游业在 GDP 占比
张家界	340.7	0.37	0.782	0.761
湘西	216.97	0.243	0.691	0.428 3
怀化	225.5	0.28	0.585	0.177 1
恩施	249.72	0.249	0.422	0.372 7
铜仁	240.18	0.235	0.465	0.311 6

数据来源：武陵山片区各市州《统计年鉴 2015》《2015 年国民经济与社会发展统计公报》。

（二）旅游资源分布情况

武陵山片区是我国旅游资源最为富集的区域之一，区域内既有锦绣奇丽的自然风光，又有浓郁独特的民俗风情和厚重悠远的历史文化，十分有利于旅游业的发展。目前武陵山区已经建立各类保护地150多处，包括60多处风景名胜区、50多个自然保护区、20多个森林公园和2个国家地质公园。

表2 武陵山片区 4A 级以上景区数

	张家界	湘西	恩施	铜仁	怀化
4A 级以上景区数	11	8	5	16	8

数据来源：武陵山片区各市州《统计年鉴2015》《2015年国民经济与社会发展统计公报》。

（三）旅游接待能力评估

从表3中可以看出，武陵山片区近年来大力提高旅游接待能力，各景区的整体接待能力有所提升。其中，游客接待能力最好的是张家界和恩施州，旅行社与星级酒店数量分别为65家、96家和74家、46家，平时基本能满足游客的需求，但到了旅游旺季，这些设施仍然无法满足巨大的游客需求。相对张家界和恩施州来说，其他几个市的接待能力则要差很多，无法满足其快速发展的旅游产业，低下的旅游接待能力会严重制约旅游竞争力的发展。

表3 武陵山片区旅游接待能力

	旅行社数量	星级酒店数量
张家界	65	96
湘西	33	52
恩施	74	46
铜仁	20	36
怀化	46	45

数据来源：武陵山片区各市州《统计年鉴2015》《2015年国民经济与社会发展统计公报》。

三、武陵山片区竞争力评价

（一）指标体系构建原则

选择有效的评价指标，构建一套比较合理、完整的指标体系，是正确评价武陵山区旅游产业竞争力的前提和基础。衡量与评价旅游产业竞争力的基本目的是为了培养与提高武陵山区旅游竞争能力与竞争优势，并制定出更好的竞争战略[4]。评价指标的选取应遵循综合性、可实施性、比较性和可行性的原则。

（二）指标的选取与说明

表4　　　　　　　　　　　　　竞争力评价指标体系

目标层	准则层	指标层
竞争力	现有旅游市场	旅游总人数　X_1
		旅游总收入　X_2
		旅游收入增长率　X_3
	旅游接待能力	旅客周转量　X_4
		4A级以上景区数量　X_5
		星级酒店数　X_6
	社会经济环境	人均GDP总量　X_7
		第三产业占GDP比重　X_8
		高校在读学生数　X_9
	自然环境	森林覆盖率　X_{10}
		年日照时数　X_{11}

指标情况说明：

旅游竞争力分为现有旅游市场、旅游接待能力、社会经济环境和自然环境。其中旅游现有市场是城市现阶段的旅游发展程度，具体包含的指标有旅游总人数 X_1、旅游总收入 X_2、旅游收入增长率 X_3；旅游接待能力反映了当地交通及基础设施建设程度，包含的指标有旅客周转量 X_4、4A级以上景区数量 X_5、星级酒店数 X_6；社会经济环境反映了当地的社会环境和经济状况，包含的指标有人均GDP总量 X_7、第三产业占GDP比重 X_8、高校在读学生数 X_9；自然环境则体现了当地发展旅游产业的基础与优势，其指标包括森林覆盖率 X_{10}、年日照时数 X_{11}。

（三）利用因子分析法进行指标评价

1.评价方法

旅游竞争力评价体系是一个复杂的综合性、社会性的体系。为了能综合反映武陵山片区的旅游竞争力，同时为了便于计算结果和分析，本论文采用因子分析法对所获得的数据进行分析。利用因子分析法评价旅游产业区域竞争力，可以有效地避免人为因素的影响，对数据进行客观分析。

2. 评价结果分析

采用 SPSS 18.0 统计软件，对标准化处理之后的原始数据进行分析，结果如下：

（1）提取公因子

利用主成分分析法来提取公因子，依据特征值大于1的原则，选择前3个主因子作为武陵山片区旅游竞争力评价的公因子，其总方差贡献率达到84.194%，说明这3个因子保留了原始数据中的大部分信息。

表 5　　　　　　　　　　　　公因子的特征值与贡献率

因子	特征值	方差贡献率	累计贡献率
F_1	5.943	54.025	54.025
F_2	1.752	15.923	69.948
F_3	1.567	14.246	84.194

数据来源：

（2）计算旋转因子载荷矩阵

在未经旋转的因子载荷矩阵中，主因子含义比较模糊。因此，为简化因子结构，便于解释主因子，我们采用方差极大正交旋转法，对主因子载荷矩阵进行旋转，得出旋转后的因子载荷矩阵，如表6：

表 6　　　　　　　　　　　　旋转后的因子载荷矩阵

原指标	V_1	V_2	V_3
X_1	0.826	0.552	-0.014
X_2	0.831	0.541	-0.089
X_3	-0.221	-0.787	0.157
X_4	0.345	0.857	0.238
X_5	0.871	0.015	-0.355
X_6	0.918	-0.040	0.216
X_7	0.421	-0.160	-0.778
X_8	0.217	-0.324	0.857
X_9	0.769	0.626	-0.083
X_{10}	-0.550	-0.704	0.142
X_{11}	-0.121	0.613	-0.094

其中，公因子 V_1 包括 X_1（旅游总人数）、X_2（旅游总收入）、X_5（4A 级景区数）、X_6（星级酒店数）、X_7（人均 GDP 总量）、X_9（高校在读学生数），可命名为旅游市场；V_2 包括 X_4（旅客周转量）、X_{11}（年日照时数），称之为相关便利；V_3 包括 X_3（旅游收入增长率）、X_8（第三产业占 GDP 比重）、X_{10}（森林覆盖率），可命名为发展基础。

（3）计算综合得分

首先用回归法计算因子得分，分别得到武陵山片区各市区以及相邻市区对应的 3 个公因子的得分，公式为：$Z_i = F_{i2} \times X_2 + F_{i3} \times X_3 + \cdots + F_{i12} \times X_{12}$，其中 F_1、F_2、F_3 $\cdots F_{12}$ 为各变量的系数。然后，再以各公因子的方差贡献率占总方差贡献率的比重作为权重进行加权平均，得出武陵山区旅游产业区竞争力的综合评价（见表 7），计算公式为：$Z = r_1 \times Z_1 + r_2 \times Z_2 + r_3 \times Z_3$，其中 r_1、r_2、r_3 为各公因子的特征值，Z_1、Z_2、Z_3 为 3 个公因子的得分。

表 7　　　　　　武陵山片区各市与其他城市旅游竞争力综合排名

城市	Z_1	Z_2	Z_3	得分	排名
武汉	3.36	7.57	0.39	3.07	1
成都	3.85	2.31	−1.33	2.26	2
长沙	1.66	2.60	−2.22	1.00	3
贵阳	0.70	0.43	−0.23	0.41	4
张家界	−0.41	−3.07	2.40	−0.37	5
常德	−1.26	0.21	−0.65	−0.81	6
恩施	−1.21	−1.05	−0.16	−0.84	7
黔东南	−1.35	−1.53	0.75	−0.87	8
湘西	−1.32	−2.60	1.74	−0.88	9
宜昌	−0.72	−1.84	−1.76	−0.93	10
铜仁	−1.57	−0.96	0.09	−0.99	11
怀化	−1.72	−1.65	0.98	−1.05	12

（4）结果分析

从表 7 中可以看到，武汉市的旅游竞争力是所有样本中最强的，特别是在 Z_2 的因子上得分远高于其他城市，这说明，武汉在交通便利程度上要远远超过其他城市，而在其后的成都则是在 Z_1 上表现最好，这说明成都的旅游市场相对其他城市来说要更完善。武陵山片区的几个市州排名大体上都靠后，怀化排名最低，张家界的旅游竞争力是武陵山片区内最强的，排在第五位，仅仅落后于几个省会城市。几个省会城市只在 Z_1 和 Z_2 因子上占优势，而在 Z_3 上，反而是武陵山片区的城市更占优势，这说明省会城市的基础优势好但持续发展劲头不足，而武陵山片区的几个城市发展劲头很猛，但旅游市场开发不够，交通能力落后，制约了旅游竞争力的提升。

四、武陵山片区旅游存在的问题

（一）缺乏整体观念，区域旅游整体开发不够

武陵山片区是个多民族聚居的区域，有着非常丰富的民族文化资源，如土家族有傩堂戏、摆手舞、女儿会等，苗族有苗年、钢火烧龙、四月八、苗鼓等，侗族有踩堂舞、侗族大歌等，如果将这些民族文化资源进行整合，融入旅游中，能带来可观的经济效益。但是，由于武陵山片区并不是隶属于同一个行政区，旅游业的发展缺乏统一、有效的规划。各省市虽然在旅游发展区域合作上做了不少努力，但片区内各级政府在旅游资源开发和发展中仍缺乏全局观念和整体规划，导致武陵山片的旅游业资源有效整合不足，区域协同发展不够，难以发挥整体优势。

（二）基础设施建设仍需加强

基础设施是否完备是制约旅游竞争力提升的关键因素。甚至可以说，一个地区的基础设施和旅游设施状况，将直接影响当地旅游业的发展。近年来，武陵山区各市州政府都认识到基础设施建设的重要性并加大了对基础设施建设的投入，以前武陵山区落后的基础设施状况已经得到很大的改善，如湘西自 2012 年第一条高速公路通车起，至 2017 年高速公路里程已从 0 千米增至 361 千米，公路里程增至 12 696 千米，可以说是跨越式的发展。但要满足旅游的需要，政府仍需加大投入。

（三）高素质技术水平的旅游从业人员严重缺乏

目前，武陵山片区各市州对旅游业的从业人员培养投入不足。尽管各景区旅游从业人员数量众多，但大多数受教育程度不高，素质较低，甚至一些旅游管理人员也缺乏旅游从业技能的专门培训，存在素质、技能低下，服务质量差的问题，骗客宰客现象时有发生，严重影响武陵山片区旅游业的发展。武陵山片区各市州高校在读学生数最高的是怀化市，人数达到 42 900 人，但相比周边更发达的地区，

对高素质人才的培养仍有差距。

（四）没有形成产业链，对其他产业带动作用不足

武陵山片区的旅游业仍以观光旅游为主，而旅游产业作为第三产业的龙头，与其他第三产业的联系非常紧密，对其他产业有很强的带动作用。但武陵山片区的旅游业与其他产业衔接不紧，没有形成集观光、购物、娱乐、休闲、康疗等于一体的综合型旅游产业链，很难满足游客日益丰富的消费需求，导致旅游的二次消费很低，除旅游业以外的其他产业难以获利。

（五）旅游产业创意不足

目前，武陵山片区产业创意不足，特别是旅游文化产业创意不足，文化创意产品精品很少。并且武陵山片区旅游产业开发程度不深，很多旅游景点没有深挖文化内涵甚至抄袭模仿现成的，导致很多产品雷同，缺乏文化神韵与竞争力。如民俗文化展演，除了张家界的《魅力湘西》《天门狐仙》、吉首的鼓文化节、凤凰的《烟雨凤凰》等少数几个有不错的效益外，其他的要么趋于雷同，要么枯燥无聊，有的甚至上线没多久就草草收场，无法获得很好的效益。

五、提升武陵山片区旅游竞争力的建议

（一）加强武陵山片区旅游一体化合作

从武陵山片区实际发展情况来看，由于武陵山片区隶属不同的行政区，区域内部各景区同质化现象明显，相对独立的发展方式导致景区存在竞争关系，片区内斗严重。因此只有在区域合作发展方面统一思路和政策，形成武陵山片区旅游一体化的概念，在旅游发展过程中协同合作、资源共享、互惠互利，才能打造武陵山片区旅游品牌，提升品牌知名度，推动旅游业的可持续发展，提升片区的旅游竞争力。政府间可以通过合作将武陵山片区各景点串联成线，打造跨越行政区划的旅游经典线路，构造旅游一体化模式，打造信息共享平台，促进武陵山片区旅游业的快速发展[5]。

（二）政府应继续发展基础设施建设

虽然目前政府加大了对武陵山片区基础设施建设的力度，但就实际数据上来看，武陵山片区的基础设施建设程度依然远远落后于附近的更发达的的城市或地区。基础设施的薄弱严重阻碍了武陵山片区旅游业的发展，因此需要加大对基础设施的投资建设力度。但基础设施建设包含非常多的部分，资金需求量大，光靠

政府的资金投入显然不够。因此,这就需要政府在作为投资主体争取各类国家扶贫专项资金的同时吸引多方民间资本的参与。政府主要抓交通设施、民生基础建设等,而将旅游产品的开发、旅游配套设施如酒店、饭店等交由民间资本经营。这样可充分利用市场机制,探索融资模式,拓宽投资主体,拓宽资金来源渠道。

（三）加强对旅游从业者的培养和管理

旅游从业者代表了当地旅游产业的形象,所以完善从业人员的教育培训体制是提升武陵山区旅游竞争力的途径之一。目前,武陵山片区旅游从业者的整体素质仍然不够。每年旅游旺季都会有"欺客""宰客"等现象出现。由于当地的旅游院校以及各个高校是培养高素质旅游从业者主体,所以要想提高从业者的素质,首先是需要加强区域内各个高校的建设,这就要求各个高校在培养旅游相关人才时除了让学生学习理论知识,更需要结合旅游专业的实际情况,增加实践课程,让学生在实践中学习如何灵活运用课本知识。然后对于已经参加工作的旅游从业人员,则应该定期进行职业培训和考核,如对武陵山片区各景区的解说、导游等从业人员的培训等,优秀的旅游从业人员是武陵山片区旅游产业持续发展的有力保证[6]。最后是加强旅游管理人才和服务人员的引进,对于目前旅游市场的人才特别是一些高级别的管理和研发人才需求,仅仅依靠本地院校培养是远远不够的,应积极引进外来的高素质人才。

（四）强化旅游产业的带动作用,重视旅游产业创新发展

从目前武陵山片区的旅游业和其他产业的联系不强,有的仅仅是很浅层的田园农家乐模式。政府和企业应该更加考虑通过旅游业促进一、二、三产业的联合,推进一、二、三产业的结构升级和产业调整,结合一、二、三产业研发旅游项目,丰富旅游活动,调整旅游产业结构,实现相互促进、共同发展的良性发展模式。

注重创新发展,在深入发掘传统工艺、民族传说、风俗文化等的同时,运用现代技术对传统旅游资源进行创新设计[7]。将现代技术与传统文化创新融合,不仅有助于传统文化重新被普通民众所认识而重新绽放光芒,更能生产出高效益的、不至于千篇一律的优质产品。

参考文献

[1] 敬翠华. 基于因子分析的武陵山区旅游竞争力研究 [D]. 武汉:中南民族大学, 2013.

[2] 刘颖. 武陵山区旅游竞争力研究 [D]. 武汉:中南民族大学, 2009.

[3] 国家旅游局规划发展与财务司. 中国旅游景区发展报告 [M]. 北京:中国旅游出版社, 2007.

[4] 徐喆,张立峰. 吉林省城市旅游竞争力评价及可持续发展研究 [J]. 资源与产业, 2010

（4）: 41-46.

［5］张灿，李俊. 提升武陵山片区旅游竞争力的对策研究［J］. 现代商业，2015（13）.

［6］刘天晓. 湖南城市旅游竞争力研究［D］. 长沙: 中南林业科技大学，2002.

［7］向秋怡. 民族村寨旅游手工艺品开发与村民增收问题研究［D］. 吉首: 吉首大学，2015.

Study on Tourism Competitiveness of Wuling Mountain area

Zhang yizhou   Zhang Yin

Abstract: Tourism has become an important industry in Wuling Mountain area, and improving the tourism competitiveness of Wuling Mountain region has become an important content to promote the economic development of Wuling Mountain area. This paper analyzes the tourism competitiveness of Wuling Mountain region by factor analysis to understand the existing problems of tourism development in Wuling Mountain region, and finds that in order to enhance the tourism competitiveness of Wuling Mountain region, we must attach importance to the tourism integration cooperation of Wuling Mountain region. We should attach importance to the innovation and development of tourism industry, continue to strengthen infrastructure construction, improve the quality and skills of tourism practitioners, and strengthen the leading role for other industries.

Key words: Wuling Mountain area; Tourism Competitiveness; Factor Analysis

我国"资源诅咒"问题省级层面检验及原因探析

邓柏盛　谯　丽

摘　要： 运用面板数据对我国31个省级单位进行自然资源丰裕度与经济增长之间的关系进行分析，得出如下结论：第一，我国省级层面的"资源诅咒"成立，自然资源丰裕度每上升一个单位，经济增长率平均下降3.81个单位；第二，资源价格波动对"资源诅咒"问题有根本性的影响，资源价格上升的2005—2008年，自然资源丰裕度与经济增长之间的关系是正向的，而资源价格低迷的2009—2015年间，"资源诅咒"现象明显；第三，我国地区间"资源诅咒"检验结果也不尽相同，其中东部地区和西部地区"资源诅咒"现象明显，而中部地区不明显；第四，从"资源诅咒"问题产生的原因来看，产业间确实存在路径依赖现象。最后，笔者根据研究结论提出了建议。

关键词： 自然资源　经济增长　资源诅咒　路径依赖　锁定效应

一、问题引入

自然资源在经济社会发展中占有重要的地位。威廉·配第提出了"土地是财

作者简介： 邓柏盛（1981—），湖南长沙人，湖南商学院副教授，经济学博士，大国经济研究团队成员。谯丽，湖南商学院经济学专业本科生。

富之母"的至理名言，发展经济学家罗斯托也认为一个国家拥有财富的多少，很大程度上取决于其对自然资源的占有[1]。20 世纪 60 年代，荷兰发现了大量的天然气，伴随资源的出口，一时间荷兰出现了经济繁荣。然而由于过度依赖资源的出口而忽略了其他产业的发展，荷兰没有因为丰裕的自然资源而走向真正的繁荣，反而陷入了经济停滞的泥沼，为此学界提出了所谓的"荷兰病"。后来经济学家们将这种现象称之为"资源诅咒"①。事实上，资源诅咒现象不仅在荷兰有所体现，沙特阿拉伯、伊朗、尼日利亚等以石油出口为主要经济来源的国家也有类似的现象发生。同期与那些拥有丰富的自然资源出口的国家不同，第二次世界大战之后迅速发展起来的"亚洲四小龙"以及日本等国都是资源匮乏的国家和地区，经济却在短时间内取得了巨大的成绩，实现了经济的飞跃。

这一现象引起了经济学家们的关注。显然，"资源诅咒"现象在国家层面已经发生了。当今世界，纵观一些大国经济的发展，区域经济的非均衡发展已成为一种常态，例如美国、俄罗斯、印度、巴西等，中国更是如此。对于幅员辽阔、各省的资源禀赋和经济发展水平都有较大差异的中国来说，对资源诅咒进行再检验显得更为重要，这关系到地区经济发展战略的选择，涉及地区经济发展的速度与质量。直觉表明：资源诅咒现象在我国省级层面已经初现端倪，例如北京、上海、江苏、浙江等省份资源相对匮乏，而经济发展水平、经济增长速度一直遥遥领先于中西部地区；山西、内蒙古、新疆等这些中西部地区省份尽管资源丰富，然而这些资源大省往往是经济欠发达地区的代表。在过去二十多年间，伴随我国经济快速增长的同时，我国的资源也在大量消耗，而且在最近的一个经济周期中，国际资源价格发生过几次大的波动。2008 年，全球性金融危机，国际资源价格暴跌，随后资源价格又迅速回升，上升速度脱离实体经济的需求，这毫无疑问会对我国乃至世界经济增长造成深远的影响。为了验证资源禀赋对地区经济增长的影响以及影响路径，本文运用 2005—2014 年间我国 31 个省（自治区或直辖市）的数据，在现有研究成果基础上对"资源诅咒"在我国省级层面是否存在进行再检验。文章的结构如下：第二部分为文献综述，主要介绍国内外关于自然资源禀赋与经济增长之间的关系；第三部分为文章实证部分，主要是自然资源丰裕度指标选择和计量模型的选择以及其结果分析；第四部分相当于一个稳健性分析，进一步分析对模型的结果分时间段、分区域进行检验；第五部分分析"资源诅咒"的成因，主要从经济发展的路径依赖、人员机构的锁定效应以及政府层面的政策进行分析；

---

① "资源诅咒"是一个经济学的理论，多指与矿业资源相关的经济社会问题。丰富的自然资源可能是经济发展的诅咒而不是祝福，大多数自然资源丰富的国家比那些资源稀缺的国家增长得更慢。

最后一部分为文章的结论和政策建议。

二、文献综述

区域经济的发展必须建立在现有的经济基础和要素禀赋之上，丰富的自然资源，为建立完备的产业体系提供了较好的初始条件，这对产业的分工与布局、形成与发展产生深远的影响，进而推进地区经济发展。国外关于自然资源对产业发展影响的理论研究比较丰富且具有系统性。先前的研究大多认为，丰富的自然资源有利于产业发展经济发展。古典经济学家从自然资源使用成本的角度分析了产业形成与分工问题以及比较优势理论（李嘉图，1817；俄林，1931）。发展经济学家强调丰富的自然资源在产业发展、升级和技术进步中的作用，形成了比较完整的工业化理论体系（霍夫曼，1931；钱纳里，1989）。经济学家还从自然资源的规模来解释产业规模和产品的种类、数量，由此波特（1990）提出了竞争优势理论。马尔萨斯是最先系统性地关注自然资源与经济增长之间相互关系的经济学家，他认为肥沃的土地和丰裕的自然资源是经济增长的必要条件，而土地边际报酬递减最终会制约经济增长[2]。

近三十年来，自然资源丰裕度与产业发展、经济发展的经验研究也屡见不鲜，然而结论不一，"资源诅咒"一说也随之产生了。一些针对大国的研究表明：丰富的自然资源有利于经济增长。Davis（1995）选用矿产收入占 GDP 比重进行分析，发现矿产资源越丰富对经济增长越有利[3]。Wright（1990）认为美国的制造业技术领先的重要原因在于自然资源优势[4]。Delong 和 Williamson（1994）研究表明美国钢铁产业发展的前提条件是该国丰富的煤炭和铁矿的储量，De Ferranti et al.（2002）得出了类似的结论。Kashbrasiev（2010）研究表明，"金砖国家"经济快速增长部分得益于丰富的自然资源。显然，中华人民共和国成立之初的经济发展也离不开老工业基地丰富的自然资源[5]。

然而，也有一些学者研究结论与上述相悖，Corden 和 Neary（1982）提出"荷兰病"，认为丰富的自然资源会产生"资源转移效应"，抑制其他产业发展[6]。Auty（1993）提出"资源诅咒"之说，随后引发了有关"资源诅咒"问题的大量研究[7]。Sacheetal.（2001）认为"资源诅咒"问题在世界范围内是存在的，Collier et al.（2008）用 130 个国家 40 年的数据进行分析，发现确实存在"资源诅咒"[8]。还有一些学者专门研究了"资源诅咒"的传导机制，Aseaetal.（1999）认为传导机制重要一环是教育，Letie et al.（1999）则认为是腐败，Torvik（2002）

认为是寻租，Paldam（1997）认为是挤出效应，Acemmoglu et al.（2001）认为是制度问题[9]。Coxhead（2006）认为这是一个富有争论的问题，因为被定义为资源丰裕的国家和地区在资源要素富裕的稳定性上存在问题。Alexeev 和 Conrad（2009）也进行了国家层面的研究，发现石油储备的增长对经济增长的影响是正的，但对人均收入增长的影响则是负的[10]。

国内研究自然资源与地区经济发展关系主要从如下方面展开：第一，研究自然资源丰裕度与经济增长的关系，即检验"资源诅咒"问题。早期主要以能源为对象考察我国不同省份的资源禀赋与经济增长的关系，具体采用面板数据进行研究，代表性的论文有徐康宁和韩剑（2005）、邵帅和齐中英（2008）、胡援成和肖德勇（2007）等[11][12][13]。近期的研究在方法上、指标选择上都有所突破，在方法上多采用门槛面板数据（马宇、程道金，2017）、空间计量模型（洪开荣、侯冠华，2017）、空间集聚（薛雅伟等 2016）等，自然资源也由能源转向了土地（邹书婷等，2015）、耕地（陈昱、陈银蓉，2017）、矿产资源（姚顺波、韩久保，2017）、旅游资源（李跃军等，2017）等[14][15][16]。第二，分析"资源诅咒"产生的原因和作用机理，研究表明关于"资源诅咒"产生的原因主要涉及腐败（姜泽林，2016）、寻租（姜晰等，2017）、人力资本限制（赵领娣，2016）、制度的路径依赖（邹炜龙，2017）等[17][18][19]。对于作用机理和传导机制，学界基本达成一致观点（黄悦等，2013），普遍认为"资源诅咒"源于路径依赖因而导致创新乏力。第三是分析如何解决"资源诅咒"问题。解决方案主要有从社会资本和技术创新（万建香、汪寿阳，2016）、经济发展阶段和经济结构变化（陈纪平，2016）、金融发展（郭根龙、杨进，2017）、财政转移支付（周亚平、陈文红，2017）、资源收入转移支付机制（庞加兰，2016）和制度变迁（陈隆近，2018）等视角提出[20][21][22]。

国内学者对"资源诅咒"的检验结果主要分为三类：存在论、不存在论以及有条件存在论。认为中国省级层面存在资源诅咒现象的有徐康宁、韩剑（2006）、邵帅、齐中英（2008）、邓明、钱争鸣（2012）、裴潇、黄玲、蒲志仲（2014）、洪开荣和侯冠华（2017）。认为中国不存在资源诅咒现象的研究有：赵奉军（2006）认为我国人口众多，虽然某些自然资源储量相对丰富，但资源的人均占有量远远低于世界平均水平[23]，从这个角度来说，中国并不是一个资源丰裕的国家，因此不存在资源诅咒问题；殷俐娟（2008）也有类似的观点，冯宗宪、姜晰、王青（2010）以人均 GDP 的平均年增长率作为衡量经济发展状况的指标，并加入区位这样一个非常显著的控制变量，发现经济增长与矿产资源丰裕度及依赖度之间并不存在显著的负相关[24]；方颖、纪衍、赵扬（2011）利用了中国 95 个地级市的横截面数据研究了"资源诅咒"假说在中国是否成立的问题，结果表明，当以人均概念衡量自然资源丰裕度时，自然资源丰裕度与经济增长之间并无显著的负相关关系；类似的还有田志华（2014）[25]。

还有一部分学者提出了资源诅咒条件存在论。如胡华（2013）提出资源价格的波动对于资源诅咒命题是否成立具有决定作用[26]。当资源价格增长率小于零时，资源对经济增长产生抑制作用，资源诅咒命题成立。反之，则不成立。姚毓春、范欣（2014）利用生态足迹模型重新测度，发现中国存在着有条件的资源诅咒。自然资源与经济增长呈现出非线性关系。邓伟、王高望（2014）加入经济开放条件后考察了自然资源对经济增长的影响，结果表明：当一个地区对国内的经济开放度较小时，这种边际影响为正，即资源红利，否则为负，即资源诅咒。彭欢欢、姚磊（2015）的研究发现自然资源丰裕度对经济增长的影响存在明显的地区差异。马宇和程道金（2017）通过门槛值测算发现，"资源诅咒"是有条件的，万建香和汪寿阳（2017）也有相似观点[27]。

尽管在近十年来涌现出了很多关于"资源诅咒"问题的研究，综合而言，这些研究总存在这样那样的不足，可以在如下方面进行改进：第一，多数文章分析自然资源与经济增长的关系上，主要使用能源作为指标，得出的结论应该叫"能源诅咒"更贴切些；第二，在问题研究方法上，大多使用时间序列数据，面板数据研究也有一些，但是研究该问题在时间段的选择上具有随意性，同一国家或地区不同时期的研究结论极有可能完全相反；第三，在研究样本的选择则上，为已设定结论服务的目的性太明显。

三、自然资源丰裕度对经济增长的计量模型选择

（一）自然资源丰裕度指标界定与数据来源

资源一般分为自然资源与社会资源两种，前者分为再生资源和不可再生资源，再生资源包括阳光、空气、水、风、森林等；不可再生资源包括矿产资源、煤炭资源、石油资源等。社会资源一般包括人力资源、信息资源以及经劳动创造的各种物质。由于学界达成了"资源诅咒"讨论的仅是自然资源的共识，故本文不再对社会资源进行讨论。自然资源中的再生资源种类繁多，其中风能、太阳能不易量化且具有不确定性，统计起来难度较大。因此，本文采用的资源丰裕度的衡量指标是煤炭、石油、水电、天然气四类主要能源资源与铁矿石、有色金属、森林资源、稀土四类主要非能源资源占全国总量的比例平均加权。笔者摒弃了以往的

研究中只选取能源资源为衡量标准而忽视非能源资源的做法，从而提高了检验的可靠性，真正是对"资源诅咒"的检验而不是传统文章那样对"能源诅咒"的检验。本文数据主要来源于国家统计局网站提供的各年统计年鉴、各省统计年鉴、能源统计年鉴、中国劳动统计年鉴等。

（二）计量分析与模型的设定

一般认为，影响地区经济增长的因素有很多，例如：滞后一期的经济增长率、自然资源、人力资源、投资、科技水平、政策、海陆因素等等。考虑数据的可得性，除自然资源丰裕度外，本文选取了滞后一期的经济增长率、投资、教育、科技几个有代表性的影响因素作为控制变量，经分析后有可能需要剔除一些变量。初步将模型表述为 G=F（G（-1），RE，EDU，INV，TEC）。其中 G 表示经济增长率；G（-1）表示滞后一期的经济增长率；RE 表示资源丰裕度；EDU 表示居民受教育水平；TEC 表示科技水平。为了扩大信息量，增加估计和检验统计量的自由度、提高动态分析的可靠性我们采用的是面板数据。

（三）变量指标的选取和符号预期

G 与 G（-1）分别表示经济增长率及滞后一期的经济增长率。因为经济增长可能具有滞后性，如果前期经济增长率高，那么这种经济增长的趋势可能会延续到当期。预期符号为正。

RE 表示自然资源丰裕度。笔者采用各地石油、煤炭、天然气、水力发电量、有色金属、铁矿石、森林覆盖率、稀土八种主要资源占全国的比例平均加权后的值作为各地区资源丰裕度指标。由于资源诅咒的存在与否尚无定论，符号难以预测。

INV 表示投资。衡量投资的替代指标是各地区固定资产投资额占全国固定资产投资额的大小。由于投资是拉动经济增长的"三驾马车"之一，预期符号为正。

EDU 表示教育。此处采用的是各地区的教育（包括初等、中等、高等及职业教育）经费支出占全国教育经费支出的比例，预期符号为正。

TEC 表示科技。本文采用的是各地区从事研究与开发（R&D）的人员数占全国从事 R&D 人员数的比例。预期符号为正。

（四）模型的估计

1. 模型选取

初步选取了一阶滞后分布模型、加入了解释变量平方的模型、对数模型以供选择。

$$G_{it} = \alpha_0 + \alpha_1 G(-1)_{it} + \alpha_2 RE_{it} + \alpha_3 INV_{it} + \alpha_4 EDU_{it} + \alpha_5 TEC_{it} + \varepsilon_{it} \qquad (1)$$

$$G_{it} = \alpha_0 + \alpha_1 G(-1)_{it} + \alpha_2 RE_{it} + \alpha RE\hat{}2 + \alpha_4 INV_{it} + \alpha_5 EDU_{it} + \alpha_6 TEC_{it} + \varepsilon_{it}$$

$$（2）$$

$$lNG_{it} = \alpha_0 + \alpha_1 LNG(-1)_{it} + \alpha_2 LNRE_{it} + \alpha_3 LNINV_{it} + \alpha_4 LNEDU_{it} + \alpha_5 LNTEC_{it} + \varepsilon_{it}$$

$$（3）$$

通过 Eviews 检验，选取了变截距模型。给定原假设建立随机效应模型并进行豪斯曼检验，发现 p 值为 0.000 0，拒绝原假设，建立一个变截距的固定效应模型。估计结果如下：

表1　　　　　　　　　　　　　模型（1）估计结果

	常数项	$G(-1)$	RE	INV	EDU	TEC	备注
系数	0.36	0.13	−3.88	1.04	0.23	−0.55	模型1
T 值	5.06***	2.02**	5.58***	1.09	0.42	−0.35	回归
系数	0.35		−3.67	2.26	0.86	−1.03	剔除
T 值	3.99***	—	−3.44***	1.60	1.03	−1.17	$G(-1)$
系数	0.36	0.14	−3.78		0.40	0.08	剔除
T 值	5.05***	0.03**	−5.49***	—	0.31	0.15	INV
系数	0.35	0.13	−3.84	0.85		0.24	剔除
T 值	5.97***	2.04**	−5.59***	1.08	—	0.45	EDU
系数	0.37	0.13	−3.88	0.94	−0.61		剔除
T 值	5.76***	2.03**	−5.59***	1.02	−0.39	—	TEC
系数	0.36	0.13	−3.84	0.73			剔除
T 值	6.92***	2.04**	−5.60***	0.99	—	—	EDU 和 TEC
系数	0.38	0.14	−3.81				剔除 EDU、
T 值	7.88***	2.20**	−5.55***	—			TEC 和 INV

注：表格第一行为参数，第二行为 t 值；** 与 *** 分别代表5%、1%显著水平。

用同样的办法对模型（2）、模型（3）进行检验。根据显著性水平与参数符号是否符合预期来进行比较选择，认为模型（1）最优。检验和分析发现，投资、教育以及科技因素在模型中并不显著，进一步对模型（1）中不显著的控制变量进行剔除，最终得到的模型是：$G_{it} = \alpha_0 + \alpha_1 G(-1)_{it} + \alpha_2 RE_{it} + \varepsilon_{it}$。

对所选定的模型做进一步分析和检验，结果如下：

$$G_{it} = 0.38 + 0.14G(-1)_{it} - 3.81RE_{it} + \varepsilon_{it}$$

$$（7.87）（2.20）　　　　（-5.55）$$

F = 2.596 2　　　　D. W = 1.984 9

模型检验结果表明：在 RE 不变的情况下，前期的经济增长率每增加一个单位，经济增长率平均增加 0.14 个单位；在 G（-1）不变的情况下，资源丰裕度每上升一个单位，经济增长率平均下降 3.81 个单位。这一结果可以初步判断我国省级层面存在"资源诅咒"现象。为了确保分析的准确性，下文将分时间段和地区做进一步分析。

四、对计量结果进行进一步分析

（一）分时间段检验

21 世纪以来，资源价格出现了一段前所未有的持续增长期。而 2008 年爆发的全球性金融危机又导致了资源价格暴跌，下跌幅度与速度都是史上罕见的。而在 2009 年，资源价格就见底回升，上涨幅度脱离实体经济的需求。这种资源价格的上升可能会促进资源出口地区的经济增长。因此，本文特以 2008 年为分段点，将数据分为 2005—2008 年和 2009—2014 年两个时间段对资源丰裕度与经济增长的关系进行分别检验，观察资源价格的剧烈波动是否对地区资源丰裕度与经济增长的关系存在影响，检验结果如表 2 所示。

由表 2 可以知，在两个时间段内，资源禀赋对经济增长的影响是截然不同的。2005—2008 年间，资源禀赋对经济增长的影响是正向的；而 2009—2014 年间，资源禀赋对经济增长的影响是负向的。这意味着资源诅咒现象在 2009—2014 期间是存在的，而在 2005—2008 年期间可能并不存在。这与我们之前的预期"较高的资源价格可能会促进地区经济的增长"不一致。原因可能是在资源价格更高的 2009—2014 年期间，高收入吸引了更多的劳动者从事资源采掘业，从而对二、三产业造成人力资源的"挤出"，阻碍了经济增长，资源价格上涨带来的收入不能弥补"挤出"其他产业带来的损失。

表 2　　　　　　　省级层面分时间段检验结果表

时间段	变量	参数	t 值	p 值
2005—2008	常数项	0.11	6.23	0.00
	G(-1)	0.35	3.63	0.00
	RE	0.19	1.82	0.07
2009—2014	变量	参数	t 值	p 值
	常数项	0.37	3.28	0.00
	G(-1)	0.01	0.13	0.90
	RE	-3.52	-2.14	0.03

（二）分区域检验

考虑到我国资源分布不均、经济发展的非均衡性，地区经济差异比较大，因而有必要分区域对我国资源诅咒问题进行进一步分析。为此，笔者在中国东、中、西部分别随机选择两个省份，就资源诅咒现象进行单独检验①。

在随机抽取样本时候，东部选取了浙江、山东二省，中部选择了湖北、江西二省，西部选择了新疆、青海二省。检验结果如表 3 所示。由东、中、西部省份的单独检验可以看出，三个地区检验结果并不相同，其中东部和西部省份"资源诅咒"现象显著存在，在 95%以上的显著性水平下，东部地区和西部地区自然资源与经济增长之间是存在负相关的，而中部地区不太明显，中部地区计算资源丰裕度与经济增长之间关系的 p 值为 0.13，表明在 90%的显著性水平下已经拒绝了存在相关性，所以并不明显。

表3　　　　　　　　　　省级层面分地区段检验结果表

地区	变量	参数	t 值	p 值
东部	常数项	0.87	4.01	0.00
	RE	−10.70	−3.70	0.00
中部	常数项	0.45	2.54	0.02
	RE	−3.23	−1.60	0.13
西部	常数项	0.83	2.98	0.01
	RE	−13.12	−2.28	0.04

五、资源诅咒的原因分析

（一）经济初始发展状况对后期经济发展的影响

将 GDP 增长率分为第一产业增长率、第二产业增长率、第三产业增长率，分别进行计量检验，适当剔除解释变量后，结果如下：

---

① （Economic and Trade School of Hunan University of Commerce）检验的过程中，既可以选择东、中、西部三个地区的所有省份进行区域的分析，又可以单独选择各个部分的一些省来进行分析。笔者在这里使用随机抽样的方法，从东、中、西三个地区随机抽取了两个省进行分析。为确保分析的准确性，笔者也对整个区域做了检验，结果并没有发生根本性改变。笔者认为随机选择的结果更具有说服力。

表4　　　　　　　　　　　　分产业检验结果

产业	变量	参数	t 值	p 值
第一产业	常数项	0.12	9.64	0.00
	RE	0.22	1.73	0.09
	EDU	-0.92	-2.61	0.01
	TEC	0.27	1.29	0.20
第二产业	常数项	0.40	5.21	0.00
	RE	-4.79	-4.49	0.00
	INV	1.10	1.69	0.09
第三产业	常数项	0.30	3.87	0.00
	RE	-3.70	-3.46	0.00
	INV	2.92	2.26	0.02
	EDU	0.68	0.83	0.41

从上文中我们发现，资源丰裕度与经济增长率呈负相关。而分别检验显示，资源丰裕度对第一产业的发展是有正向作用的。很明显，这种正相关被与二、三产业的负相关抵消了。区域经济的初始发展状况很大程度影响其未来的发展走向，在第一产业占主导地位的经济发展初始阶段，资源丰富的省份曾经靠资源的开采获得了一段时间的发展。相比之下，资源匮乏的省份没有资源可以依赖，转而从事服务业或是科技创新等产品附加值高的行业，取得了较好的发展。久而久之，这样的经济模式就会固定下来。起初，资源大省会由于丰富的资源而取得较快的发展，但这种短视行为的缺点会随着社会的发展与产业结构的变迁显现出来。第一产业占主导地位的时代一去不复返，资源大省从事的资源附加值低的产业创造的 GDP 远远落后于其他地区，造成一种资源越丰富人们越贫穷的局面。

（二）人员的就业情况

为了分析资源丰富省份第一产业的发展是否会对二、三产业有"挤出效应"，我们以 2014 年全国各省城镇人口就业去向数据为例，对其进行计算并加以排序，结果如表5。

表5   人员就业结构

地区	从事第一产业占比	排名	从事第二产业占比	排名	从事第三产业占比	排名
北京	0.004 2	22	0.211 5	29	0.785 3	2
天津	0.001 7	29	0.546 2	6	0.452 5	24
河北	0.007 0	16	0.431 6	18	0.561 6	12
山西	0.004 4	21	0.475 3	13	0.519 8	17
内蒙古	0.078 9	4	0.343 6	26	0.577 1	10
辽宁	0.034 7	6	0.475 6	12	0.489 6	21
吉林	0.039 8	5	0.441 7	16	0.518 8	18
黑龙江	0.157 7	2	0.330 7	27	0.511 2	19
上海	0.003 7	25	0.382 3	25	0.614 0	4
江苏	0.003 9	24	0.494 5	11	0.295 7	31
浙江	0.000 5	31	0.629 7	1	0.369 7	29
安徽	0.008 6	15	0.501 8	10	0.485 7	22
福建	0.006 9	17	0.628 9	2	0.364 2	30
江西	0.011 2	14	0.537 3	7	0.451 5	25
山东	0.001 3	30	0.551 4	4	0.447 4	26
河南	0.004 6	20	0.548 7	5	0.446 7	27
湖北	0.013 2	13	0.512 0	8	0.475 1	23
湖南	0.003 7	26	0.447 7	15	0.548 8	14
广东	0.002 9	28	0.607 3	3	0.389 8	28
广西	0.020 7	9	0.391 3	23	0.588 8	6
海南	0.102 5	3	0.197 0	30	0.700 5	3
重庆	0.002 9	27	0.504 5	9	0.492 9	20
四川	0.004 0	23	0.471 4	14	0.524 5	16
贵州	0.004 9	18	0.385 6	24	0.611 4	5
云南	0.016 0	12	0.398 7	20	0.585 3	8
西藏	0.033 8	7	0.141 5	31	0.826 2	1
陕西	0.004 6	19	0.437 4	17	0.558 4	13
甘肃	0.018 9	11	0.410 7	19	0.570 5	11
青海	0.022 2	8	0.395 6	21	0.585 4	7
宁夏	0.020 5	10	0.394 8	22	0.583 3	9
新疆	0.167 1	1	0.284 6	28	0.548 3	15

注：数据由 2014《中国劳动统计年鉴》计算得出，采用的是三次产业分类法。实际上我们对比了 2010 年以后各省和地区的人员结构各年的变化，总体变化情况并不大。

由上表我们可以看出，第一产业排名靠前的新疆、黑龙江、海南、内蒙古、吉林、辽宁、西藏等省第二产业明显排名靠后，但对第三产业的排名影响并不明显。这说明资源大省单一的产业结构的确会对第二产业产生"挤出效应"，这可能是因为资源丰富地区经济的增长过度依赖自然资源开采导致其环境污染、生态破坏、产业单一，使得大批的劳动力从事简单的劳动力，缺乏教育与科技创新的意识，从而对人力资源的积累产生了"挤出效应"，阻碍了经济的可持续发展。但这种"挤出效应"对第三产业的发展并不明显，可能是因为资源大省大多分布在西部，依靠地域特色的旅游业拉动了第三产业的发展。

（三）政府资源环境经济政策

一是资源价格。如果对资源的定价过低，甚至低于其边际开采成本，就会导致资源过度开采，进而破坏经济的可持续发展。我国长期实行资源补贴政策，这使得资源定价有可能会低于其开采成本，使得经济发展初期就开采了大部分，且利用效率低，产值低下。山西省就是一个典型的例子，数十年向全国输送廉价的煤炭资源，也替全国承担了环境生态成本。现在的山西出现了大面积的坍陷区，饱受"煤炭之灾"。二是产权。产权的不明晰不仅使得资源被当成"公共物品"无节制地使用，且无法加以保护。目前我国的土地、林业的产权都属于国家，人民只有使用权，且使用权往往是有年限的。这使得任何人都想要在自己的使用期限内实现效用最大化，因此不会考虑资源是否还能被下一代持续利用。例如我国目前的乱砍滥伐、过度捕捞、乱占耕地等现象，都是产权不明晰、产权制度不完善导致的。三是资源税收。如果对资源开采征税过低，则不能起到有节制地开采资源的效果。例如内蒙古的税收收入中资源税收入占比很低，远低于其他发展中国家的水平。这可能是导致其经济发展落后的原因。

六、结论及政策建议

笔者通过构建科学的自然资源丰裕度指标，对经济增长中资源因素作用进行分析，研究表明：第一，整体上计量结果显示资源丰裕度对经济增长显著负相关，表明我国省级层面已经出现了资源诅咒现象。第二，资源价格波动对资源诅咒问题有根本性的影响。根据省级层面分时间段检验结果，笔者发现在资源价格不同的两个时间段内，资源禀赋对经济增长的影响结果是截然不同的。第三，分区域的资源诅咒检验表明，我国东、中、西部地区源诅咒的说法成立。其中东、西部地区尤为显著，而中部地区则相对表现不那么明显。第四，分产业进行检验，发现自然资源对第一产业的增长具有正相关，而对二、三产业的发展具有负相关。可能是由于经济增长存在路径依赖，经济的初始发展状况会对后期经济发展产生影响。第五，从各地区的人员就业结构分析，发现资源丰富地区往往第一产业发达而第二产业衰弱，可以认为资源丰富地区第一产业的过度发展对人力资源有挤出效应，而这种挤出效应对第三产业而言并不明显。第六，资源丰富地区政府早期制定的资源环境政策是为了开采资源，从而推动区域经济发展。但实际上，这种政策反而导致了区域经济不可持续发展的现状，这与政府制定政策时的初衷是截然相反的。

根据上述研究结论，笔者提出如下政策建议：第一，加快中西部地区的产业结构完善与升级。中西部地区虽然没有沿海优越的海路交通，但仍然可以发展陆路的国际贸易。尤其是最近西方国家的右翼势力抬头，反全球化的势头已经开始萌生了。从特朗普的"美国第一"到英国脱欧、与韩交恶等现象让我们看清，与西方国家之间的对外贸易不再是有保障的了。只有向西部发展，建立与内陆国家的联系才是中国经济的新出路。中西部地区不应该只沦为落后产业的转移地带，而应该主动寻求发展，优化自身产业结构。一是可以通过发展边境贸易，建立保税区，以保税区来辐射带动地区经济发展。二是可以大力发展附加值较高的服务产业，利用中西部保存较为良好的自然风光，结合地域特色，发展特色旅游业。对于西部边境地区省份，还可以发展国际旅游业，与国外的旅游公司合作，吸引国外游客入境。

第二，加大人力资本的投入。上文中提到，资源丰富地区由于资源财富的易得性使人产生惰性，这种惰性影响了人们进行教育和学习技术的积极性，从而影响人力资本的质量，对经济的可持续发展不利。如果将资源创造的财富用于发展教育和科技，培养高端科技人才，就会形成一种良性循环，有利于当地产业结构由资源密集型或劳动力密集型向技术密集型转型。其次，加强对人力资源的投入，可以提高人员素质，从而加强应对风险的能力。在竞争激烈的当今社会，企业或产业之间的优胜劣汰比比皆是。如果劳动者不慎面临失业危机，良好的个人素质能使劳动者有足够的能力去从事其他行业的工作，从而降低失业风险。此外，此举会大大减少资源采掘业对人力资源的"挤出效应"，从而有效地走出"资源诅咒"的困境，实现经济的可持续发展

第三，将资源环境因素纳入宏观经济政策的制定过程中。一是建立科学的资源定价体系，充分反映资源市场真实的供需情况。而且资源相比其他商品具有稀缺性，更应该合理定价，让人们能意识到资源的珍贵，从而节约使用，提高利用率。二是要合理界定产权。政府应该更多地做好一个"守夜人"的身份，放权给

市场去调节资源，这样才会使资源得到最优的配置。三是提高资源税。福利经济学告诉我们，对于产生负外部性的产业应该征税来使得外部效应内部化。由于资源省份要承担环境治理成本，资源税改革必须要把环境治理费用考虑进去，为资源大省适当减轻负担。这是缩小区域发展差异，摆脱"资源诅咒"的重要举措。

参考文献

[1] 王士红，何平，张锐. 资源约束与经济增长关系研究新进展 ［J］. 经济学动态，2015（11）：138-146.

[2] Malthus T R. An essay on the principle of population ［M］. 9th ed. London：Reeves & Turner，1888：6-13.

[3] Davis, G. A. and J. E. Tilton. The resource curse ［J］. Natural Resources Forum, 2005（29）：233-242.

[4] Wright, G. The origins of American industrial success，1879—1940 ［J］. American Economic Review, 1990（80），pp. 651-668.

[5] 邓柏盛. 发展中大国的自然资源优势与经济增长 ［J］. 湖南商学院学报，2011（4）：11-17.

[6] Corden W. M., Neary J. P, Booming Sector & De- industrialization in a Small Open Economy ［J］. The Economic Journal, 1982（92）：829-848.

[7] Sachs, J. and A. Warner. The curse of natural resources ［J］. European Economic Review, 2001（45）：827-838.

[8] P. Collier, B. Goderis. 2009. Commodity prices，growth and the natural resource curse：reconciling a conundrum ［Z］. MPRA Paper No：17315.

[9] Acemoglu, D., Johnson, S., Robinson, J. Colonial origins of comparative development：an empirical investigation ［J］. American Economic Review, 2001（5）：1369-1401.

[10] Alexeev, M., Conrad, R. The elusive curse of oil ［J］. Review of Economics and Statistics, 2009, 91（3）：586-598.

[11] 徐康宁，王剑. 自然资源丰裕程度与经济发展水平关系的研究 ［J］. 经济研究，2006（1）：78-89.

[12] 邵帅，齐中英. 西部地区的能源开发与经济增长 ［J］. 经济研究，2008（1）：147-160.

[13] 胡援成，肖德勇. 经济发展门槛与自然资源诅咒——基于我国省际层面的面板数据实证研究 ［J］. 管理世界，2007（4）：15-23.

[14] 马宇，程道金. "资源福音"还是"资源诅咒"——基于门槛面板模型的实证研究 ［J］. 财贸研究，2017（1）：13-25.

[15] 薛雅伟，张在旭，李宏勋，等. 资源产业空间集聚与区域经济增长："资源诅咒"效应实证 ［J］. 中国人口·资源与环境，2016（8）：25-33.

[16] 陈昱，陈银蓉. 耕地"资源诅咒"的空间异质性及差别化管理策略研究——中原城市群9

个地市的实证［J］. 中国农业资源与区划，2017（10）：31-37.

［17］姜泽林. 腐败规制与资源诅咒：一个理论分析框架及实证检验［J］. 财会通讯，2016（33）：124-128.

［18］陈艳莹，王二龙，程乘. 寻租、企业家才能配置和资源诅咒——基于中国省份面板数据的实证研究［J］. 财经研究，2012（6）：16-26.

［19］赵领娣，徐乐，张磊. 资源产业依赖、人力资本与"资源诅咒"假说——基于资源型城市的再检验［J］. 地域研究与开发，2016（4）：52-57.

［20］万建香，汪寿阳. 社会资本与技术创新能否打破"资源诅咒"？——基于面板门槛效应的研究［J］. 经济研究，2016（12）：76-88.

［21］刘耀彬，黄梦圆，白彩全. 自然资源与经济增长——基于金融发展门槛效应［J］. 自然资源学报，2015，30（12）：1982-1993.

［22］王必达，王春晖. "资源诅咒"：制度视域的解析［J］. 复旦学报（社会科学版），2009（5）：100-108.

［23］赵奉军. 关于"资源诅咒"的文献综述［J］. 西部论坛，2006（1）：8-12.

［24］殷俐娟. 资源富集地区避免"资源诅咒"效应的策略［J］. 国土资源科技管理，2008（2）：124-126.

［25］田志华. 资源诅咒存在吗？——基于中国城市层面的检验［J］. 产业经济评论，2014（5）：65-73.

［26］胡华. 资源诅咒命题在中国大陆是否成立——基于省级面板数据的回归分析［J］. 现代财经，2013（3）：24-36.

［27］马宇，程道金. "资源福音"还是"资源诅咒"——基于门槛面板模型的实证研究［J］. 财贸研究，2017（1）：13-25.

Resource Curse Test on Chinese Province level and the Cause analysis

Deng bosheng   Qiao Li

Abstract：This paper using panel data to analyze the relationship between natural resource abundance and economic growth on Chinese province level, and get following conclusions. Firstly, the "resource curse" was established on the provincial level in China. The economic growth rate drops by 3. 81 units on average with each unit of natural resource abundance rises. Secondly, resource price fluctuations have a fundamental impact on the issue of "resource curses". When resource prices rose, from 2005 to 2008, the relationship between natural resource abundance and economic growth was positive. When the resource prices were low between 2009 and 2015, "resource curse" phenomenon was obvious. Thirdly, the test results of the "resource curse" among the regions of China were not the same. The "resource curse" phenomenon was obvious in the eastern region and the western region, while the central region was not obvious. Fourthly, there is indeed a path dependence phenomenon between industries. Finally, the author puts forward some suggestions according to the research conclusion.

Key words：Natural Resources；Economic Growth；Resource Curse；Path Dependence；Locking Effect

马克思主义科学方法论
在民族经济学研究中的运用

周若男　　张全全　　张　英

摘　要： 文章在深入分析马克思主义社会科学方法论的基础上，以马克思主义社会科学方法论的主要内容为主线，从以实践为主体的研究方法、社会系统研究方法、社会矛盾研究方法、社会过程研究方法、社会主体研究方法、社会认知与评价研究方法六个方面，对马克思主义社会科学方法论在民族经济学中的运用做研究。结果显示：马克思主义社会科学方法论体现在民族经济学研究的各个环节，并且对民族经济学研究具有深远的指导意义。

关键词： 科学方法论　民族经济学　运用

导　言

科学是人类对自然社会、人类社会及人的思维等方面现象与规律的正确认识

作者简介： 周若男（1993—），女，湖北孝感人，中南民族大学硕士研究生，研究方向：民族经济。张英（1966—），女，湖南张家界人，中南民族大学副院长，教授，研究方向：民族旅游经济。张全全（1988—），湖南永顺人，武汉铁路职业技术学院继续教育学院辅导员，研究方向：政治思想教育。

基金项目： 中南民族大学中央专项项目：民族地区特色产业发展的金融创新研究，编号：CST18008。

与把握，具体可划分为自然科学、社会科学和人文科学。[1]社会科学以社会现象为研究对象，力求揭示社会生活的本质和发展规律，对社会生活作出科学的说明和合理的评价。[2]根据大多数学者的观点，可将社会学、心理学、经济学、教育学、政治学、历史学、法学和人类学视为社会科学的主要学科。[3]马克思主义社会科学方法论是一门关于社会科学研究方法的理论。由于其科学性和广泛适用性，对其进行研究的学者比较多，综合近几年的研究成果，主要是从以下几方面进行的：一是对马克思主义科学方法论哲学基础的研究。徐淼（2013）以社会科学方法论传统理论为理论依据，结合马克思主义有关于社会研究方法的理论现实对该理论的建构做了研究，肯定了马克思主义科学方法论的指导作用。[4]李媛（2014）指出马克思主义社会科学突破温奇、吉斯登理论的局限性，以历史唯物主义为哲学基础，形成了一种科学体系。[5]马梓淇（2015）对马克思主义社会科学方法论的思想基础做了研究，指出其以"唯物史观"为指导，以"社会实践"为目的，构筑起当代社会科学研究的新起点。[6]二是对马克思主义社会科学方法论中国化的研究。耿相魁、喻浩荣（2003）认为，"三个代表"重要思想把马克思主义"三大规律"推向了"以三合一"的高潮，他们以江泽民为核心的第三代领导集体提出的"三个代表"重要思想为线索，对该理论中国化的第三次飞跃做了研究。[7][8]喻浩荣（2004）认为邓小平理论对马克思主义科学方法论中国化有历史性贡献。[9]喻浩荣（2006）进一步研究指出马克思主义科学方法论中国化的"合规律性"和"合主体性"体现了该理论的发展是本土化、民族化、世界化的统一。[10][11]刘芳（2014）认为中国特色社会主义理论体系实现了马克思主义中国化的质的飞跃。[12]三是对马克思主义社会科学方法论在社会科学研究中的实践研究。侯惠勤（2015）从三个方面对如何更好地实现马克思主义科学方法论价值做了研究，肯定了马克思主义科学方法论在实际研究中的重大价值。[13]张潇阳（2014）、谭显珍、刘显成（2016）对马克思主义社会科学方法论在具体的民族学研究和美术学习中的应用价值做了研究，得出了该方法论在具体的学科研究中不仅适用而且具有指导意义的结论。[14][15]

民族经济学是一门新兴的学科。它在民族学和经济学研究中都占有重要地位。它的创立，是基于中国统一的多民族国家和各民族及民族地区发展不平衡的国情，以研究解决少数民族与民族地区经济发展问题为目标，也是目前唯一由中国人创造的本土化经济学与民族学交叉学科。说它是一门交叉学科主要是因为它的研究方法中既包括经济学科里面的规范研究方法和实证研究方法，又糅合民族学的主要研究方法田野调查法[1]。在该学科传承的研究思维体系中，马克思的方法和体系一直是贯穿始终的逻辑前提。

从已有的研究文献来看，对马克思主义科学方法论的研究较多，但是对马克思主义科学方法论在民族经济研究中运用的研究不多见。未研究不代表不存在，在这种研究背景下，对马克思主义社会科学方法论在民族经济研究中的运用进行探索是十分必要的。

一、马克思主义科学方法论在民族经济学研究中的体现

马克思主义社会科学方法论是一门社会学科通用的方法论原理，其主要内容是以实践为基础的研究方法、社会体系研究方法、社会矛盾研究方法、社会过程研究方法、社会主体研究方法、社会认知研究方法。以下就这六个方面在民族经济研究中的运用进行探索研究。

（一）以实践为基础的研究方法的体现

以实践为基础的研究方法强调按照人类社会的本来面目来认识和理解人类历史，尊重客观事实，以实践来检验理论，实事求是地进行科学研究。

民族经济学界的研究中，最基本的研究方法就是田野调查法。所谓田野调查，是指经受过专门训练的科学工作者，深入到田野内部，对各民族传统的生活习俗、社会文化特征等进行直观考察和客观记录，从而获取第一手资料的方法。[16]民族经济学研究的集大成者施正一教授也认为，不论是研究国内的少数民族经济问题还是国外其他地区的民族经济问题，都必须坚持实事求是的原则，尽可能地深入实际调查研究，或者至少把自己的研究放在已有的调查实际材料的基础上，绝对不能东拼西凑只凭主观臆测。[17]这些思想都体现了马克思主义科学方法论的以实践为基础的方法。同时，在实际的研究工作中，几乎每一个民族经济学研究者也都是实实在在的田野调查工作者。他们通过在史籍资料或者社会实践发现问题以后，会进一步深入民族地区去调查、考证，在获得实际的调查资料的基础上做进一步的民族经济学问题研究。

（二）社会系统研究方法的体现

社会系统研究方法强调把社会看成一个复杂的大系统，大系统下面又分若干个小系统，各系统之间相互联系；强调要用联系的观点看问题，把各种分散而又零碎的社会现象看作是社会总体运动的有机部分，在各要素的有序运动中，揭示社会内部组织结构规律，形成体系。同时马克思主义科学方法论强调研究社会系统要遵循以下原则：整体性原则、结构性原则、层次性原则、开放性原则等等。

　　黄万伦、李文潮在研究过程中阐述民族经济研究方法时，认为按照唯物辩证法的要求，应该用对立统一的观点来研究少数民族经济问题。他们指出，社会是一个矛盾的统一体，要用联系的观点看问题，不能孤立地看问题。[18]除此之外，刘永佶教授曾经在研究民族经济学时，按照民族经济与民族关系的矛盾由一般到特殊的关系，以一种从抽象到具体的概念运动为内在依据，把民族经济学分为五个层次：一是核心层次的民族经济学；二是对各个国家的民族经济的研究；三是对各个国家具体民族经济的专门研究，如对汉族经济、壮族经济、蒙古族经济等进行专门研究；四是从一般民族经济学的范畴进行研究，如民族制度、体制、结构等方面；五是对国际民族经济关系的研究，包括两个或多个国家同一民族的经济关系和不同民族的国际经济关系，这一层次的研究既是对前四个层次成果研究的集合，又有其相对独立性。民族经济学的这种层次性自成体系，形成一个整体的系统。[19]这都体现了马克思主义科学方法论社会系统研究方法的整体性、结构性、层次性及开放性。

（三）社会矛盾研究方法的体现

　　社会矛盾研究方法认为：社会的主系统之间、系统的诸要素之间呈现出复杂的矛盾关系，马克思主义认为这些矛盾具有普遍性与特殊性。这就在方法论上要求研究者们在进行社会科学研究的时候要因地制宜，具体问题具体分析。

　　李忠斌教授在进行民族经济学研究时，将多种社会要素与民族经济发展的联系一一作以说明和梳理，[20]体现出社会系统要素之间的相互关联和社会矛盾的普遍性与特殊性。民族经济研究者李甫春在研究民族经济问题时明确主张，要从本地区的实际情况出发，搞好民族自治地方的经济建设。他认为应该从民族地区生产力水平出发，选择有利于生产发展的经济形式；从民族地区的自然资源、经济条件和民族生活特殊需要出发，调整经济结构，发挥本地区的经济优势；从当地的现状出发，确定少数民族地区的经济社会发展战略，并制定实现战略目标的具体步骤，[21]充分体现了马克思主义社会科学方法论中社会矛盾研究方法所要求的具体问题具体分析原则。

　　其他民族经济学研究者的研究也都对此方法有所涉及。刘永佶教授认为：社会是一个矛盾的统一体，民族经济学的研究对象，是在明确经济的民族性的前提下，研究民族的经济发展与经济关系矛盾。[19]施正一教授认为：民族或民族地区的经济问题，不仅存在着种种差异性，而且存在着发展中的巨大的差距性，民族经济学的研究不经要做到深入民族地区做调查研究，还必须要做到具体问题具体分析。[17]这些都是在民族经济研究者过程中对社会矛盾研究方法及其所要求的具体问题具体分析的体现。

（四）社会过程研究方法的体现

社会过程研究方法认为人类社会的发展是一个历史过程，世界是过程的集合体，社会历史的过程具有客观规律性和主体选择性。要求社会科学工作者坚持历史主义原则，反对历史虚无主义；对未来要进行科学预见，透过偶然认识必然。

早在 20 世纪末，李幹等在进行土家族经济史的研究时，就系统地阐明了各个历史时期土家族社会经济历史发展的进程，并在此研究中探索和发现社会经济发展的客观规律。[22]刘晓春在进行少数民族经济史研究时，在系统收集和整理少数民族经济的数据资料的基础上，对我国先秦至鸦片战争时期、近代半封建半殖民地社会、中华人民共和国成立之后各个历史阶段的少数民族经济发展分别作以研究，呈现出完整的发展史，[23]充分体现了少数民族经济发展的历史沿革和历史过程。杨思远教授在进行民族经济史研究时认为，中国少数民族经济史研究的主要内容是随着少数民族生产方式的进步所造成的经济关系的变革。人的合类性增长是充满矛盾的辩证的历史过程，是通过劳动异化和阶级对立来开辟道路的，劳动异化和劳动同化是这同一过程的两个方面，[24]体现出少数民族经济的发展是一个历史的过程，存在劳动者的主体选择性和社会发展的客观规律性，是二者的高度统一。

（五）社会主体研究方法的体现

社会主体研究方法强调人是社会的主体，主张社会科学研究要从人求真、求善、求美等内在要求出发，来认识和评价社会历史客体，同时要在认识真理、功能评价和审美追求中把握人的主观能动性。社会主体研究方法认为，社会矛盾推动社会的发展，使社会展现为一个自然历史过程。坚持群众史观，反对英雄史观。

民族经济学者们在最开始对民族经济学进行研究时，就确立了民族经济学的主体是各民族有自主意识的劳动者，即有自主意识的劳动群众。而民族经济学的研究对象是民族经济的发展与民族关系矛盾。正是这一矛盾推动以有主体意识的劳动者为主体的各民族社会的变革与进步。[19]民族经济的主体和研究对象都体现了马克思主义科学方法论的社会主体研究方法。

（六）社会认知与评价研究方法的体现

社会认知与评价方法主张归纳主义和抽象与演绎法，同时认为社会生产力是社会评价的根本标准，人民利益是社会评价的最高标准。这在民族经济研究中均有体现。

黄万伦、李文潮认为，辩证唯物论和历史唯物论是少数民族经济研究的根本方法，特别强调要做好科学的抽象。他指出，用科学的抽象方法来研究我国的少数民族经济，就是要经过思考，将所搜集中的少数民族经济的丰富感觉资料，加去粗取精、去伪存真、由此及彼、由表及里的改造制作工夫，造成概念和理论的系统。任何社会都是一个复杂的有机体，采用科学的抽象法，对资料进行周密细致的分析，才能揭示少数民族经济结构及其特点和发展规律。[18]民族经济研究者在进行民族经济类型划分时，多以社会生产力和生产方式为根本标准，将民族经济划分为原始农耕经济、采集狩猎经济、渔猎经济等等，判断具体的经济类型效益时，多以劳动者是否受益为基本标准。这些研究都体现了马克思主义社会科学方法论的社会认知与评价方法。

马克思主义社会科学方法论是关于社会科学方法的理论，其在民族经济学研究中的体现可谓是方方面面。基于此，其对民族经济学研究具有深远的指导意义。

二、马克思主义科学方法论对民族经济学研究的指导作用

首先，马克思主义科学方法论是一种世界观。有学者认为，马克思主义哲学为社会科学研究提供了根本性的指导。例如，以唯物史观基本原理为指导，进行社会科学研究活动，会派生出一些具体的社会科学研究方法论原则。这一规律对于民族经济学的研究同样适用，马克思主义科学方法论正是通过这样一种由抽象到具体的过程，来实现对民族经济学及其他社会科学的指导。

其次，马克思主义科学方法论更是一种方法论原则。从一定意义上说，马克思主义科学方法论是所有社会科学方法论的一般特征的规律性总结，其中所体现的五大原则和五大基本内容，是对社会科学方法论的抽象概括。对这些方法论进行辩证分析，并运用到实际的民族经济学研究中，会发现它不仅没有过时，反而仍然散发光芒。这是因为，在马克思主义哲学中，世界观与方法论在本质上是一致的，任何方法论原则都来源于一定的世界观，任何世界观也最终要转化成方法论。基于这种相互关系，马克思主义科学方法论就是民族经济学研究的深刻的哲学根基之一。

再次，马克思主义社会科学方法论是一种高度概括的一般性研究方法的理论，不够具体但足够全面，落实到学科的具体研究方法还需要科学研究者们的进一步摸索，这样就给了社会科学研究者们发挥的空间。在不同的方法论原则指导下，研究者会从特定的价值角度出发，判别和分析研究对象，这就出现不同的研究者选择研究的视角和主题不同，由此同一领域内研究成果更加多样。这在民族经济研究中表现为，不同的学者根据实际情况或兴趣爱好从不同的角度研究少数民族

经济现象：有的专注于特定民族民族经济史的研究，有的专注于民族经济相关的实证研究，有的专注于不同民族地区的民族经济政策研究，有的专注于不同民族地区的旅游现象研究等等。

最后，马克思主义科学方法论对民族经济学发展具有促进作用。民族经济学是一门新兴学科，从时间上讲发展时间不到半百年，需要更多的科学指导，而马克思主义社会科学方法论是一套可以指导任何社会科学的方法论体系。通过以上研究可知，学者们在进行民族经济的研究的过程中，很多方面都与马克思主义社会科学方法论高度统一。对于尚且年轻的民族经济学科来说，有了马克思主义社会科学方法论这一科学开放的方法论来指导，无疑具有很大的鼓励和促进作用。

三、结　语

马克思主义科学方法论是一门社会科学研究的方法理论体系，其指导作用体现在民族经济学研究的各个环节和阶段。因此，无论是国内还是海外，要做好社会科学的研究，必须要加深对马克思主义科学方法论的理解。同时，它是民族经济学研究的方法论基础，对民族经济学学科建设和研究都有重大的指导作用。

参考文献

［1］苗兴成，臧净. 善于运用马克思主义方法论指导社会科学研究［J］. 党史博采，2015（11）.

［2］杨春贵. 马克思主义与社会科学方法论［M］. 北京：高等教育出版社，2013：3-8

［3］蒋逸民. 社会科学方法论［M］. 重庆：重庆大学出版社，2011.

［4］徐淼. 马克思主义社会科学方法论的建构［D］. 长春：吉林大学，2013.

［5］李媛. 马克思主义社会科学方法论的哲学基础［D］. 长春：吉林大学，2014.

［6］马梓淇. 马克思主义社会科学方法论思想基础研究［D］. 长春：吉林大学，2015

［7］耿相魁. 论中共第三代领导集体对马克思主义科学方法论的创新［J］. 学术交流，2003（12）：12.

［8］喻浩荣. 马克思主义科学方法论中国化第三次历史性飞跃［J］. 中共南昌市委党校学报，2003（1）：1.

［9］喻浩荣. 邓小平对马克思主义科学方法论中国化的历史性贡献——关于基本实践范式与历史命题［J］. 中共南昌市委党校学报，2004（2）：3.

［10］喻浩荣. 马克思主义科学方法论中国化合规律性选择［J］. 中共南昌市委党校学报，2006（4）：1.

［11］喻浩荣. 马克思主义科学方法论中国化合主体性选择［J］. 中共南昌市委党校学报，2006

（4）：2.

［12］刘芳. 用马克思主义社会方法论谈中国特色社会主义［J］. 科技风，2014（8）.

［13］侯惠勤. 论马克思主义的社会科学方法论价值［J］. 长沙理工大学学报（社会科学版），2015（30）：1.

［14］张潇阳. 马克思主义社会科学方法论在民族学中的体现与运用［J］. 天水行政学院学报，2014（4）.

［15］谭显珍，刘显成. 马克思主义社会科学方法论在美术学习中的应用价值［J］. 民营科技，2016（8）.

［16］李竹青，那日. 中国少数民族经济概论［M］. 北京：中央民族大学出版社，1998：80.

［17］施正一. 民族经济学教程（修订本）［M］. 北京：中央民族大学出版社，2002：15.

［18］黄万伦，李文潮. 中国少数民族经济教程［M］太原：山西教育出版社，1998：17.

［19］刘永佶. 民族经济学［M］. 北京：中国经济出版社，2010：6.

［20］李忠斌. 民族经济发展新论［M］北京：民族出版社，2004：11.

［21］李甫春. 少数民族经济新论［M］. 南宁：广西人民出版社，1998：48-56.

［22］李幹，周祉征，李倩. 土家族经济史［M］. 西安：陕西人民教育出版社，1996.

［23］刘晓春. 中国少数民族经济史概论［M］. 北京：知识产权出版社，2012.

［24］杨思远，王润球. 中国少数民族经济史论［M］. 北京：中国经济出版社，2017.

The Application of Marxist Scientific Methodology
in National Economics

Zhou Ruonan   Zhang Quanquan   Zhang Ying

Abstract：On the basis of thorough analysis of the methodology of Marxist social science, this paper takes the main content of the methodology of Marxist social science as the main line, studies the application of Marxist social science methodology in national economics from the following six aspects：taking practice as the main body research method, social system research method, social contradiction research method, social process research method, the social subject research method, the social cognition and appraisal research method. The results show that the methodology of Marxist social science is embodied in each stage of the study of national economics and plays a profound guiding significant role in the study of national economics.

Key words：Marxist Scientific Methodology；National Economics；Application